新型职业农民培育系列教材

——农业服务系列

家庭农场生产经营管理

马俊哲　主编

中国农业大学出版社
·北京·

内 容 简 介

本书以家庭农场生产经营管理者开展业务工作所必备的知识和技能为重点，主要介绍了家庭农场生产经营管理概论、生产管理与经营管理的具体内容，各部分以案例开篇，通俗易懂，并具有很强的针对性和实用性，适合作为新型职业农民培育的系列教材之一，供广大新型职业农民学习和在实践中参考，也可作为农业行业部门管理人员参考用书和手头必备工具书。

图书在版编目(CIP)数据

家庭农场生产经营管理/马俊哲主编，—北京：中国农业大学出版社，2015.5（2021.7 重印）

ISBN 978-7-5655-1262-9

Ⅰ.①家…　Ⅱ.①马…　Ⅲ.①家庭农场-农场管理-中国　Ⅳ.①F324.1

中国版本图书馆 CIP 数据核字(2015)第 112085 号

书　　名　家庭农场生产经营管理
作　　者　马俊哲　主编

策划编辑　张　玉　　**责任编辑**　张　蕊
封面设计　郑　川　　**责任校对**　王晓凤
出版发行　中国农业大学出版社
社　　址　北京市海淀区圆明园西路 2 号　　**邮政编码**　100193
电　　话　发行部 010 62818525,8625　　读者服务部 010 62732336
　　　　　　编辑部 010 62732617,2618　　出　版　部 010 62733440
网　　址　http://www.cau.edu.cn/caup　　**e-mail** cbsszs@cau.edu.cn
经　　销　新华书店
印　　刷　北京鑫丰华彩印有限公司
版　　次　2015 年12月第 1 版　　2021 年 7 月第 2 次印刷
规　　格　850×1 168　　32 开本　　12.625 印张　　313 千字
定　　价　32.00 元

编写人员

主　编　马俊哲

副主编　石进朝　杨建青

编　者（按姓氏笔画排序）

马俊哲　石进朝　史君卿

杨建青　张召波　胡海建

编 写 说 明

新型职业农民是农业生产经营主体。开展农民教育培训，提高农民科学文化素质、农业生产技能和经营管理能力，是发展现代农业和建设社会主义新农村的重要举措。党中央、国务院高度重视农民教育培训工作，提出了“大力培育新型职业农民”的历史任务。为贯彻落实中央的战略部署，提高农民教育培训质量，同时也为各地培育新型职业农民提供高质量的教材保障，我们遵循农民教育培训的基本接特点和规律，编写了《家庭农场生产经营管理》培训教材。

本书以家庭农场生产经营管理者开展业务工作所必备的知识和技能为重点，主要介绍了家庭农场生产经营管理概论、生产管理与经营管理的具体内容，各部分以案例开篇，通俗易懂，并具有很强的针对性和实用性，适合作为新型职业农民培育的系列教材之一，供广大新型职业农民学习和在实践中参考，也可作为农业行业部门管理人员参考用书和手头必备工具书。

本书由北京农业职业学院马俊哲教授担任主编，负责全书架构的总体设计和全部书稿的编纂、定稿；北京农业职业学院石进朝教授、杨建青副教授担任副主编，统纂了部分书稿，长葛市农广校校长胡海建也统纂了部分书稿。全书分为三篇十个部分，具体编写分工为：一由北京农业职业学院史君卿副教授编写，二、三由马俊哲编写，四由北京农业职业学院张召波讲师编写，五、六、七由石进朝编写，八、九、十由杨建青编写。书稿初稿完成后，农业部科技教育王青立处长、原农业部科技教育培训中心陈肖安处长、潍坊职业学院曹春英教授等对教材内容进行了审定，并提出了许多有见地的意见和建议，使本书增色不少，在此对他们的辛勤付出表示深深的谢意。

本书编写过程中参考了大量的书籍及网站、期刊文章，在此我们对这些书籍和文章的作者表示衷心地感谢！此外，由于编者水平有限，加之时间仓促，教材中不妥和错误之处在所难免，衷心希望广大读者朋友提出宝贵意见，以进一步对之进行修订和完善。

编　者

2015年1月

目　录

上篇　综　合

中篇 生产管理

下篇　经营管理

上篇　综　合

一、家庭农场生产经营管理概论

【引导性案例】

湖北武汉的家庭农场一年挣上百万

2013年3月，新洲区阳逻武汉生物工程学院后面，陶国民带客人参观他的家庭农场。鸡舍有好几栋，养鸡3万只。地有190多亩，一眼看不到边，用来种植水稻、蔬菜和橘树。地里还有30多个钢架大棚，种植速生菜和草莓。鸡舍和菜地之间，埋着一个60米^{3}的沼气池，原料主要是鸡粪和烂菜叶等废物。

2000年，陶国民退伍回到家乡武湖村，花2 000元试着养了500只鸡。经过9年发展，他养的鸡达到3万只。养鸡场里每天只需要2小时就能完成鸡群养护和蛋品销售，其他时间闲着没事。附近的农民常到养鸡场拖鸡粪做肥料，象征性地给点儿钱。时间一长，陶国民盯上了生物工程学院后面一大片撂荒的土地，慢慢地流转了一些荒地。2009年，他开始自种草莓，第二年就开始赚钱。陶国民种的蔬菜和草莓，施的是现成的有机肥。每天3万只鸡排出大量粪便与烂菜叶混合，在沼气池里发酵成沼液，可以让190亩地吃个够，还有多余的鸡粪出售。

陶国民算账："如果光施复合肥，190亩地一年至少要花肥料成本 20 万元。而我有鸡粪做主肥，每年只用买三四万元复合肥搭配一下，不仅节约十六七万元的成本，还是正宗农家有机肥，让菜和草莓长得好。附近学校师生和单位员工都愿意上我这儿摘草莓，学校食堂和二级批发商也愿意买我的菜。”

近两年，陶国民的家庭农场年收入都在 70 万～100 万元。在鸡蛋行情不好的年头，养鸡户大多亏损，他能靠种植赚钱。

（资料来源：http://www.whnj.com.cn/news.asp?id=674）

（一）现代农业

1. 现代农业与农业现代化

现代农业是相对于传统农业而言的，它是按照当代农业生产力发展水平，对农业最新发展的一种表述，它具有鲜明的时代特征，与农业现代化是两个不同的概念。

现代农业是一个相对的、动态的历史概念。人们根据生产力的发展水平，从历史的角度，把农业分为原始农业、传统农业和现代农业三个发展形态。所谓现代农业，就是指在现代、在世界范围内处于先进水平的农业形态。具体就是指用现代工业力量装备的、用现代科学技术武装的、以现代管理理论和方法经营的，生产效率达到现代世界先进水平的农业。而农业现代化是指农业由原来落后的传统形态向先进的现代形态转变的过程，同时也是指农业达到的现代水平程度。

从 20 世纪 30 年代开始，欧美一些工业发达国家，从机械技术、生物技术和管理组织模式等方面，对传统农业进行了全面改造，完成了从传统农业向现代农业的转化，基本上实现了农业现代化。

我们国家目前正处于传统农业向现代农业转变的时期，发展现代农业是农业的新旋律。完成这个转变过程即是实现农业现代化。

（1）现代农业

① 现代农业的内涵。现代农业的本质内涵可概括为：以保障农产品供给，增加农民收入，促进可持续发展为目标，以提高劳动生产率，资源产出率和商品率为途径，以现代科技和装备为支撑，在家庭经营基础上，在市场机制与政府调控的综合作用下，农工贸紧密衔接，产加销融为一体，多元化的产业形态和多功能的产业体系。

② 现代农业的主要特征。一是具备较高的综合生产率，包括较高的土地产出率和劳动生产率。农业成为一个有较高经济效益和市场竞争力的产业，这是衡量现代农业发展水平的最重要标志。二是农业成为可持续发展产业。农业发展本身是可持续的，而且具有良好的区域生态环境。广泛采用生态农业、有机农业、绿色农业等生产技术和生产模式，实现淡水、土地等农业资源的可持续利用，达到区域生态的良性循环。农业本身成为一个良好的可循环的生态系统。三是农业成为高度商业化的产业。农业主要为市场而生产，具有很高的商品率，通过市场机制来配置资源。商业化是以市场体系为基础的，现代农业要求建立非常完善的市场体系，包括农产品现代流通体系。离开了发达的市场体系，就不可能有真正的现代农业。农业现代化水平较高的国家，农产品商品率一般都在 90%以上，有的产业商品率可达到 100%。四是实现农业生产物质条件的现代化。以比较完善的生产条件、基础设施和现代化的物质装备为基础，集约化、高效率地使用各种现代生产投入要素，包括水、电力、农膜、肥料、农药、良种和农业机械等物质投入和农业劳动力投入，从而达到提高农业生产率

的目的。五是实现农业科学技术的现代化。广泛采用先进适用的农业科学技术、生物技术和生产模式，改善农产品的品质，降低生产成本，以适应市场对农产品需求优质化、多样化、标准化的发展趋势。现代农业的发展过程，实质上是先进科学技术在农业领域广泛应用的过程，是用现代科技改造传统农业的过程。六是实现管理方式的现代化。广泛采用先进的经营方式、管理技术和管理手段，从农业生产的产前、产中、产后形成比较完整的有机衔接的产业链条，具有很高的组织化程度，有相对稳定、高效的农产品销售和加工转化渠道，有高效率的现代农业管理体系。七是实现农民素质的现代化。具有较高素质的农业经营管理人才和劳动力，是建设现代农业的前提条件，也是现代农业的突出特征。八是实现生产的规模化、专业化和区域化。通过实现农业生产经营的规模化、专业化、区域化，降低公共成本和外部成本，提高农业的效益和竞争力。九是建立与现代农业相适应的政府宏观调控机制。建立完善的农业支持保护体系，包括法律体系和政策体系。

③ 现代农业与传统农业的差异。我国原国家科学技术委员会发布的中国农业科学技术政策，对现代农业的内涵分为三个领域来表述：产前领域，包括农业机械、化肥、水利、农药和地膜等领域；产中领域，包括种植业（含种子产业）、林业、畜牧业（含饲料生产）和水产业；产后领域，包括农产品产后加工、储藏、运输、营销及进出口贸易技术等。从上述界定可以看出，现代农业不再局限于传统的种植业、养殖业等农业部门，而是包括了生产资料工业、食品加工业等第二产业和交通运输、技术和信息服务等第三产业的内容，原有的第一产业扩大到第二产业和第三产业。现代农业成为一个与发展农业相关、为发展农业服务的

产业群体。这个围绕着农业生产而形成的庞大的产业群，在市场机制的作用下，与农业生产形成稳定的相互依赖、相互促进的利益共同体。

（2）农业现代化

① 农业现代化的内涵。农业现代化是指从传统农业向现代农业转化的过程和手段。在农业现代化这个过程中，农业日益用现代工业、现代科学技术和现代经济管理方法武装起来，使之由落后的传统农业日益转化为当代世界先进水平的农业。实现了这个转化过程的农业就叫作农业现代化的农业。农业现代化是一种过程，同时农业现代化又是一种手段。

概括地说，农业现代化是用现代工业装备农业、用现代科学技术改造农业、用现代管理方法管理农业、用现代科学文化知识提高农民素质的过程；是建立高产优质高效农业生产体系，把农业建成具有显著效益、社会效益和生态效益的可持续发展的农业的过程；也是大幅度提高农业综合生产能力、不断增加农产品有效供给和农民收入的过程。

② 农业现代化的主要特征。一是农业机械化是农业现代化的基础。农业现代化可以概括为“四化”，即机械化、科学化、水利化和电气化。将机械化排在农业现代化的首要位置。所谓农业机械化，是指运用先进设备代替人力的手工劳动，在产前、产中、产后各环节中大面积采用机械化作业，从而降低劳动的体力强度，提高劳动效率。理论上讲是这样，但在山区、丘陵地区，由于土地面积较小，限制了机械化的应用，甚至无法利用机械。二是生产技术科学化是农业现代化的动力源泉。农业生产技术科学化，其含义是指把先进的科学技术广泛应用于农业，从而提高产品产量、提升产品质量、降低生产成本、保证食品安全。实现

农业现代化的过程，其实就是不断将先进的农业生产技术应用于农业生产过程，不断提高科技对增产贡献率的过程。新技术、新材料、新能源的出现，将使农业现状发生巨大的变化，农业增长方式从粗放经营转变为集约经营。科技将在对传统农业的改造过程中，发挥至关重要的作用。三是农业产业化是农业现代化的重要内容。农业产业化是指农业生产单位或生产地区，根据自然条件和社会经济条件的特点，以市场为导向，以农户为基础，以龙头企业或合作经济组织为依托，以经济效益为中心，以系列化服务为手段，通过实现种养加、产供销、农工商一条龙综合经营，将农业再生产过程的产前、产中、产后诸环节联结为一个完整的产业系统的过程。可以说，农业产业化的发展过程就是农业现代化的建设过程。一方面，农业产业化促进了农业专业化和规模经营的发展；另一方面，反过来，农业专业化和规模经营又促进了农业先进技术和设备的推广应用，促进了农业现代化的进程。需要指出的是，农业产业化模式不是万能的，不同区域采取农业产业化模式时，需要对该模式产生的历史背景、运作机制、绩效评价等进行评价，盲目引进外界模式往往会导致失败。四是农业信息化是农业现代化的重要技术手段。所谓农业信息化是指利用现代信息技术和信息系统为农业产供销及相关的管理和服务提供有效的信息支持，以提高农业的综合生产力和经营管理效率的过程；也就是说在农业领域全面地发展和应用现代信息技术，使之渗透到农业生产、市场、消费以及农村社会、经济、技术等各个具体环节，加速传统农业改造，大幅度地提高农业生产效率和农业生产力水平，促进农业持续、稳定、高效发展的过程。农业信息产业化是发展一优两高农业的需要，是农民进入市场的需要，是推进农村社会化服务的需要，是农业信息部门转变职能、自我发展的需要，是农村经济发展的必然趋势。它是以信息化的方式改造传统农业，把农业发展推进到更高阶段，实现信息时代的农业现代化。五是劳动者素质的提高是实现农业现代化的决定因素。农业现代化必须有高素质的农民这一主体来推进，没有农民自身素质的现代化，要实现农业的现代化是不可能的，因为农业不仅要依靠现代的工业装备及先进的科学技术，而且还要依靠先进的管理手段在农业上的应用。而这些都要由农业生产的主体——农民来实现。反过来，随着农业现代化的进程，必然要求农民素质的提高，以使之同农业现代化的要求相适应，即农业现代化与农民素质是互相影响、互相促进的。总之，在农业生产经营过程中，先进的生产工具靠人去创造，先进的科学技术靠人去摸索，先进的管理经验靠人去总结，先进的经营体制和运行机制靠人去应用。无论是增长方式的转变，还是生产绩效的提高，都是在人的主观能动作用下得以实现的。离开人，现代化是不复存在的。从这个意义上说，我们要实现的农业现代化，是以人为本的现代化。六是农业发展可持续化是农业现代化的必由之路。从可持续发展的观点看，农业现代化既是人类改造自然和征服自然能力的反映，同时也是人与自然和谐发展程度的反映。农业现代化的一个显著特点就是人工生态系统的产生及普遍存在。这种系统具有双层含义：一方面要求尽可能多地生产满足人类生存、生活的必需品，确保食物安全；另一方面要坚持生态良性循环的指导思想，维持一个良好的农业生态环境，不滥用自然资源，兼顾目前利益和长远利益，合理地利用和保护自然环境，实现资源永续利用。这是落实科学发展观，建立资源节约型社会的要求，也是统筹人与自然和谐的前提。

2. 现代农业的新型业态

我国目前正处于传统农业向现代农业转变的时期，传统农业组织形式、流通体系和服务体系不断升级，一些新兴特色农业产业开始出现。

新兴特色农业产业主要包括绿色农业、物理农业、休闲农业和观光农业等。此类产业最大的特点在于将传统农业与其他行业结合在一起，形成一种新的业态。主要包括如下几种：

（1）绿色农业

将农业与环境协调起来，促进可持续发展，增加农户收入，保护环境，同时保证农产品安全性的农业。“绿色农业”是灵活利用生态环境的物质循环系统，实践农药安全管理技术（IPM）、营养物综合管理技术（INM）、生物学技术和轮耕技术等，从而保护农业环境的一种整体性概念。绿色农业大体上分为有机农业和低投入农业。

（2）物理农业

物理农业是物理技术和农业生产的有机结合，是利用具有生物效应的电、磁、声、光、热、核等物理因子操控动植物的生长发育及其生活环境，促使传统农业逐步摆脱对化学肥料、化学农药、抗生素等化学品的依赖以及自然环境的束缚，最终获取高产、优质和无毒农产品的环境调控型农业。

（3）休闲农业

休闲农业是指利用农村的设备与空间、农业生产场地、农业自然环境、农业人文资源等，经过规划设计，以发挥农业与农村休闲旅游功能，提升旅游品质，并提高农民收入，促进农村发展的一种新型农业。实际上，休闲农业是一种满足人们综合性休闲需要的农业，它往往与旅游业深度融合，游客不仅可以观光、采果、体验农作、了解农民生活、享受乡间情趣，而且还可以住宿、度假、游乐等。

值得一提的是，休闲农业其实是“舶来品”，也有观光农业、观光休闲农业、体验农业、观赏农业、旅游生态农业等多种称谓，是一种以农业和农村、农业产业园为载体的新型生态旅游业。农民或企业利用当地有利的自然条件开辟活动场所，提供设施，招揽游客，以增加收入。旅游活动内容除了游览风景外，还有林间狩猎、水面垂钓、采摘果实等农事活动。有的国家以此作为农业综合发展的一项措施。

（4）工厂化农业

工厂化农业是设施农业的高级层次。工厂化农业综合运用现代高科技、新设备和管理方法而发展起来的一种全面机械化、自动化技术（资金）高度密集型生产方式，能够在人工创造的环境中进行全过程的连续作业，从而摆脱自然界的制约。

（5）立体农业

又称层状农业。着重于开发利用垂直空间资源的一种农业生产方式。它是指利用生物间的相互关系，兴利避害，为了充分利用空间把不同生物种群组合起来，多物种共存、多层次配置、多级物质能量循环利用的立体种植、立体养殖或立体种养的农业经营模式。

【典型案例】

老刘的“立体农业”

田埂上，碧绿的椒叶中，藏着娇艳欲滴的韩国朝天椒；几位工作人员正喜滋滋地在稻田沟渠中打捞龙虾。这就是安徽省淮南市凤台县前庙乡张池村村民刘传光打造的“立体农业”生态园一景。

1958 年出生的刘传光是改革开放大潮下的第一批弄潮儿。1978年，高中毕业的他来到一个铁路施工队做临时工。1990年，老刘又与高中同学一起，组建了安徽新建基础工程有限责任公司，成为前庙乡响当当的富户。而这时的前庙乡，大部分农民仍然是传统的“一麦一稻”，收入低，看天吃饭。好几次回家看着乡亲们的稻子成片地趴在地上被病虫吞噬、被暴雨泡烂，老刘心里说不出的难受。

如何带着乡亲们富起来？老刘琢磨开了。最后把目光放在了农村随处可见的小龙虾上。2005 年，老刘买来龙虾放进自家稻田，开始在田埂上试种经济作物。2007年，老刘一口气承包了张池村500 多亩土地，进行了规划开发，修整了道路，疏通了沟渠，竖立了标牌，建立了标准化立体稻、虾和经济作物共育田。“沟渠底下有自动排水系统，田埂上下高差大，既可以种植多种经济作物，充分利用土地，还可以有效抵抗自然灾害；沟里除了龙虾，还有白鲢，白鲢能吃杂草，粪便还能肥田；每 20亩设置一盏“频振式杀虫灯”，诱杀的害虫成了鱼虾的“美食”；肥料全部使用有机肥，有专门肥料收集车到各村收买……”提到自己一手开发出来的农业园，老刘如数家珍。今年秋季老刘不仅可收获优质水稻13 万千克，而且成品小龙虾将达到 5 万千克左右，利润可想而知。

关于未来，爱琢磨的刘传光早就心中有数：“用 3 年时间创建 10 个‘稻虾共育’野菜种植示范园，面积 5 000 亩，利用 5～7 年时间带动乡亲们发展‘稻虾共育’及经济作物面积 5 万亩”，“还可以办农家乐，发展乡村旅游，让游客自己捕虾、挖野菜，吃龙虾大餐。你说，到时候，不是会有更多的乡亲回到家门口打工吗？”老刘笑呵呵地说，笑得眉头格外舒展。

（资料来源：http://news.sohu.com/20071117/n253305794.shtml）

（6）精准农业

名为“精准农业”的高科技农业示范工程，就是利用卫星、遥感、计算机和自动控制等高新技术于农业生产，以提高产量，降低能耗。这项国际先进的农田耕作技术成熟后将向全国推广，以解决我国地少人多的农业发展瓶颈、减少污染和浪费，走农业持续发展的道路。

精准农业是最近几年来在美国、加拿大和欧盟一些国家发展起来的高新技术与农业生产相结合的新型农业模式。它的特点是“精确”，它利用卫星全球定位系统、遥测遥感技术和计算机，做到精确作业、精确施肥和精确估产。

精准农业技术在现代农业生产中的应用十分广泛。比如，根据土壤的需要使肥力的状况得到改善，根据病虫害的情况来调节农药喷洒量，不再耕种那些已经板结的土地，自动调节拖拉机的耕种深度等。

3. 可持续农业的发展理念

随着经济的发展，全球面临的资源、环境和人口等问题越来越严峻，“绿色革命”以后高投入集约农业的弊病逐渐显现出来。各种环境问题频频向人类发出警报：农业生态稳定性下降，生物物种减少，施用农药导致害虫天敌被杀死，农药残留对人类健康构成威胁，大量使用化肥引起地表水体富营养化和地下水硝酸盐含量超标等。农业高产需要依靠大量物质投入来维持，生产的成本越来越高，直接影响到了农民的收入。此种情况促使业界对这种农业生产方式进行反思。

（1）可持续农业的概念

1987 年在日本东京召开的世界环境与发展委员会第八次会

议通过《我们共同的未来》报告，第一次提出“可持续发展”的明确定义是“在满足当代人需要的同时，不损害后代人满足其自身需要的能力”。

1991年在荷兰举行的联合国粮农组织农业与环境会议上，通过了《登博斯宣言和行动纲领》，其中提出了“可持续农业”(sustainable agriculture)的概念，并将它定义为：“管理和保护自然资源基础，调整技术和机制变化的方向，以便确保获得并持续地满足目前和今后世世代代人们的需要。因此这是一种能够保护土地、水和动植物资源、不会造成环境退化；同时在技术上可行、经济上有活力、社会上能广泛接受的农业。”

可持续农业是在总结有机农业、生物农业、石油农业、生态农业等替代农业模式，在农业生产中贯彻可持续思想的基础上产生的。强调农业发展必须合理地利用自然资源，保护和改善生态环境，并在此基础上不断提高农业的生产水平和农民的收入水平，降低农村贫困比例，以使农业和农村经济得到持续、稳定、全面的发展。

（2）美国发展可持续农业的做法

20世纪80年代初，美国在“有机农业”、“生态农业”基础上，提出了可持续农业的概念。“有机农业”、“生态农业”等就是反对在农场施用化肥、农药，强调生态环境保持第一，试图用绿肥秸秆替代化肥，用天敌、轮作替代化学防治，用少耕免耕替代翻耕等。但由于有机农业造成玉米等农作物的减产，实际利润很少。美国因此提出“可持续农业”的新农作制度，该制度由作物轮作、农牧混合和水土保持耕作等技术支撑，更多地强调农业的经济效益。

① 作物轮作成为美国可持续农作制度的一项核心内容。合理轮作有助于抑制杂草及病虫害，有利于改善植物养分的供给，防止土壤流失，降低水资源的污染。

② 休闲轮作的目的是维持农场淡、旺季的经济持续性。为此，美国政府制定了休种补贴政策，引导农场采用休闲方式以降低生产成本，保持水土。美国休闲补贴政策对占全美耕地24%的“易发生水土流失土地”，实行10～15年休耕，休耕还林、还草的农户可从政府拿到补助金。

③ 残茬还田免耕法。20年来它一直是美国免耕农田的主导技术，主要是将小麦、大豆、花生等作物秸秆采用机械化秸秆粉碎还田技术和高留茬收割技术等直接归还农田，并采用专用的6行或4行大中型免耕播种。大量试验表明，这种方式可以明显减少化肥用量，增加土壤有机质，保持水分，防除杂草。目前美国约有70%的农田采用这种技术。

④ 覆盖作物轮作。此法主要在美国东部温带湿润地区试行。它以豆科绿肥、豆科作物、饲草作物为主，并设计开展了各种不同的覆盖作物与小麦、玉米、棉花、马铃薯的轮作体系。覆盖作物一般在5～9月份以外的月份种植，越冬后直接用作覆盖绿肥还田（相当于每公顷归还干物质2 000千克左右），并采用专用的免耕穴孔播种机械播种番茄、大豆等经济作物。据试验，在基本不用氮肥的情况下，产量可提高30%～40%，但需要使用除草剂。目前全美约有5%的农场开始试验这项技术。

多年多点试验结果表明，上述技术模式的效果良好：玉米与大豆轮作的高畦栽培，可以减少80%的土壤表土被冲刷，保持了可耕土层的土壤肥力；利用机械翻耕和天然日晒等耕作措施，将土壤发病率降低了80%。

（3）可持续农业的发展理念

现代农业发展的目标不是为了获得更高产的粮食，而是为实现农业的健康持续发展，我们要抛弃以往那种高消耗、低产量的粗放型农业模式，转而走向可持续农业的建设中来，促进我国农业经济又快又好发展。要想走可持续农业的发展道路，必须让可持续农业的发展理念进一步深入人心。

① 要切实弄清可持续农业的内涵。可持续农业发展理念是一种与传统发展观或发展模式截然不同的新的发展理念和发展模式；可持续农业发展理念欲为全社会所认同，并立足于现行社会经济与技术条件，将主要依靠技术革新、科技进步、制度创新及体制改革促成其目标的实现；可持续农业发展的根本任务在于自然资源、生态环境的有效管理与保护，不仅注重产品数量、质量及效率的提高，还注重经济效益、社会效益和生态环境效益相协调，将产品、效益、资源、环境、结构视为一体；可持续农业发展尤其要求资源占用和财富分配的“时空公平”，即满足当代人及后代人的需要。

② 让可持续发展的理念进一步深入人心。要扭转过去那种“只要产出大于投入就是有效发展”的旧观念，更加注重节地、节水、节肥、节药等节约型农业的发展，以缓解人口、资源、环境压力，切实提高农业市场竞争力，实现由只注重数量增长向更加注重质量效益提高的转变。

③ 让可循环发展的理念进一步深入人心。要扭转过去那种“无用就是垃圾”的旧观念，更加充分挖掘农业废弃物的价值，努力变废为宝、化害为利，实现由传统的“资源—产品—废弃物”单向直线型经济流程向“资源—产品—废弃物—再生资源”多元循环型经济流程的转变。

④ 让人与自然和谐发展的理念进一步深入人心。要扭转过去那种“只要经济发展了，一切都好办”的旧观念，更加注重农业生态环境，减少污染排放，防止农业面源污染，实现由只注重生产发展向更加注重生产、生活与生态和谐发展的转变。

【阅读与思考】

江西瑞昌：特色农业成农民致富新渠道

当前，特色农业正成为江西瑞昌农民增收致富的新渠道。今年 48 岁的何新梅有着 20 余年的葡萄种植经验，她和妹妹何桂荣在瑞昌市高丰镇高丰村通过土地流转，承包了 70 亩地种植葡萄，亩产优质葡萄突破 1 500 千克，产值 150 余万元，由于品种多样、口感纯正，深受消费者青睐，产品远销南昌、武汉等周边地区。

“我们刚承包这片土地的时候，这里都是荒地，草长了一人多高，后来流转到我们手里，一亩地一年租金 150 元，到现在已经租了 7 年，很划算。”何新梅表示。之前，何新梅、何桂荣姐妹在上海承包土地种植葡萄，这一种就是十多年，7 年前，两姐妹回到家乡瑞昌，承包了这片土地，如今每年每家纯收入可以达到四五十万元，不仅在瑞昌市买了房子，还买了车子。

近年来，瑞昌市在稳定农村土地承包关系的基础上，坚持“依法、自愿、有偿”的原则，多轮驱动，规范服务，有效促进了农村土地合理有序流转。截至目前，该市已建成了较为完善的市、乡、村、组四级土地流转综合服务体系，共流转耕地 87 033 亩，流转农户 28 019 户，土地流转率 35%；共流转林地 11.6 万亩，占林地总面积的 8.5%。

（资料来源：http://jx.people.com.cn/n/2014/0811/c190260-21950408-3.html）

思考：在发展现代农业中，如何因地制宜地做好特色农业？

（二）家庭农场与新型农业经营主体

1. 现代农业呼唤新型农业经营主体

（1）新型农业经营主体的内涵

新型农业经营主体是区别于传统小农经济的生产组织方式，它是指在家庭承包经营制度下，具有适度的经营规模、较好的物质装备条件和经营管理水平，劳动生产率、资源利用率和土地产出率较高，以商品化生产为主要目标的农业经营组织和有文化、懂技术、会经营的职业农民。而传统小农经济生产方式是以农民家庭分散经营为主要经营形式；使用简单而落后的生产工具，主要运用世代相传的农业耕作技术和方法，现代农业生产要素植入较少；生产力水平低，专业化、商品化、社会化程度不高，是自给和半自给状态的经济特征。

（2）新型农业经营主体提出的政策背景

党的十一届三中全会以来，我国农村实行了重要变革，建立了以家庭联产承包经营为基础、统分结合的双层经营体制，由此形成了小规模家庭经营的农业生产经营方式。然而，随着工业化、城镇化以及农业现代化的快速发展，农业生产经营面临着新形势：

①“种地主体”的问题尤为突出

随着工业化、城镇化的快速推进，农村劳动力逐步向非农部门转移。农业副业化、农村空心化和农民老龄化的“三化”问题日益凸显：大量农村人口外出打工；农村仅剩老年人、妇女和儿童留守，甚至很多房子仅以一把大锁（俗称铁将军）把守；农村中 50 岁以上老年人占主导，农村老龄化趋势加强，农业生产经营形势严峻。

② “如何种地”的问题尤为迫切

以往的农业生产方式，农民主要依靠经验种地，结果是劳动生产率和土地生产率都较低，因此，在传统农业向现代农业转型过程中，农民种地急需理论指导、科学管理以及专业化、社会化的生产性服务。现代农业的发展要求农业经营者具有较高的经营管理水平和较高的物质技术装备水平，而不是盲目追求规模经营，必须兼顾规模经济和土地产出率并重的双重目标。

③ “如何组织”越来越迫切

当前，我国农业经营仍然呈现家庭经营规模小、自给半自给家庭经营为主的特点，农业抵御自然和市场风险的能力较弱。随着农村市场化进程的加深和近年来极端气候天气频发，农业自然风险和市场风险呈恶化趋势，因此，农业生产经营组织模式急需创新。

解决上述问题，客观上需要创新农业经营体制机制，加快培育多元化新型农业经营主体，大力发展农业社会化服务，提高农业组织化程度，加快构建新型农业经营体系。

当前我国的农业发展形势已具备了构建新型农业经营体系的基础和条件。21 世纪以来，我国农村土地流转加速，农业规模经营比例明显上升。专业大户、农民专业合作社、家庭农场等新型农业经营主体在全国一些地区蓬勃发展。当前，我国已初步形成了以小规模农户为基础、以新型农业经营主体为骨干、以社会化服务贯穿全程和各类主体利益关系相互联结的经营格局，构建新型农业经营体系的条件已基本成熟。

为此，在这种现实背景下，我国政府提出加快构建新型农业经营主体的政策内涵，就是要使农村生产关系更加适应农业生产力的发展，充分发挥和挖掘各类农业生产经营主体的潜力。

（3）新型农业经营主体的主要类型

新时期以来，大量农村劳动力进城打工经商，农村土地流转趋势增强，农业生产经营结构发生深刻变化，为种养大户、家庭农场、农民合作社、龙头企业等各类农业生产经营主体的发育和成长提供了有利的环境，而这些农业经营组织既是推动农业经营体制机制创新的主要力量，也是成为新型农业经营主体的主要来源。因此，根据农业经营主体的类型划分，新型农业经营主体可以分为专业大户、家庭农场、农民专业合作社、农业产业化龙头企业和其他各类农业社会化服务组织等。

（4）现代农业呼唤新型农业经营主体

从生产力发展水平来看，中国已经到了通过创新农业生产经营体制、促进适度规模经营来适应和推进现代农业发展的历史阶段。从我国国情来看，土地适度规模经营是现代农业发展的必然，是中国农业难以绕过而必须破解的问题，没有规模经营将很难实现农业现代化。当然，不适合搞规模经营的地方硬搞规模经营不行，适合搞规模经营而不搞规模经营也不行，因此我们所说的“适度”实际应该是说土地规模过大过小皆不宜。

土地规模经营与生产力发展水平呈正相关，在生产力水平较低情况下，土地规模经营的优势并不十分明显，由于农机化水平低而人的作用显得特别突出，只要人出力即可。实行家庭承包经营后农业生产变化主要是农民的积极性充分调动起来，所以农业生产效益提高了。随着生产力的发展，人仍是很重要的生产要素，但是现代农业科技和先进农机具的应用成为农业生产经营差异的重要原因所在，因此发展规模经营逐步提到日程上来。

规模经营呼唤新型农业经营主体。新型农业经营主体，是在坚持家庭承包经营基础上创新我国农业经营体制机制、构建新型农业经营体系的骨干力量，是建设现代农业、保障国家粮食安全和主要农产品有效供给、增加农民收入的重要主体。

培育和发展新型农业经营主体一方面，对我国家庭承包经营为基础统分结合双层经营体制的进一步完善，有利于构建满足现代农业生产发展所需要的集约化、专业化、组织化和社会化经营主体，进一步巩固以家庭承包经营为基础的农村基本经营制度；另一方面，培育和发展新型农业经营主体，有利于采纳先进适用的农业生产技术，带动资本、管理等生产要素进入农业，形成示范带动效应，从而加快农业先进适用技术的推广应用和农业科技成果的转化；有利于构建产加销一体化的农业生产链，提高农业初级产品的附加值和生产效益，从而推动现代农业产业体系的构建和形成，进一步提高农业整体的市场竞争力和抗风险能力。

2. 家庭农场是新型农业经营主体之一

根据农业经营主体的类型划分，新型农业经营主体可以分为专业大户、家庭农场、农民专业合作社、农业产业化龙头企业和其他各类农业社会化服务组织等。可见，家庭农场是新型农业经营主体之一。

家庭农场的概念最初起源于一些欧美国家。在这些国家里，农民通常在自有土地（或同时租入部分土地）生产经营，农场主本人及其家庭成员直接参加生产劳动，他们将这种生产单位称为家庭农场。

家庭农场，作为农业的微观组织形式，欧美等发达国家已有几百年的发展历史，已成为一些欧美国家农业经营主体的主要形式。坚持以家庭经营为基础是世界农业发展的普遍做法。在中国，家庭农场于 2008 年首次写入中央文件，也就是党的十七届三中全会所作的决定当中提出“有条件的地方可以发展专业大户、家庭农场、农民专业合作社等规模经营主体”。2013 年，中央 1 号文件进一步把家庭农场明确为新型农业经营主体的重要形式，并要求通过新增农业补贴向新型生产经营主体倾斜、鼓励和支持土地流转、加大奖励和培训力度等措施，扶持家庭农场发展。

家庭农场，顾名思义应是以家庭为主进行生产且具有一定规模的农场。在中国，家庭农场类似于种养大户的升级版。通常定义为：以家庭成员为主要劳动力，从事农业规模化、集约化、商品化生产经营，并以农业收入为家庭主要收入来源的新型农业经营主体。

总之，家庭农场是一种现代农业家庭经营组织，以农户家庭为基本组织单位，以市场为导向，以利润最大化为目标，专门从事适度规模的农林牧渔的生产、加工和销售，并且经过工商部门注册，实行自主经营、自负盈亏的农业经营主体。与种养大户相比，家庭农场最大的不同是其经过工商注册，其企业化程度更高。

发展家庭农场旨在解决中国农村家庭承包存在的农业经营规模小、分散经营、资源浪费、效益低下等问题，有助于农业生产走向市场化、专业化和规模化，有利于农业增效和农民增收。此外，“家庭农场”的农产品更为丰富，更注重质量安全，农场主更易接受新技术、新品种和新设施。

2013 年的中央 1 号文件出台后，意味着中国通过家庭农场等新型农业经营体系发展现代农业的号角已经吹响，相信中国农民将成为现代农业的最终受益者。2013 年 3 月，农业部首次对全国家庭农场发展情况开展了统计调查。调查结果显示，目前我国家庭农场开始起步，表现出了较高的专业化和规模化水平。具体表现为：一是家庭农场已初具规模。截至2012年底，全国30个省、区、市（不含西藏）共有家庭农场87.7万个，经营耕地面积达到1.76亿亩，占全国承包耕地面积的13.4%。平均每个家庭农场有劳动力6.01人，其中家庭成员4.33人，长期雇工1.68人。二是家庭农场以种养业为主。即在全部家庭农场中，从事种植业的有40.95万个，占46.7%；从事养殖业的有39.93万个，占45.5%；从事种养结合的有5.26万个，占6%；从事其他行业的有1.56万个，占1.8%。三是家庭农场生产经营规模较大。据产业洞察网《中国农场、牧场行业市场深度评估》显示，家庭农场平均经营规模达到200.2亩，是全国承包农户平均经营耕地面积7.5亩的近27倍。四是一些地方注重扶持家庭农场发展，提高管理服务水平。在全部家庭农场中，已被有关部门认定或注册的共有3.32万个，其中农业部门认定1.79万个，工商部门注册1.53万个。2012年，全国各类扶持家庭农场发展资金总额达到6.35亿元，其中江苏和贵州超过1亿元。

【典型案例】

从农民到家庭农场主，向前一步是幸福

几年前，衢州汉子陈建海还是菜场里的小菜贩，为一天能收入200元而高兴不已；而如今，现年37岁的他已经年入百万，成了衢州市衢江区颇有名气的“百万富翁”。

37岁的陈建海皮肤黝黑，个矮而壮实，穿着一件白底蓝格子短袖，脚上趿拉着一双黑色的凉鞋。乍一看，像是菜场里一名普通的小贩。

“我以前就是卖菜的小贩。”已经成为衢江区家庭农场协会会

长、“陈建海家庭农场”负责人的陈建海，并不讳言自己的“出身”。2009年前的他，还在走街串巷，到处卖菜，“当时，我只要一天能赚到200元，就高兴得不得了”。

2011年，这位没有任何背景的小菜贩，向省级农业园区租赁了大约240亩土地，种植蔬菜瓜果，每亩地的租金“相当于300千克稻谷”。这从此改变了他的命运，让他晋升为年收入过百万元、自称颇有幸福感的“金领阶层”。

来到陈建海家庭农场，成片成片大棚的“海洋”，一眼望不到头。“我的大棚种植了很多品种的蔬菜，比如我有一个大棚里种了26种辣椒、32种番茄。”陈建海说。

种瓜、种菜真的能成“百万富翁”吗？人们提出疑问后，陈建海先不回答，却带疑惑的人们去看他家的仓库。几百平方米的仓库内，摆放着上百箱绿色黄瓜、几十箱辣椒、10多箱花菜……“多的时候，整个仓库里全部摆满了菜。”陈建海微笑着说，目前他的家庭农场一天能产出5 000多千克黄瓜、2 000多千克辣椒……“就算黄瓜、辣椒等只有500克一两元，可我们量多呀，光黄瓜一个品种一天就至少能赚近上万元。”

陈建海当场算了一笔账，自家的农场在丰产期，一天至少能带来2万元的收入，而一年丰产期有4～8个月。“就算只有4个月的丰产期，我们也有200多万元的毛收入，去掉土地租金、水、电、人工等各项成本支出大约100万元，我一年的净收入达到100多万元。”

那么，家庭农场的资金等门槛高不高？建设期长不长？“我家的‘建设期’有两年。”陈建海说，前后总共投入1 000多万元，其中几百万元是自筹资金，政府先后补助了总计400多万元，又向当地信用社低息贷款三四百万元，“我要融资比其他人容易得多”。

去年起，陈建海的家庭农场已经步入了“赢利期”，净利润达到 100 余万元；本来，今年的净利润估计更多，不料进入 6 月份以后，陈建海的农场突然遭了水灾，蔬菜瓜果一度全军覆没。“后来虽然进行了补种，但也影响了一茬的收割，估计今年的净收入跟去年差不多，也是 100 余万元。”

“一旦家庭农场从建设期转而步入赢利期，它的利润增加就很可观。”陈建海说。

实际上，由于家庭农场的致富效应，仅衢州衢江区目前就有大大小小几百个家庭农场。

“大部分的形势都还不错的。”衢州衢江区家庭农场协会负责人等业内人士介绍说，当地家庭农场主的年收入，一般较多的是 20 万～50 万元，属于中等水平；50 万～100 万元以上的也不乏其人，不过相对人数较少，在行业内属于中上游水平。

（资料来源：http://biz.zjol.com.cn/system/2014/10/27/020323903_01.shtml）

3. 创办家庭农场

随着农村劳动力大量进城打工，农村出现了土地闲置现象，致使农业科技的推广应用缓慢。国家鼓励、扶持种田能手、具有中级以上农业技术职称的国家工作人员留职留薪创办示范型家庭农场，研究各种家庭农场模式。

（1）创办家庭农场的好处

① 家庭农场整合应用了先进的农业科技、良种、良法、农机作业，示范推广了农业高新科技，节约了生产成本。

② 家庭农场参加了农业保险，增强了抵御自然灾害的能力。它得到政府扶持资金，能不断扩大种养殖规模，提高经济效益，增加示范效应。

③ 家庭农场按有机农业标准化技术生产，应用安全放心农

资，生产出的农产品有机、环保，吃得放心，有订单，不愁销路，种出的农产品能获得很好的经济效益。

④ 创办人通过租赁获得农民的土地，家庭农场使闲置的土地发挥了最大效益。

⑤ 家庭农场是现代农业的发展方向，是进一步加快农业发展，示范推广农业新科技，提高科技贡献率的有效途径。

（2）家庭农场的认定与登记

发展家庭农场是我国农业和农村经济的创新之举，是农业生产走集约化、规模化和现代化的重要载体，对发展现代农业意义重大。由于刚刚起步，家庭农场的培育发展还有一个循序渐进的过程。鼓励有条件的地方率先建立家庭农场注册登记制度，明确家庭农场认定标准、登记办法，制定专门的财政、税收、用地、金融、保险等扶持政策。

家庭农场既能享受到国家政策，同时又可以继承和发展，即“家庭农场”如同家庭企业般，具有较好的传承性，实现农业可持续发展。而且家庭农场涉及农业规划、财产、品牌建设、农场继承等一系列问题，应该也必须进行“登记”。只有登记为家庭农场才能获得国家认可，便于认定识别、政府管理与政策支持。除此之外，尽管有了官方的定义，但是，在现实操作中并非如此，造成“家庭农场”成为某些主体通过政策进行套利的手段。家庭农场登记注册也是保证家庭农场稳定性、政策针对性的要求。

总之，家庭农场须经工商部门登记注册，是具有法人资格的市场主体。这是家庭农场与专业大户最显著的区别。现就家庭农场如何申报作一简单介绍。

首先，要了解本地区申请家庭农场政策措施，具体可到县农委、工商局了解。具体了解项目有：一是土地经营规模。水田、蔬菜和经济作物经营面积必须是多少公顷以上。二是土地流转时间必须要有多少年以上。三是投资总额（包括土地流转费、农机具投入等）要达到多少万元以上。

其次，准备书面材料，即家庭农场登记需要以下申报材料：

① 专业农场申报人身份证明原件及复印件;

② 专业农场认定申请及审批意见表;

③ 土地承包合同或经鉴证后的土地流转合同及公示材料（包括土地承包、流转等情况）；

④ 专业农场成员出资清单;

⑤ 专业农场发展规划或章程;

⑥ 其他需要出具的证明材料。

最后，了解具体步骤：先到村委会、乡（镇）政府对申报材料进行初审，初审合格后报县农委农经部门复审。经复审通过的，报县农业行政管理部门批准后，由其认定其专业农场资格，做出批复，并推荐到县工商行政管理部门注册登记。具体申报以当地农委、工商局要求为准。

4. 管理家庭农场

乡镇以上工商部门应当与农业部门加强沟通协作，形成合力，强化对家庭农场的支持服务和依法监督，促其诚信守法、合规经营，积极引导家庭农场持续健康发展。对家庭农场出现的违法行为，依据有关法律法规规定予以处理。

【阅读与思考】

家庭农场：新型农业经营主体

依照国家认定标准，湖北宜城市南营办事处杨溪铺村的蔬果种植大户、宜城市鸿盛农业科技有限责任公司负责人胡吉红，于今年4月注册了家庭农场。

今年44岁的胡吉红心眼儿活泛，在襄阳市区做了多年超市生鲜供给生意的他，自从去年在网上看到有关“家庭农场”的信息后，便回老家和弟弟胡吉兵合伙种地。京欣西瓜、津蜜1号甜瓜、红颜草莓……为了提高经济效益和经济附加值，胡吉红选择种植高档蔬果。但高利润伴随着高风险。由于这些蔬果种苗进价高，对自然条件要求也高，若贸然在100多户合作社农户中推广，万一失败，损失惨重。

为此，胡吉红请来专业技术人员，在自家农场挑出100多亩土地，进行各品种试种。最终淘汰了不适合种植的辣椒等。“1亩地是种，1 000亩地也是种，但两者的经济效益完全不同。”郭忠成说。

以“稻鳖共生”种养新模式致富的宜城市郭家台村民郭忠成一直为扩大养殖规模而烦恼。上个月，在成功注册家庭农场后，他的这个烦恼随之消失。“以前，以私人名义流转土地，农民怕有风险，都不愿拿出土地。注册家庭农场后，有了国家政策为后盾，有人主动上门找我流转土地。”郭忠成说，他现在已拥有400亩家庭农场。

胡吉红的鸿盛蔬果基地上，一排排大棚整齐排列，滴喷灌结合的灌溉系统，蜜蜂天然授粉……一派现代化种植景象。

2013年4月份注册完家庭农场后，5月份，胡吉红又注册了农村合作社。“合作社和家庭农场是相辅相成的。”胡吉红介绍，单做家庭农场，种植规模受限，不利于企业长远发展。若以家庭农场为基本单元，集结农户，发展合作社，不仅可扩大经营规模，打出企业品牌，还可以带动周边村民就业。

2013年5月份，胡吉红在当地工商部门的鼓励下，为基地的蔬果申报注册了“鸿盛”商标。

而湖北忠成稻田甲鱼养殖有限公司的郭忠成也正进行“绿色大米”的商标注册。

“宜城市工商局《关于鼓励扶持家庭农场发展的实施意见》（下称《意见》）中，提出‘培养家庭农场的品牌意识，鼓励引导家庭农场依法注册商标、地理标志。’因此，我们王集镇工商所给予当地注册品牌商标的农场主每人500元现金奖励。”王集镇工商所所长李宏峰说。《意见》中提出的支持发展特色农业、绿色农业、生态农业和高效农业的内容，为一直以绿色生态种养闻名的农场主郭忠成打开了思路。

甲鱼吃掉稻田里的害虫，稻田为甲鱼提供生存空间，甲鱼粪便又可滋养稻谷……除了生态甲鱼和绿色大米，郭忠成决定发展深加工，延伸产业链、提高产品附加值。眼下，他正琢磨着加工甲鱼和甲鱼蛋，真空包装后投放市场。

实际中，虽然《襄阳市家庭农场认定标准和登记注册办法（试行）》已出台，但扶持政策目前还未明确。资金困难是家庭农场面临的最大窘境。

整齐的葡萄架、繁茂的西瓜藤、采摘者的笑脸……翻开鸿盛农业观光园的效果图，胡吉红在开心向往的同时，也皱紧了眉头。“基地建设花费了600多万元，观光水泥路又耗费60多万元……这么多资金，这得需要国家政策的支持。”胡吉红说。

郭忠成也面临同样的资金难题。为了实现深加工，郭忠成曾多次向银行申请贷款，但都无果。“农业风险大，生产周期长，效益产出慢，银行不愿放贷。即使放贷，也是小额，三五万元解决不了问题。”郭忠成说。

对此，宜城市工商局已与宜城国开村镇银行就家庭农场的贷款问题达成合作意向，具体授信规模还在协商中。此外，家庭农场用地问题也亟待政策规范。

（资料来源：http://www.hj.cn/html/201305/30/3047766905.shtml）

思考：创办家庭农场的好处、路径及困境有哪些？

（三）家庭农场的生产经营

1．生产经营的概念与内涵

生产是指人类从事创造社会财富的活动和过程，包括物质财富、精神财富的创造和人自身的生育。亦称社会生产。狭义生产仅指创造物质财富的活动和过程。

所谓生产经营，是围绕企业产品的投入、产出、销售、分配乃至保持简单再生产或实现扩大再生产所开展的各种有组织的活动的总称。生产经营是企业各项工作的有机整体，是一个系统。

企业生产经营，是以市场为导向，以生产为侧重，以产品为主要经营对象的企业经营方式。企业生产经营的着眼点是某个特定的市场供求关系。企业通过对市场需求及发展趋势的研究与预测，研制、开发、生产、销售其产品和服务。

要注意的是，生产经营与资本经营是两个不同的概念，生产经营是指将资金投入企业对产品（劳务）按照供产销的方式进行的经营活动。资本经营是指通过投融资、资产重组和产权交易等手段，对资本实行优化配置和有效使用，以实现资本盈利最大化的经营活动。

2．家庭农场生产经营的特点

（1）家庭农场以“家庭”为生产经营单位

这使其区别于农民专业合作社和农业龙头企业。根据农业部提供的调查数据，平均每个家庭农场有劳动力6.01人，其中家庭成员占 4.33 人，长期雇工占 1.68 人，家庭成员占据多数。

家庭农场在生产作业、要素投入、产品销售、成本核算、收益分配等环节，都以家庭为基本单位，继承和体现了家庭经营产权清晰、目标一致、决策迅速、劳动成本低等诸多优势。家庭成员劳动力可以是户籍意义上的核心家庭成员。家庭农场不排斥雇工，但雇工一般不超过家庭务农劳动力数量，主要为农忙时临时性雇工。

（2）家庭农场专司“农”事，商品化率较高

家庭农场以生产商品化农产品为专职，即家庭农场生产的农产品主要是用来出售的。农业生产经营收入是家庭收入的主要来源，有时，家庭成员可能会在农闲时出外打工，但其主要劳动场所在农场，这使其区别于以非农收入为主的兼业农民，并成为职业农民重点培育对象。农产品商品化程度 100%是家庭农场的主要特征之一。以吉林省敦化市为例，2012 年敦化市 76 个家庭农场中有 72 个种植粮食作物，2012 年生产粮食 33 656 吨，商品化率达到 99%以上。

（3）家庭农场从事的是集约化经营

这是家庭农场与传统农户最显著的区别。即家庭农场生产经营具有以盈利为目的，以市场为导向，以利润最大化为目标的企业化特征。因而，它对市场信息更加敏感，它的市场化行为也更加明显，这使其区别于自给自足的小农户。因此，家庭农场对升级我国农业经营体系、培育职业农民和稳定农业生产都起到了重要作用。

（4）家庭农场从事的是规模化农业生产

这意味着家庭农场的土地经营面积要远高于一般的家庭联产承包。我们知道，家庭联产承包下的责任田是按人口来划分的，

每个家庭的责任田数量会相对平均，不会有太大的差别。如果责任田不流转不集中，永远不会有规模化的家庭农场出现。因此家庭农场出现的前提是土地的流转。

当然，这里所说的规模化生产是以适度规模经营为基础的。主要体现在两个方面：一是经营规模应与家庭成员的劳动能力相匹配，确保既充分发挥全体成员的潜力，又避免因雇工过多而降低劳动生产效率；二是要与能取得相对体面的收入相匹配，即家庭农场人均收入要达到甚至超过当地城镇居民的收入水平。当然，这种“适度”因从事行业、种植品种等不同而有所差异，并且，随着农田基础条件、农业生产技术和农业机械的改善，适宜家庭农场经营的“适度”也会随之变化和提高。

3. 世界上主要的家庭农场生产经营模式

家庭农场源自于美国，现在国外的家庭农场发展比较成熟，因此也具备了比较成熟的家庭农场经营模式，下面是一些国家的主要家庭农场经营模式：

（1）美国的大中型家庭农场

美国的农业以家庭农场为主，约占各类农场总数的87%，合伙农场占10%，公司农场占3%。由于许多合伙农场和公司农场也以家庭农场为依托，因此美国的农场几乎都是家庭农场，可以说美国的农业是在农户家庭经营基础上进行的，具有如下特点：

① 经营规模化和组织方式多样化。从经营规模来看，其发展趋势表现为农场数目的减少和经营规模的扩大。20世纪以来，美国家庭农场在数量上升至89%，拥有81%的耕地面积、83%的谷物收获量、77%的农场销售额。

② 生产经营专业化。美国大半农产品出自仅占2%的大型农

场，美国把全国分为 10 个农业生产区域，每个区域主要生产一两种农产品。如北部平原是小麦带，中部平原是玉米带，南部平原和西部山区主要饲养牛、羊，大湖地区主要生产乳品，太平洋沿岸地区盛产水果和蔬菜。在这种区域化布局的基础上，随着农业产前、产中、产后服务体系日益完善，农场生产经营趋向专业化。

③ 家庭农场主要集中于土地的产出或养殖业的直接经营管理。美国政府对农场的贷款利率及私人贷款担保等方面有优惠。

④ 土地所有权私有化。美国于1820年建立了将共有土地以低价出售给农户、建立家庭农场的农业经济制度，正是这种制度的建立，促进了美国开发西部的热潮。

（2）法国的中型家庭农场

法国作为欧盟第一农业生产国，世界第二大农业和食品出口国，世界食品加工产品第一大出口国，其家庭农场的发展功不可没。

法国的中小农场占很大比重，专业化程度很高，按照经营内容大体可分为畜牧农场、谷物农场、葡萄农场、水果农场、蔬菜农场等。专业农场大部分经营一种产品，以突出各自产品的特点为主。同时，过去由一个农场完成的全部工作，如耕种、田间管理、收获、运输、储藏、营销等，现都由农场以外的企业来承担，使农场由原来的自给性生产转变为商品化生产。

法国有各类家庭农场66万个，平均经营耕地42公顷，其中60%的农场经营蔬菜、11%的农场经营花卉、8%的农场经营蔬菜、5%的农场经营养殖业和水果，其余为多种经营。75%以上的家庭农场劳力由经营者家庭自行承担，仅11%的农场需雇佣劳动力进行生产。由于农产品市场竞争日趋激烈，加上用工成本的不断提高，法国的家庭农场出现了以兼并的形式不断扩大规模和发展农工商综合经营的产业化趋势。

（3）日本的小型家庭农场

日本国土狭小，农地面积有限，而且有逐年减少的趋势。在此背景下，日本政府致力于土地制度的改革，逐渐形成了农地私有为主，小规模家庭占有、合作化经营、社会化服务的农业经营体制，自耕农和个体农民成为日本农业的主要成员，广泛实行专业化集约经营的“高品质小型家庭农场模式”。

为了解决劳动力不足的问题，日本鼓励农地所有权和使用权的分离。为此，政府连续出台了几个有关农地改革与调整的法律法规，鼓励农田租赁和作业委托等形式的协作生产。如以土地租佃为中心，促进土地经营权流动，促进农地的集中连片经营和共同基础设施的建设等。同时，政府成立综合农协，以农协为主，帮助核心农户和生产合作组织妥善经营农户出租和委托作业的耕地，并有权垄断金融资本，通过资本运作获取高额利润再返还给作为农协股东的全体农民。这些优惠政策使得日本农民的人均收入长期高于市民的平均收入，而农民人均纯收入的60%以上，来源于日本政府给予的各种优惠和补贴。这种以租赁为主要方式的规模经营战略获得了成功。

纵观美国、法国、日本三国家庭农场的发展，它们都是在土地私有制基础上逐步实行土地的相对集中，实现适度规模经营。这其中包括工业化的影响，主要是农业的高科技化和机械化、政府对农业的政策支持以及自然因素等。

【典型案例】

挪威110公顷农田只有一名雇工

从挪威首都奥斯陆开车到位于斯凯兹莫市的贝尔格农场，只要不到30分钟。贝尔格农场的农场主哈尔瓦尔德·贝尔格是农业经济学硕士毕业。他于 1997 年放弃舒适的办公室工作，从伯父手中接手了这座农场。

起初，农场面积约为 60 公顷，近几年，贝尔格从邻居手里又租了 50公顷农田。这110公顷土地，主要种各类谷物，年景好的时候，能收 400～500 吨谷物。另外，农场还养肉牛，目前存栏 60 多头。母牛不杀，公牛除被选中做种牛的，养到一定时候就卖了，一头大约能卖 2万多挪威克朗（1挪威克朗约合 1.04元人民币）。种牛的价格则更高一些。

贝尔格一家 5口人，妻子在城里上班，孩子都在上学。农场的所有事情都是他和一个雇工完成。这名雇工是立陶宛人，每天平均工作 8小时，农忙的时候多干一些，农闲的时候少干一些，已经在农场干了 10 年。按照法律规定，员工一年可以休 5 周带薪假，这个立陶宛人可以休 8 周。作为雇主，贝尔格还要给他上各种保险，交养老金。据了解，在这个地区，全职农场工人月薪不低于 2.5 万挪威克朗。

这几年，夏季雨水多。麦子收不上来，损失很大。“去年就没挣到钱。如果算自己的人工，实际上是赔钱的。”贝尔格说，不管年景好坏，土地租金一分不减，全额照付；工人工资、种子、化肥、农药、柴油等一分钱不能少花，机械维修和农业技术服务也要花不少钱。粮食收购价也不高，每千克小麦才 2.7 挪威克朗。虽然挪威政府给农民的农业补贴很高，但是农业经营形势还是很不乐观。贝尔格说，去年政府各种农业补贴加起来有 45 万挪威克朗。全部垫进去，刚好不赔不赚。既然不赚钱，为什么不放弃？对于人们的提问，贝尔格说，农业就是这样，有时候好，有时候差。“过去好的时候，我也赚了不少钱。现在情况不太好，希望今年、明年会好起来，就能赚到钱了。”陪同采访的努特·萨姆塞特对贝尔格这种“长远思维”所体现出来的那份淡定，很是赞赏。

挪威实行土地私有制，土地可以继承，也可以出租或出售。租期不少于 10 年，如果出售，政府要干预控制价格，以防价格过高。据贝尔格说，每年有 7%～8%的农民放弃农场经营，到城里工作，把土地租给他人耕种。挪威农场 50%以上已经租给别人经营。

贝尔格说，在挪威农户参加合作社的积极性很高，合作社采用民主管理模式，社员代表大会是合作社最高权力的机构。挪威 15 个主要农业合作社，属于 5 万多家庭农场主所有，年产值 690 亿挪威克朗，他参加了多个农业合作社，合作社有义务收购农户的全部农产品。但是，农户可以自由选择是卖给合作社还是其他收购者。因为合作社的收购价格也不低，还可以参与年终结算分红，所以贝尔格一般都将产品出售给合作社。

买农业机械、农资等，贝尔格也是货比三家，谁便宜就买谁的。合作社社员没有义务一定从自己参加的合作社购买这些物资。但是，通常合作社会给会员各种优惠，会员购买得多，合作社经营状况好，社员分得的红利就会多。另外，合作社还提供一些免费农业技术指导，为会员从保险公司和电讯公司"团购"优惠的保险产品和电讯服务。

（资料来源：http://news.wugu.com.cn/article/20131008/70141_2.html）

4. 我国家庭农场生产经营的五种典型模式

虽然 2013 年中央 1 号文件首提"家庭农场"，但这种模式在中国已遍地开花。只是和国外比，中国的家庭农场还处于起步阶段。据了解，农业部确定的 33 个农村土地流转规范化管理和服务试点地区，已有家庭农场 6 670 多个，特别是上海松江、湖北武汉、吉林延边、浙江宁波、安徽郎溪等地积极培育"家庭农场"

并各具特色，在促进现代农业发展方面发挥了积极作用。这五大典型模式成为全国家庭农场的重要范本，但这些农场的范围与界定千差万别。

（1）上海松江模式

上海松江的家庭农场别出心裁，是高度“计划性”的“定人定产”农场，规模在 100～150 亩之间，农场主是本地职业化的家庭成员，基本不超过 3 人，只从事粮食生产和养猪。

从 2007 年起，为应对农业劳动力大量非农化及老龄化趋势加剧，上海松江区开始实践百亩左右规模的家庭农场模式。截至 2012 年末，松江家庭农场发展至 1 206 户，经营面积 13.66 万亩、占全区粮田面积的 80%。全区粮食种植户由 2007 年的 4 900 户减少到 2012 年的 1 206 户，户均经营面积 113.1 亩，粮食家庭农场户均年产粮 6.48 万千克，种养结合家庭农场年上市生猪 1 500 头。

该模式中，农民按照自愿有偿原则先将自家耕地流转给村集体，由区政府投资对耕地进行统一整理，健全配套基础设施，然后由村集体发包给种田能手；猪场、发酵池等设施由政府负责投资，农场主只要种好地养好猪，就可以拿到相应的代种代养费。

松江地区还相继推广“三三轮作制”耕作制度，即二麦、绿肥、深翻“三个三分之一”茬口模式。同时，区政府加大对农民的培训力度，组织各类新型农民实用技术培训等，必须考取上岗证书后，才可以当农场主。此外，政府还做出财政补贴调整。

发展家庭农场，不仅促进了粮食和生猪生产，保护了耕地和改善了农业生态环境，而且发展了农业规模经营和促进了农业发展方式改变，提高了农业专业化生产水平和专业农民收入，是对城镇化较快发展地区农业规模经营新形式的有益探索。与其他地区的家庭农场不同，松江区的家庭农场是政策主导的，政府在家庭农场的发展中扮演了重要角色，家庭农场从规模到经营范围都受到严格的控制，并且政府推出的一系列补贴力度非常大，保证了种粮农场的效益和稳定。

（2）浙江宁波模式

在20世纪80年代中后期，宁波已经有了“家庭农场”的雏形，出现了一批粮田适度规模的经营大户。而到了90年代后期，一些规模大户在市场经济大潮中自发或在政府部门的引导下，将自己的经营行为进行了工商注册登记，寻求进一步参与市场竞争的机会，由此演变成了中国最早的“家庭农场”。宁波家庭农场以其明确的主体、适度的规模、显著的效益等特点，成为全国五大范本之一。

宁波的经营模式基本上是以市场为主导，培育一批生产蔬菜、瓜果、畜禽养殖等规模大户，规模大户还进行了工商注册登记，成立了公司，进一步寻求贴近市场的发展方式。据统计，2013年9月宁波市已进行工商注册登记的家庭农场有687家，其中520家以个体工商户形式登记，占75.7%，167家以个人独资企业形式登记，占24.3%；2012年共实现销售收入13.4亿元、利润2.8亿元，分别比2011年增长12.6%和19.8%；有一半左右的家庭农场牵头领办或加入了农民专业合作社，122个家庭农场与农业企业签订了产品购销合同，420个家庭农场实行标准化生产；401个家庭农场拥有数量不等的长期雇工，107个家庭农场聘用了199名大学生参与农场的经营管理；市、县两级政府出台了包括鼓励农场“引进人才”在内的相关扶持政策，“家庭农场”建设方兴未艾。

宁波家庭农场的发展过程表现出几个基本特点：一是单户家庭农场面积一般在50亩以上，平均年收入由租金和薪金收入组成；二是在家庭农场形成和发展过程中，虽有政府扶持与引导，但主导和推动力量以民间为主；三是经营特色是雇工现象比较普遍。即农场经营管理者与劳动者并不完全是“宁波籍”，而且有大学生参与其中，出现了不是“宁波人”也种“宁波地”和“普遍雇工”等现象；四是农场的商业气息与甬商文化比较浓厚，不仅全部注册登记，而且引入了企业化经营和工厂化管理理念，经营有法律保障，并受政府监管、享财政补贴。

（3）湖北武汉模式

湖北武汉2011年确定“支持发展家庭农场等新型经营模式”，并下发《2011年家庭农场项目指南》，扶持资金354.7万元，平均每个家庭农场获得财政补贴3.58万元。鼓励农村有文化、懂技术、会经营的农民，通过承包、投资入股等形式，集中当地分散的土地进行连片开发，养鱼、种菜。武汉市从2011年开始推广该模式。

2011年起，武汉开始发展家庭农场，主要有四种类型：种植业家庭农场、水产业家庭农场、种养综合型家庭农场和循环农业家庭农场。与传统的农户种植不同，这些家庭农场以市场为导向，选择的蔬菜品种均为国内外名特优蔬菜品种，家庭农场模式生产高端蔬菜；设施以钢架大棚、水泥棚、竹棚为主，施肥以农家肥、有机肥、微生物肥料为主。所生产的农产品除自行销售外，还可以进入净菜上市配送系统，卖进超市，条件具备的农户还可将休闲观光与采摘结合起来。

截至2012年底，武汉已培育示范性家庭农场167家。武汉市农业局统计，家庭农场人均纯收入普遍高于全市农民人均纯收入10%以上，平均年收入超过20万元；单户家庭农场面积为15～500亩；有的农户年收入最高可达百万元。经营特色是申报的家庭农场主必须是武汉市农村户籍、从事农业生产发展的农户需具有高中或相当于高中以上文化水平等。

（4）吉林延边模式

为解决农村劳动力转移造成“无人种地”的难题，从 2008 年开始，吉林延边州在全州范围内探索“家庭农场”模式。鼓励农村种田大户、城乡法人或自然人，通过承租农民自愿流转的承包田进行土地集中经营，政府从 7 个方面对家庭农场给予大力扶持：一是对家庭农场贷款贴息。对经营水田、蔬菜和经济作物 50 公顷、旱田 100 公顷以上的家庭农场贷款利息补贴 60%，其中州、县市各 30%。二是注册登记的家庭农场可享受各项国家农业财政补贴政策，不受身份和户籍限制。三是对家庭农场在原一次性 3 台套农机具购置补贴标准的基础上，扩大到可以一次性享受 5 台套农机具购置补贴。四是对农作物保险保费给予补贴。根据家庭农场较一般农户农业生产物化成本高的特点，提高保额和理赔额，保费增加，部分州、县财政补贴 2/3。五是捆绑使用政策性支农资金，采取以奖代补、项目扶持等形式，并重点向家庭农场倾斜。六是实施税收优惠政策。家庭农场销售的自产农产品免征增值税、从事农林牧渔业项目的所得可减征或免征企业所得税等。七是经规划、国土、建设等部门许可，家庭农场可以使用集体建设用地、未利用土地建设农产品仓库等生产经营用临时建筑物。至 2012 年底，延边州经农业部门认定、工商部门注册的家庭农场已达 439 家，总经营面积 34 786 公顷，其中流转农民土地面积 28 204 公顷，占总经营面积的 81%。

2011 年，吉林延边州 199 家家庭农场中，有 98%实现了盈利；2012 年，全州 451 家专业农场中，有 99%实现了盈利，专业农场的粮食单产高出全州平均值 20%左右；平均年收入为 10 万元以上；平均经营土地面积为 1 275 亩。吉林延边州家庭农场的经营特色是可享受各项国家农业财政补贴政策，实施相关税收优惠政策等。

（5）安徽郎溪模式

2013 年，中央 1 号文件首次提出发展“家庭农场”，之后全国各地家庭农场如雨后春笋般地涌现出来，在安徽郎溪县还创造出发展家庭农场的特色模式。

郎溪县从 2007 年就开始围绕粮食、畜牧等主导产业，积极引导农户将分散的田地、荒岗向种田能手、致富能人手中集中，有效推动了家庭农场发展。2007 年郎溪县首次提出“家庭农场”这个概念，并确立了发展家庭农场的基本思路；2008 年，郎溪县农委首次召开了家庭农场研讨会，第一次把家庭农场作为未来的农业经营主体来研究；2009 年，在全国率先成立了“郎溪县家庭农场协会”。郎溪县农委从 2009 年起连续三年安排“全国农技推广体系示范县建设”项目资金共计 90 万元，在全县优选 10 个家庭农场，每年为每个农场投入项目资金 3 万元，开展示范家庭农场建设，以起到示范带动作用。与此同时，郎溪县农委会还加强同农信联社、邮政储蓄银行合作，对每户家庭提供小额优惠贷款 2 万～5 万元，并对“家庭农场”实行农技人员定向技术帮扶，每名农技人员联系 10 户。可以说郎溪县家庭农场模式的成功来自于农民主体、政府扶持和协会帮助这三驾马车的拉动发展。有的业内人士认为，“郎溪模式”是最适合我国国情的，具有普遍性。总之，郎溪县家庭农场的经营特色是成立“郎溪县家庭农场协会”，创建科技示范基地。

2013 年，郎溪县对全县 200 多个家庭农场的调查显示：年总收益都超过了 5 万元，收入在 10 万～50 万元之间的超过了六成。

看到了规模化经营的“甜头”，跃跃欲试的人也越来越多。到2014年，郎溪县登记在册的家庭农场已经达到了530多家，规模基本都在 100～500 亩之间。产业类型也丰富多样，以粮油种植为重点，涵盖了茶叶、水产、畜牧、水果蔬菜、花卉苗木等各类特色产业。

有了政策的精心呵护，再加上解决了缺乏启动资金、农业技术这两个主要的难题，郎溪县家庭农场就像这些幼小的秧苗一样开始茁壮成长，并且凭借适度规模、类型多样、政策体系稳定完善的特点，成为全国家庭农场发展的“五种模式”之一。

【阅读与思考】

家庭农场主种稻养野鸭，何以年入 50 万元？

2014年新收获的稻鸭米上市后，仅仅1周，1万多千克大米就全部脱销了。对于这么好的销路，上海松江叶榭镇同建村的家庭农场主孙红荣自己也感到有些意外。而他在水稻田里养殖的1 500 只生态野鸭，一开棚也已被订购掉了八成。亩均产值超过5 000 元，如此算下来，孙红荣承包的 105 亩稻田，今年总收入有望超过 50 万元。这是如何做到的？

孙红荣家的水稻田很好辨认：时而有成群的野鸭从上空飞过，稻田四周被绿色防护网拦起，稻田中央还有 4 个擎天柱式的大型除虫灯……总之，这片粮田跟其他家庭农场主的稻田有点不一样。这种“布局”的背后，是孙红荣当家庭农场主 5 年来，逐渐摸索出的一条“稻鸭米”精致农业发展之路。

经过两年试点，今年，孙红荣第一次在105亩粮田里全部养上了野鸭。从今春耕作期始，孙红荣的鸭苗随秧苗一同“成长”，它们在田间除虫，排出的鸭粪，则成了稻田的好肥料。根据秧苗的生长程度和杂草长势，从每亩放养5～10只，逐渐增加到每亩15～20只。凭借野鸭的除草“本领”，整个水稻生长期，几乎免去了人工除草环节。依据近两年的养殖经验，在稻田里生长的野鸭，生命力和抗病力都很强，口感也好。

为了方便野鸭在水稻植株间游走，孙红荣特地采用了机插秧的方法，严格控制秧苗间距。因此，稻米产量也有别于常规。今年，水稻的亩均产量约400千克。但按照“每百斤稻谷产70斤大米”测算，他家产出的大米售价为每500克10元，每亩收入已达5 600元，而亩均15只野鸭以每只150元的价格售卖，又是一笔可观收入。

为何能卖如此高价？在生态农业实践中，孙红荣独有一套功夫。去年秋收，孙红荣的红花草种植抢先了半个月，今年入春时也提前深翻入田。入田时，孙红荣一并混入了鸡粪、鸭粪和猪粪等商品有机肥，以增强肥力；5月末，在水稻分蘖期，又人工播撒了含油量高的菜饼，为稻田补充能量。土壤改善是个慢过程，每年，高成本投入大量有机肥，土质逐渐变化，稻米的品质和吃口自然赢得较好口碑。

产品为了让优质新米抢占市场商机，孙红荣还用精细的办法让收获时节提前了月余。早在4月初，孙红荣就开始浸种、催芽。那时，气温偏低，并不太利于作物生长，孙红荣就采用人工加温的办法，将气温调整到了适宜温度，待到发芽成熟时，再转入田间用无纺布和薄膜覆盖，来保护幼芽。这种方法对技术和成本要求都高，育苗土壤也有讲究，必须要是隔年深翻、晒干，清除了杂草的“好土”，用铁丝网筛选出细土，以小袋分装用来育苗。如此，待到许多种植户5月初播种时，孙红荣的水稻苗已长高了不少。

对于今年首次注册了“瓣荣牌”商标的稻鸭米，孙红荣也早打起了销售算盘。针对稻米市场从原先的团购订单转入家庭消费的新特点，孙红荣探索建立了自己的同城配送服务系统。去年，他试着借助朋友的微信平台卖米，结果只花一个多月，生态大米就被抢购一空。今年，他建立自己的微信平台，通过优惠活动敲开了本地市场的大门。接下来，他还将申请建立“田头刷卡系统”，让市民自驾前来采购生态大米时，也能实现直接刷卡消费。

来源解放日报（http://www.zhifujing.org/zhifuanli/201410/25134.html）

思考：此家庭农场主成功的经验是什么？

二、家庭农场生产经营的市场导向

【引导性案例】

靠市场引导生产

经受市场经济大潮冲击和洗礼的贵州省农民，开始学会用市场这只无形的手指导生产，将农业生产与市场连接起来。

遵义县依靠市场需求引导辣椒生产，把辣椒培植成为支柱产业。近几年，遵义县投入辣椒产业的资金共500万元，其中100万元用于发展生产，400万元用于建设专业市场，投入生产和建设市场的资金之比是1∶4。

这种1∶4的投资比例，打破了重生产、轻流通的经营格局，改写了发展传统农业的投资结构。遵义县新舟、永乐、龙坪、团溪、尚稽、鸭溪、喇叭等乡镇围绕虾子镇中心市场，纷纷建起了二级市场，形成了辣椒市场网络，已将虾子镇建设成为西南地区最大的辣椒商品集散地。在虾子镇中心市场，来自全国各地的常住商家达100多户，从事营销活动的5 000多人，他们把遵义辣椒源源不断地运往全国20多个省区。

辣椒市场兴旺，带动绥阳、湄潭、凤冈等县大力发展辣椒生产，已形成50多万亩的生产规模。

调整农业结构必须解决中间环节问题。遵义市是贵州油菜主产区，种植面积达200万亩，产量23亿千克，由于加工能力有限，产品流通不畅，导致市场疲软，每千克只能卖到1元钱。有关部门通过上网发布信息，疏通流通渠道，衔接省外市场，才使价格回升到每千克 1.8 元。

黔北农村，农村经纪人通过向农民提供市场信息、签订购销合同等多种方式，靠市场引导农民生产，搞活了农村流通。他们按推销实绩收取中介费，发挥了连接农民与市场的桥梁和纽带作用。

遵义市农办副主任蒋方英感慨地说，在市场经济条件下，必须建立农产品生产、加工、销售“一条龙”运行机制，建立中介组织，组建营销队伍，解决生产、加工与市场销售脱节的现实问题，发展现代农业才有生机与活力。

（资料来源：http://www.people.com.cn/GB/channel3/26/20001110/308618.html）

改革开放以来，我国逐步推行社会主义市场经济体制。党的十八大提出，让市场在资源配置中起决定性作用。事实上，在市场经济体制下，市场机制是配置资源的重要手段。因此，家庭农场作为新型农业生产经营主体之一，其生产经营活动必须以市场为导向。

（一）市场经济与社会主义市场经济体制

1. 什么是市场经济

（1）市场经济的有关概念

① 资源配置。它是指在经济运行过程中，将各种现实的生产性资源（如资本、劳动力、技术、自然资源等）按比例分配在各种产品和劳务的生产上，以满足人们各种不同的需要。资源配置有计划和市场两种方式。其特点如表 2-1 所示。

表 2-1　计划与市场配置资源比较

	计划配置	市场配置
决策者	中央计划机构	企业
决策特点	集中决策	分散决策
资源流动	行政划拨、人为流动	供求调节、自由流动
企业目标	完成计划目标	追求经济利益

资源配置一般要达到两个目标：一是通过资源配置而形成的社会供给的比例与社会需求的比例相适应，避免供给与需求的脱节，也就是资源配置的合理性；二是要讲究经济效率，节约资源，做到人尽其才、物尽其用、地尽其力，也就是资源利用的充分性。达到上述两个目标，就说明资源配置是最优的。

② 市场机制。即市场经济的运行机制，是指市场有机体内的价格、供求、竞争等要素之间互相联系及其作用的机理。市场机制通常包括价格机制、供求机制和竞争机制。

③ 市场经济。它是指主要依靠市场机制来配置社会资源和调节人们利益关系的一种经济形式。也就是说，市场经济是市场在资源配置中起决定性作用的经济。

（2）市场经济形成的条件

市场经济的形成，即市场成为社会配置资源的主要手段，必须具备一系列条件。最主要的条件有：

① 生产要素商品化。要使资源配置市场化，不仅要求一般消费品和生产资料商品化，而且要求各种生产要素如劳动力、资本、科技、信息等商品化，并在这个基础上形成统一完整的市场体系和反映灵敏的市场机制。

② 经济关系市场化。一切经济活动，包括生产、交换、分

配和消费都要以市场为中心，以市场为导向，听从市场这只“看不见的手”的指挥。

③ 产权关系独立化。市场主体——那些从事市场经济活动的当事人，主要是企业和居民，必须拥有自己的产权，成为真正意义上的法人实体，有资格独立地参与市场经济活动。

④ 生产经营自主化。生产经营者在国家法律、政策允许的范围内追求经济利益的最大化，自由选择投资地点、行业部门，确保经营范围和经营目标。

⑤ 经济行为规范化。市场主体追求经济利益，必须讲职业道德，遵守国家法律，履行合同，遵从市场规则和市场管理制度，自觉维护社会经济秩序。

（3）市场经济的一般属性

① 市场经济是发达的商品经济。市场经济是同商品经济密切联系在一起的经济范畴。市场经济以商品经济的充分发展为前提，是在产品、劳动力和物质生产要素逐步商品化的基础上形成、发展起来的，在这个意义上可以说市场经济是发达的商品经济。事实上，商品经济长期而又充分的发展，为市场经济的形成准备了条件。人类历史的发展也证明，商品经济产生在前，市场经济产生在后，发达的商品经济才能称为市场经济。

② 市场经济是货币经济。货币经济强调在生产领域之外的商品与货币的交换，其本质是货币作为价值尺度和流通手段发挥着重要作用。作为价值尺度，在交换过程中，所有商品的价值都化为计算货币；作为流通手段，在不断转手的过程中仅有货币的象征存在。

③ 市场经济是自主经济。其实质是市场主体不管是自然人还是企业法人，必须具有独立的产权，具有独立的经济利益，是自

主经营、自负盈亏、自我约束、自我发展的商品生产者或经营者。

④ 市场经济是竞争经济。其实质是在商品经济条件下，商品生产经营者之间以市场为中心争取有利产销条件和投资场所。其基本特征，一是必须发生在两个或两个以上的主体之间；二是必须发生在同行业的生产经营活动中；三是必须发生在同一个特定的商品市场或劳务市场上。

⑤ 市场经济是法制经济。法治经济是指国家通过制定法律、法规，使整个经济按照法律预定的方式健康有序地发展。法治经济在本质上是信用经济。诚实守信是市场经济法律制度得以实现的保证，是所有市场主体在经营活动中必须遵守的行为规范。它要求各自独立的市场主体在经济往来中讲信用，杜绝欺诈行为。

⑥ 市场经济是开放型经济。在开放型经济中，要素、商品与服务可以自由地流动，从而实现最优资源配置。开放型经济强调，要把国内经济和整个国际市场联系起来，尽可能充分地参加国际分工，同时在国际分工中发挥出本国经济的比较优势。

（4）市场经济的主要特点

① 自发性。在市场经济中，商品生产者和经营者的经济活动都是在价值规律的自发调节下追求自身的利益，实际上就是根据价格的涨落决定自己的生产和经营活动。因此，价值规律的第一个作用，即自发调节生产资料和劳动在各部门的分配、对资源合理配置起积极的促进作用的同时，也使一些个人或企业由于对自身利益的过分追求而产生不正当的行为，如生产和销售假冒伪劣产品；欺行霸市，扰乱市场秩序；一切向钱看，不讲职业道德等。而且价值规律的自发调节还容易引起社会各阶层的两极分化，由此而产生的矛盾将不利于经济和社会的健康发展。

② 盲目性。在市场经济条件下，经济活动的参加者都是分

散在各自的领域从事生产与经营，单个生产者和经营者不可能掌握社会各方面的信息，也无法控制经济变化的趋势，因此，其进行经营决策时，也就是仅仅观察市场上什么价格高、什么有利可图，并据此决定生产、经营什么，这显然有一定的盲目性。这种盲目性往往会使社会处于无序状态，必然会造成经济波动和资源浪费。

③ 滞后性。在市场经济中，市场调节是一种事后调节，即经济活动参加者是在某种商品或者劳务供求不平衡导致价格上涨或下跌后，才作出扩大或减少这种商品或者劳务增减的决定的。这样，从供求不平衡—价格变化—做出决定—实现供求平衡，必然需要一个过程，有一定的时间差。也就是说，市场虽有及时、灵敏的特点，但它不能反映出供需的长期趋势。当人们竞相为追求市场上的高价而生产某一产品时，该商品的社会需求可能已经达到饱和点，而商品生产者却还在那里继续大量生产，只是到了滞销引起价格下跌后，才恍然大悟。

2. 市场经济体制的概念与特征

（1）市场经济体制的概念

市场经济体制建立在高度发达的商品经济基础之上。在市场经济体制下，资源分配受消费者主权的约束，生产什么取决于消费者的需求（市场需求），生产多少取决于消费者的支付能力的需求水平；经济决策是分散的，作为决策主体的消费者和生产者在经济和法律上的地位是平等的，不存在人身依附和超经济强制关系；信息是按照买者和卖者之间的横向渠道传递的。经济动力来自于对物质利益的追求，分散的决策主体在谋求各自利益中彼此展开竞争，决策的协调主要是在事后通过市场来进行。整个资源配置过程是以市场机制为基础的。

实际上，市场经济体制是市场运行的具体制度安排及运行方式。由于市场经济和计划经济相对应，因而市场经济体制也和计划经济体制相对应。通常情况下，人们把市场经济体制也叫市场经济。

（2）市场经济体制的特征

市场经济体制的一般特征主要有：

① 一切经济活动都直接或间接地处于市场关系之中，市场机制是推动生产要素流动和促进资源优化配置的基本运行机制；

② 所有个人和企业都具有进行商品生产经营所应拥有的全部权力，自觉地面向市场；

③ 政府部门不直接干预个人和企业生产经营的具体事务，而是通过各项经济政策、法规、法律等调节和规范其生产经营活动；

④ 所有生产经营活动都按照完整的法律法规体系来进行，整个经济运行有一个比较健全的法制基础。

3. 社会主义市场经济体制的概念与特征

（1）社会主义市场经济体制的概念

由于市场经济体制是指以市场机制作为配置社会资源基本手段的一种经济体制。因此，社会主义市场经济体制就是在社会主义国家宏观调控下，使市场在资源配置中起决定性作用的一种经济体制，是社会主义生产关系借以实现的具体形式。事实上，社会主义市场经济是把市场经济与社会主义制度相结合的经济形式，它不仅具有市场经济的一般规定和特征，同时又是与社会主义基本制度相结合的市场经济，是市场机制与公有制为主体、多种所有制并存的所有制结构相结合的市场经济，而不是建立在私有制基础上的市场经济。

（2）社会主义市场经济体制的特点

社会主义市场经济所具有的特性，是由作为社会主义基本制度所具有的规定性决定的，也是社会主义市场经济体制同社会主义基本制度相结合而形成的制度性特征。因此，社会主义市场经济体制的特点主要表现在以下三个方面：

① 在所有制结构上，以包括全民所有制和集体所有制在内的公有制经济为主体，个体经济、私营经济、外资经济等多种所有制经济长期共同发展，而且不同经济成分还可以自愿实行多种形式的联合。事实上，一切符合“三个有利于”[①]条件的所有制形式都可以而且应该用来为社会主义服务。

② 在分配制度上，以按劳分配为主体，其他分配方式为补充，多种分配方式并存。把按劳分配和按生产要素分配结合起来，坚持效率优先、兼顾公平的原则。

③ 在宏观调控上，由于以公有制为主体，因而国家对市场的调控具有较雄厚的物质基础，又有牢固的政治基础和广泛的群众基础，所以能够把人民的当前利益与长远利益、局部利益和集体利益结合起来，发挥计划与市场两个手段的长处，把市场调节和宏观调控有效地结合起来。事实上，社会主义制度优越性的重要表现之一，就是能够做到全国一盘棋，集中力量办大事，能够更好地处理中央与地方、全局与局部的关系。

4. 我国社会主义市场经济体制的基本内容

1993 年，党的十四届三中全会通过的《中共中央关于建立社

① 即有利于发展社会主义社会的生产力、有利于增强社会主义国家的综合国力、有利于提高人民的生活水平。

会主义市场经济体制若干问题的决定》，对社会主义市场经济体制的基本框架做出了规定。主要有以下几方面的内容：

（1）规范的现代企业制度

坚持以公有制为主体，多种经济成分共同发展的方针，形成产权清晰、权责明确、政企分开、管理科学的现代企业制度。

（2）统一开放的市场体系

建立全国统一开放的市场体系，实现城乡市场紧密结合，国内市场与国际市场相互衔接，促进资源的优化配置。

（3）健全的宏观调控系统

转变政府管理经济的职能，建立以间接手段为主的完善的宏观调控体系，保证国民经济的健康运行。

（4）合理的收入分配制度

建立以按劳分配为主体，多种分配方式并存，体现效率优先，兼顾公平的个人收入分配制度。

（5）完善的社会保障制度

建立多层次的社会保障制度，为城乡居民提供与我国国情相适应的社会保障，促进经济发展和保持社会稳定。

以上五个主要方面是相互联系和相互制约的有机整体，构成社会主义市场经济体制的基本内容。

（二）市场

【小知识】

什么是市场？

市场起源于古时人类对于固定时段或地点进行交易的场所的称呼，指买卖双方进行交易的场所。发展到现在，市场具备了两种意义，一个意义是交易场所，如传统市场、股票市场、期货市场等；另一个意义是交易行为的总称，即市场一词不仅仅指交易场所，还包括了所有的交易行为。故当谈论到市场大小时，并不仅仅指场所的大小，还包括了消费行为是否活跃等。广义上，所有产权发生转移和交换的关系都可以成为市场。

（资料来源：http://tieba.baidu.com/p/377507861）

1. 市场的概念

市场是社会分工和商品经济发展到一定程度的产物，它随着商品经济的产生而产生，随着商品经济的发展而发展。传统意义上的市场是商品交换的场所，如商店、商场、批发站、集市、交易所等。实际上，市场有狭义和广义之分。狭义的市场是指商品和劳务交换的场所；而广义市场是指商品和劳务交换过程中交换关系的总和。市场作为商品和劳务交换关系的总和，体现了商品经济条件下，人们在生产、交换、分配和消费中形成的各种经济关系。

由于市场是社会分工和商品生产的产物，因此哪里有社会分工和商品交换，哪里就有市场。

2. 市场的构成要素

市场作为商品交换关系的总和，它所表现出来的是一个由市场主体、市场客体、市场结构、宏观调控、市场法规等要素构成的完整结构统一体。

（1）市场主体

市场交换活动是由人来进行的，离开了人的具体的生产活动和交换活动，市场就不复存在。人是从事经济活动的主体，自然也就是市场经济的主体。所以，市场主体就是从事市场交换和为了进行交换而进行生产的人和人的群体。农村市场主体是农民，农民的特点决定了农村市场的特征。

（2）市场客体

市场客体是指用于市场交换的指向物，即用于交换的物品或者劳务。一种物品或劳务要成为市场交换的客体，必须具备以下几个特性：

① 它必须能够满足人的某种需要；

② 相交换的物品或劳务必需品具有不同的使用价值，能够分别满足交换双方的需要；

③ 能够用于交换的必须是稀缺的物品或者劳务；

④ 相互交换的物品和劳务不仅要有不同的效用，而且还要有价值量的差别等。

（3）市场结构

市场结构是指某一市场中各种要素之间的内在联系及其特征。既然市场是商品交换关系的总和，它可以有固定场所，也可以没有固定场所。因此，现代社会的市场结构是非常复杂的。从市场体系来看，有物质商品市场、服务市场、劳动力市场、资本市场等；从市场类型来看，有完全竞争市场、完全垄断市场、垄断竞争市场和寡头垄断市场等；从市场结构来看，有区域市场、民族市场和国际市场等。因此，各种市场的市场结构是多种多样的。

（4）宏观管理与市场法规

经济发展的实践证明，市场作为配置资源的基本手段具有较多的优点，但也存在一定的缺陷，这使它不能独自很好地完成资源配置的任务。因此，在现代社会里，宏观管理及市场法规也是现代市场经济必不可少的构成要素。

3. 市场的类型

实践中，往往由于出发点的不同，对市场的分类也有多种形式。

（1）按照商品流通的区域分类

可分为国内市场与国际市场。

（2）按照商品属性分类

如果按照商品的物质性进行分类，可分成物质商品（或称有形商品）市场和非物质商品（或称无形商品）市场；如果按照商品的使用性质进行分类，可分成生产资料市场和生活资料市场；如果按照商品的使用归属部门进行分类，可分成工业用品市场、农业用品市场、文化用品市场、人才市场、技术市场、信息市场、劳务市场、服务市场等。

（3）按照生产者的生产特征分类

可分成生产要素市场和产品销售市场等。

（4）按照市场要素的特征分类

可分成商品市场、劳动力市场、土地市场、资金市场、技术市场和信息市场等。

（5）按照供应商的属性分类

可分成完全垄断市场、寡头垄断市场、垄断竞争市场和完全竞争市场等。

（6）按照市场需求关系分类

可分成卖方市场和买方市场。

（7）按照交易对象的时间特性分类

可分成现货市场和期货市场。

（8）按照购买者的特点分类

可分成妇女用品市场、儿童用品市场、青少年用品市场、中年人用品市场和老年人用品市场等。

（9）按照购买者的购买目的和身份分类

可分成消费者市场、生产商市场、中间商市场和政府市场等。

（10）按照单笔流通量分类

可分成批发市场和零售市场。

【典型案例】

白沟的“大市场带动大工业，大工业支撑大市场”战略

河北省的白沟是中国北方著名商镇。近几年先后被国家发改委等11部委确定为“全国小城镇发展改革试点镇”，被中央文明委命名为“全国创建文明村镇工作先进镇”，被国家建设部命名为“全国小城镇建设示范镇”，被联合国开发计划署命名为“中国可持续发展小城镇试点”。

改革开放后，白沟在上级党委、政府的正确领导和各界朋友的支持下，富民至上、科学和谐、艰苦奋斗、追求卓越，发生了日新月异的变化。

在市场建设上，白沟按照“大市场带动大工业”的发展战略，确定了“十城”的发展规划。目前，服装城、小商品城、箱包交易城、国际箱包城、五金皮革城、五金机电灯饰建材城已成功启动、运营，服饰辅料城、汽贸汽配城、温州鞋帽城、食品药品保健品城正在建设招商中。

在工业建设上，白沟按照“大工业支撑大市场”的发展战略，以箱包制造为第一主业，打造工业发展体系。目前，白沟镇区已形成规模企业近300家、个体加工企业2 000多家，周边5个县市个体加工企业4 200多家，年产箱包2.9亿只的生产能力。不仅使白沟成为全国最大的箱包产销基地，而且带动了周边50多个乡镇、50多万人走上致富道路。

在城镇建设上，白沟以“文明城、卫生城、环保城、园林城、旅游城、文化城”六城同创为目标，完善基础设施、增强服务功能，使白沟的经营从地摊进入商城，居住从旧宅进入新区，不但环境一新、气象一新，而且面貌一新、形象一新。

（资料来源：http://tieba.baidu.com/p/377507861）

4. 市场的功能

市场的功能通常表现为以下几个方面：

（1）资源配置功能

通过优胜劣汰，使有限的资源集中到较先进的领域和经营者手中，从而达到合理配置。

（2）平衡供求的功能

价格受供求关系的影响，如果市场商品或者劳务供大于求，商品价格会下跌，经营者会削减生产规模，降低产出水平；如果市场商品或者劳务供小于求，商品价格会上涨，企业会增加投资，提高生产水平，如此循环，最终达到商品供求平衡。

（3）利益调节功能

每个人或者企业都在追求自己利益的最大化，由此导致资金和劳动力会自发地从效益差的部门退出而涌入效益好的部门。除此之外，政府配合以税收、利率等来进行利益调整。

（4）信息传递与反馈功能

市场上，生产者、经营者、消费者通过供求、价格等信息的传导与反馈，使之了解行情，合理安排生产和消费。

5. 市场交易的原则

（1）自愿原则

自愿原则是市场交易的基本原则。坚持自愿原则，就是基于交易双方都是以自愿为前提，交易条件为双方所接受，不能使一方屈从于另一方的意愿。实际中，强买强卖是违反自愿原则的。特别是“搭配”销售，是销售者利用某种商品短缺而硬性强迫消费者购买劣次商品的一种销售行为，是变相的“强卖”。

（2）平等原则

平等也是市场交易的重要原则。具体来讲，平等原则包含两层含义：一是商品或劳务是“天生的平等派”，它要求同样的商品或者同样的劳务卖同样的价钱，实现等价交换；二是为了实现等价交换，市场不管交易双方的身份和地位如何，要求交易双方地位平等、机会均等，是一种平等竞争、平等交换的关系。

（3）公平原则

公平，是市场交易的灵魂，是衡量市场交易活动是否有序、是否规范的试金石。公平的行为是指在交易中明码标价、称平尺准、童叟无欺；而缺斤少两、坑蒙拐骗等现象，则是违反公平的市场交易原则的。

公平原则是把消费者作为弱者来保护的。这是因为，在交易过程中，经营者可以利用所拥有的场所、设备、工具、商品或者劳务，为自己谋取利益；而消费者是在不知情的情况下来购买这种商品或者劳务的，并不一定是真正自愿的行为，并不一定是真正处在平等的地位的。即使说消费者自愿购买，由于消费者的知情权受到限制或者侵害，容易受到坑蒙拐骗。

（4）诚实信用原则

诚实信用是现代市场交易活动的基本要求。目前我国市场上一定程度存在的假冒伪劣、掺杂使假、以次充好、非法销售等种种现象，都是违背诚实信用原则的。在市场交易中不讲诚实信用，已不仅仅是购买和销售商品或者劳务的问题，它也带来了一定的社会后果，决不可等闲视之。实际上，遵守诚实信用的交易原则，在市场上不仅仅是销售者的道德问题，而且是销售者和消费者都应共同遵守的道德问题。

（三）农村市场

1. 农村市场体系的概念及其构成

农村市场体系就是在农村范围内实现商品流通功能的一系列市场及其关系的总和，包括农村生活消费品市场、农产品市场、农村生产要素市场和农村专业市场等。

（1）农村生活消费品市场

农村生活消费品市场是在农村实现生活消费品流通的一类市场。同样，它也有狭义与广义之分，狭义的农村生活消费品市场是以农村为范围实现生活消费品交换的场所；而广义的农村生活消费品市场是在以农村为范围的生活消费品交换过程中的交换关系的总和。农村生活消费品市场可按照其在商品流通渠道中所处的位置不同分为农村生活消费品批发市场和农村生活消费品零售市场。

（2）农村生产要素市场

生产要素是进行物质生产所必需的一切要素及其环境条件。优化农村生产要素配置是发展农村生产力的有效途径。实际上，农村生产要素市场是以农村为范围实现生产要素流通的一类市场，是有效配置农村生产要素的重要基础。同样，农村生产要素市场也有狭义与广义之分。狭义的农村生产要素市场是以农村为范围实现生产要素交换的场所；而广义的农村生产要素市场是在以农村为范围的生产要素交换过程中的交换关系的总和。农村生产要素市场可按照流通的具体要素不同分为农村劳动力市场、农资市场、农村技术市场、农村信息市场、农村资本市场、农村土地经营权流转市场等。

（3）农产品市场

农产品市场是实现农产品流通的一类市场。它也有狭义与广义之分。狭义来讲，是指农产品交易的场所；广义来说，是指实现农产品价值和使用价值的各种交换关系的总和。由于农产品生产的特殊性，农产品市场具有以下几个方面的特点：一是农产品市场具有明显的季节性特点，二是农产品市场流通具有从分散到集中的特点；三是农产品市场经营具有鲜明的地域性特点。实践中，农产品市场具有的类型有：农产品零售市场、农产品集贸市场、农产品批发市场、农产品期货市场等。除农产品交换功能以外，与一般的市场一样，农产品市场还具有自组织与自协调、调节资源配置、信息传导和经济利益分配等功能。

（4）农村专业市场

专业市场是一种以现货批发为主，集中交易某一类商品或者若干类具有较强互补性或替代性商品的场所，是一种大规模集中交易的坐商式的市场制度安排。其主要特点：一是典型的有形市场；二是以批发为主，兼营零售；三是集中交易，有一定数量规模的卖者，接近完全竞争的市场结构；四是以现货交易为主，远期合同交易为辅。专业市场的主要经济功能是通过可共享的规模巨大的交易平台和销售网络，节约中小企业和批发商的交易费用，形成具有强大竞争力的批发价格。专业市场的优势，是在交易方式专业化和交易网络设施共享化的基础上，形成了交易领域的规模经济，从而确立了商品的低交易费用优势。

（5）农村工业品市场

农村工业品市场是以农村为范围实现工业产品流通的一类市场。同样，它也有狭义与广义之分，狭义的农村工业品市场是以农村为范围实现工业品交换的场所；而广义的农村工业品市场是在以农村为范围的工业品交换过程中的交换关系的总和。农村工业品市场是改革开放以来我国农村市场建设中的重要制度创新，它对农村经济的发展和市场机制的建立起到了十分重要的作用。

2. 我国农村市场的特点

随着我国农村经济改革的深入，农村市场进入了复杂、模糊、多元的时期。农村市场表现出以下一些需求特点：

（1）农村市场潜力巨大

目前，虽然农村居民收入增长缓慢，新的消费观念尚未形成，购买力不强，但这也恰恰说明了农村市场的巨大潜力。据中国消费者协会调查，全国农村每年建材消费达 1 000 亿元以上；一些耐用消费品如大屏幕彩电、电话、空调、高档摩托车等商品，已进入农村家庭。同时，随着农村生产力水平的提高，一些科技含量高的农业生产资料如化肥、农药、种子、农机等，将逐步成为一些地区的消费热点。

（2）农村市场具有分散性

分散性，一方面是指地域上的分散。我国农村分布广、居住散，难以形成像城市那样集中的人口和需求；另一方面是购买力的分散。虽然农村居民购买力总体规模很大，但平均到每户居民的购买力水平则很低；同时，广大农村居民消费的范围也比城市居民广，如农业生产资料、农用机具等，也造成了购买力的分散。农村市场的这种分散性，决定了在营销网络的构建上，无论是深度还是广度，都需要大力度予以加强。

（3）农村市场具有差异性

差异性是农村市场最为突出也是最为重要的特点。一是地区间购买力水平的差异。富裕地区与贫困地区，在需求的质和量方面表现出较大的差异。二是地区间消费环境的差异。除了基础设施状况存在差异外，更主要表现在我国平原、丘陵、山区，农田、林地、草地、沙漠，江、河、湖、海等，造成不同地形的地区即便对同一产品的要求也会有所不同。三是同一地区内不同农户之间的购买差异。改革开放以来，农村居民之间的收入差距越来越大，一部分先富裕起来的农民与尚处于温饱阶段的农民在需求上自是不可同日而语。因此，对农村市场不能等量齐观。这要求在开拓农村市场时，首先要选准目标市场，同时在产品的多样化、系列化上下功夫，幻想以一种产品“包打天下”是不现实的。

（4）农村市场具有层次性

农村市场的层次性，一是指农村与城市消费时间上的差距，如一些在城市已经趋于饱和的产品，而在农村则刚刚进入消费高峰期。据有关专家分析，我国农村与城市之间的消费差距约为10年，也就是说城市市场十年前消费的主力商品是现在农村市场消费的主力商品，城市市场现在消费的主力商品将是农村市场10年后消费的主力商品，这是一个大致的规律。二是沿海、中部与西部地区消费的梯度性，即产品消费基本具有从沿海到中部再到西部逐步辐射的趋势。三是农民消费结构的层次性，在重要商品需求方面，农民选购的次序大致为：首先是生产需要，如化肥、农药、种子、农用薄膜、农机具等；其次是建房需要，如建筑材料、装饰材料等；然后才考虑耐用消费品等方面的需要。四是农民消费观念的差别，有的地区农民重物质需要、轻精神文化需要，重积累、轻消费，有的地区则有所不同。

（5）农村市场具有从众性

农村居民具有比较浓厚的从众心理和攀比心理，同时由于农村的居住特点，使得邻里之间、亲朋之间经常走户串门，信息传递较快较广，且以口头传播为主要方式。谁家买了什么好东西，很快就能为其他家庭所知道，并能带动一大批、一大片，形成很强的“传导”效应。从营销角度看，巧妙利用这种从众性是很好的策略。

（6）农村市场具有功能性

我国农村市场基本上还处在比较典型的功能性需求阶段，即比较强调产品的实际使用价值，而不太注重产品的附加价值和精神享受。如服装，护体保暖、耐穿耐洗远胜于鲜艳美观、个性展示。这种功能性特点对商品的要求主要表现在如下几个方面：一是价廉，即在保障产品基本功能的前提下，价格越低越好；在产品基本功能相同的前提下，广大农民几乎无一例外地选择价格低廉的产品。二是实用，即强调产品的使用功能，并适应农村的消费环境，而对产品形式要求不高。三是简便，即要求产品实现其基本功能，而无须过多的奢侈功能；简便的另一个要求是操作简单、使用方便、易学易修，越复杂的产品在农村越不受欢迎。

诚然，这些特点也不是一成不变的，随着我国农村经济的发展与农民收入的增加，广大农民的一些消费观念和需求也会发生相应的变化，城乡市场之间的差别也会逐渐缩小。

3. 我国农村市场体系的建设

为了完善社会主义市场经济体制，繁荣我国农村经济，改革开放以来，在加强农村市场体系建设方面主要做了以下几方面的工作：

（1）系统建设农村生活消费品和农资流通网络

积极鼓励更多的流通企业进入农村流通市场，大力推进农业生产资料连锁经营进乡镇、生活消费品连锁经营进村庄、农副产品进市场的“三进工程”，形成了更为全面的便民利民的农村生活消费品和农资流通网络。

（2）加快农产品流通基础设施建设

农产品批发市场、冷链系统、物流体系、农贸市场等流通基础设施是农业产业化发展的市场支撑。近年来，党和政府创新机制、加大投入，大力加快农产品批发市场、农产品冷链硬件基础设施、物流体系等涉及农产品流通的基础设施建设，为搞活农产品流通创造了更为有利的条件。

（3）深入建设农产品流通渠道

我国农产品流通主要是通过农产品批发市场、集贸市场、出口市场、期货市场、网上交易市场和超市等渠道，其间虽然有交叉，但总体上看都能独立成为农产品流通的重要渠道。特别是近年来通过着力整合资源，深入建设农产品批发市场体系、规范建设农产品集贸市场、积极推进“农超对接”，以及大力开拓我国农产品出口市场和提升农产品出口竞争力，使农产品流通渠道呈现多元化发展的态势。

（4）积极发展农产品期货和电子交易等无形市场

农产品期货和电子交易等无形市场已经成为我国农产品流通的一个重要渠道，也是农产品市场开发的方向。近年来，通过不断增加农产品期货交易品种和发展农产品电子交易市场，使我国的农村市场体系进一步得到完善。

【典型案例】

遂昌“网事”：农产品电商上路

走进浙江遂昌，并没有多少外部特征能告诉你这是一个正在生长电商力量的“淘宝县”。进入县城最中心，路边那一排各大物流公司的门脸，或可提醒这个城市的电商脉络已渗入其间，但要找到并发现散落在居民楼里的超过1500家的网商仍是难事。

事实上，互联网正在改变遂昌人的生活。徐振峰，从杭州辞职回到遂昌，专职网销原生态遂昌竹炭产品，他的“竹之语”店铺在淘宝网上已是两个皇冠、销售额达120万元的有名卖家。和他攀谈时，他站在公司、仓库合一的铺面门口，不时还给正在忙着包装的家人搭把手。而他曾经是电脑工程师，在杭州拿过高薪。

时年才25岁的遂昌县乡镇姑娘吴丰也开始了摸索。她大学只念了一年就肄业，现在将“妈妈晒的红薯干、妈妈酿的米酒”、自制的茶籂甚至山野间捡拾到的松针都搬到淘宝店铺上，旺季每月能赚到8000~10000元的收入。

“男女都在工作，家家都开始做电商。”时任遂昌县副县长的赵文明说，由于电子商务的致富效应，目前在遂昌县城区5万常住人口中，集聚了超过1500家网店，年销售总额达到1.1亿~1.2亿元。除乡镇农民外，遂昌的一些大学毕业生、下岗工人，甚至退休人员等也都开起了网店。

如今在遂昌，电子商务的发展已不单单是“农民开网店”这么简单，而是逐渐靠电商带动起整个农产品产业链的发展，很多植根于其上的产业已开始显露出生机。

首先是农特产业的发展加速。“竹炭、烤薯、笋干、菊米、土鸡、土猪这种如今网络火爆的土特农产品，以前只是遂昌本地人自己吃或简单送礼、待客，如今却形成了农特产业。”赵文明提供的数据显示，2005年，遂昌县竹炭产业年销售额不到3 000万元，而到2011年底，销售已近2亿元，其中一半以上为网上销售；烤薯类产品年销售在1000万元左右，其中三四成通过网销。

同时，经过电子商务的“催化”，专业组织种植的农民合作社在遂昌开始大量出现。“竹炭、烤薯、笋干等网销火爆，带动了上游种植业的快速发展，很多此前放弃种植红薯的农民重新来种红薯或者改种紫薯，还有竹林种植面积也大大增加。在2005年，遂昌竹林面积只有15万亩，截至2011年，已达到35万亩，六年里翻了一倍多。”赵文明透露，农特产品网销的供不应求已使得大量网店、收购商直接上农民家收货。

（资料来源：http://money.163.com/12/0803/09/87VKH2BE00252603.html）

（5）积极培育壮大农产品加工与流通主体

在我国农产品流通中，农产品加工和流通龙头企业、农民专业合作经济组织、运销大户等多种主体发挥着重要作用。改革开放以来，一是通过积极引导农民依法成立专业合作经济组织，提高农民参与农产品流通的主动性和组织化程度；二是通过围绕农产品流通、储运加工、质量安全、国内外市场情况等内容，加强对农民专业合作经济组织、中介组织、经纪人、农产品加工和流通企业的有关人员开展多层次的培训，增强其市场开拓能力；三是通过扶持农产品加工企业延长产业链，缓解农产品卖难压力，同时实现农产品加工增值；四是通过鼓励农业龙头企业和流通组织发展连锁经营、加工配送、直供直销等新型营销方式，形成产销一体化，培育一批具有较强核心竞争力的农产品大型流通企业，有效地促进了农产品流通增值。

（6）努力加强农村商务信息网络建设

通过夯实农村商务信息网络的发展基础，以及完善省、地、县三级信息服务网络，并把网络向更多乡、村延伸，加强国内外农产品市场信息的收集、研究和发布工作，有效地引导农业生产，促进了农产品流通。

（7）完善农村市场相关的法律法规体系和加强执法

改革开放以来，通过建立健全我国食品、药品、农资安全信用的监管体制，征信制度，评价制度，披露制度，服务制度和奖惩制度等，以及通过严格执法，打击农村制售假冒伪劣商品的不法行为，严厉处罚违法经营假冒伪劣有害商品行为，深入开展“农资打假下乡活动”和不断强化农资生产监管，营造出一个规范有序的市场环境，为农村经济的持续健康发展提供了保障。

【阅读与思考】

寿光蔬菜批发市场

寿光蔬菜批发市场是全国目前最大的专业蔬菜批发市场，也是我国的蔬菜信息交流中心和蔬菜价格形成中心。

市场总占地面积 30 万米^2，日均上市量 200 万千克，人员 4 万多。除当地蔬菜外，市场还吸引了来自全国的蔬菜和鲜果，呈现出淡季不淡、四季常鲜、南果北菜、品种齐全的繁荣景象，辐射 29 个省、市、自治区。

市场配套设施齐全，除建有玻璃钢瓦棚和水泥交易场地外，还有交易服务大楼 10 栋，交易服务房 600 间，蔬菜贮藏恒温库 5 座，总库容 2 000 多吨。市场内有蔬菜经营单位 75 家，商店、宾馆、饭店、理发室、储蓄所、维修加工及菜种经销等服务单位 171 家，并有 2 500 多人专门在市场从事装卸服务。工商、公安、交通、邮电、储蓄、医疗卫生等管理服务机构配置齐全。市场与全国 190 多个城市的农副产品批发市场建立了信息联系和蔬菜供销关系。同时，健全的信息处理系统，使市场微机与全国联网。

寿光蔬菜批发市场的兴起，带动了全市商品经济的发展，使寿光跻身于全国百强县之列，成功地走出了一条运用市场机制发展农村经济的新路子。

（资料来源：http://www.infobase.gov.cn/bin/mse.exe?K=a&A=62&rec=36&run=13）

思考：寿光蔬菜批发市场的构成要素有哪几个方面？

（四）家庭农场生产经营以市场为导向的主要着眼点

随着社会主义市场经济体制的日益完善，家庭农场的生产经营将直接面临市场竞争的考验。因此，家庭农场应坚持立足自身实际，以优势资源为中心，以市场为导向，以实现农业“优质、安全、高产、高效”为目标，积极主动地调整优化农业生产结构和品种结构，以不断提高生产经营效率和效益。

1. 根据市场需求变化调整农业生产结构，追求农业生产的综合效益

在农业生产结构调整上，要根据市场需求的变化及走势，并立足本地的自然和经济资源，以“优质、安全、高产、高效”为目标，积极主动地调整好农业的生产布局和数量结构，努力提高农业综合生产能力和综合经济效益。事实上，市场的需求变化是永恒的，因而对于家庭农场来说，农业生产结构的调整是无止境的。只有主动适应市场的需求变化，家庭农场的生产经营才会有生命力。

2. 适应市场需求开发新品种，走大农业发展之路

在调整农业生产结构的基础上，要根据市场的需求，充分利用家庭农场一切优势资源，开发名、特、优、新品种，走“人无我有，人有我优”的大农业发展之路。如在种植业中，要根据“市场缺什么我就种什么”的原则来确定种植业的品种结构；此外，在发展种植业的基础上，大力发展畜牧养殖业、水产养殖业等，进一步发展有机农业、循环农业等，在不断满足市场需求的前提下提高家庭农场的生产经营效益。

3. 建立贸工农一体化、产加销一条龙的经营体制，积极推进产业化经营

近年来，农副产品时销时滞，买难卖难交替出现，这给家庭农场的生产经营带来了困难和风险。但从国内外实践看，生产、加工、销售一体化的经营方式是家庭农场应对市场变化的好形式。农产品经过加工，既可以提高附加值、扩大市场销路、增加整体经济效益，同时也可以推动农业生产的发展和结构调整。贸、工、农一体化，产、加、销一条龙经营，一头连着家庭农场，一头接着市场，使生产、收购、加工、运输、销售等一个个环节紧密衔接、环环紧扣，减轻了家庭农场进入市场的困难和风险。

【阅读与思考】

经营家庭农场的老邹坦言：不懂市场亏老本

整个 2013 年春节，63 岁的邹金城和老伴都是在农场过的。“农场里的 100 多头猪准备要出栏了，必须‘服侍’好它们!”邹金城笑呵呵地说。这位广东清远的连州农民，2003 年起一家人在

九陂四联村经营着一家12亩地的农场，10年的经历可谓五味杂陈。

最初以两头母猪起家，中期巨亏20多万元举债度日，到2011年底终于还清了债务，而小孙子年初七出生，让邹金城2013年的春节过得特别舒爽。“办家庭农场，技术、资金和信息一样都不能少！”他企盼，自家的农场能在2013年实现大丰收，过上幸福生活。

自留山上办农场

邹金城曾是连州镇供销社职工，1985年停薪留职后外出经商，但总不得意。多年经商无果，农民出身的邹金城把目光瞄准了12亩的自留山。2003年，他靠着自家的两头母猪在自留山开办农场，开始了养猪、种菜创业。

当年，两头母猪诞下了20多头猪崽，而猪舍的粪便则补给了菜场的肥料，如此种养结合让他尝到了甜头。次年他种了10亩萝卜，由于没能及时掌握市场信息，运到广州贩卖时错过了时机，“连车费也赚不回来！”邹金城说，从此，他把精力全部放到养猪上。

外出打工多年的大儿子邹锐此时回到家里帮忙，一家人把农场办得有声有色，邹锐也因此被朋友冠以“农场主”称号。“最辉煌的是2007年！”邹金城清楚地记得，那年生猪价格好像搭乘了火箭一样往上蹿，价格高得让他自己都觉得不可思议。

“之前养一头猪一般都是赚两三百元，但那年价格从每千克12元多一直涨到每千克22.4元，养一头猪能赚1 000元以上。”回忆当初，邹金城激动起来，脸上泛红，旋即又懊悔不已：因为信息不通畅，加上没钱扩大养殖量，那一年他只出栏了不到100头猪，赚钱不多。

不懂市场亏老本

如此高的养猪利润，激励邹金城四处借款扩大规模。为了这个占地 12 亩的猪场，邹金城投入了 20 多万元，毕生心血倾注。到 2009 年，他的猪场达到年出栏近 1 000 头生猪的规模。

但养猪的行情走势并不如他所期望的那么美好。从 2008 年开始，生猪价格就开始了缓慢下跌，每千克 22 元、20 元……到 2009 年春节过后，已跌到 19.6 元。见价格低迷，他意欲涨到 20 元后再出手。

而随着当年媒体披露“瘦肉精”事件后，生猪价格更是一落千丈。到了 2009 年 4 月初，价格跌到 15.2 元；4 月 21 日跌到了 12.6 元。“这个价格卖猪，没啥赚头了！”邹金城回忆说。2009 年 5 月，生猪的整猪批发价已跌到了每千克 10.6 元，愁得他几天没吃好饭，老坐在猪舍前抽闷烟。

屋漏偏逢连夜雨。让邹金城备受打击的还在后头：下半年猪场的猪染上了高热症，200 多头猪无一幸免全部“活埋”，多年积蓄一朝亏空，还欠下了 20 多万元的巨额债务。

回忆当时状况，邹金城直言“呼吸都感到痛！”他总结，经营农场如此惨败，一是不懂市场，掌握不了市场供求、价格等走势；二是生猪养殖粗放，技术不够过硬。

企盼来年迎丰收

背负巨额债务，面对生猪跌价、利润下降，邹金城仍把希望根植在农场上。“价格风波肯定会淘汰一批猪场，使养猪业重新洗牌！”他说，如何用好祖上留下的这 10 多亩山地，是整个家庭幸福生活的希望。

跌倒后爬起来，邹金城充分汲取了教训，也遇上了好时机。受惠于农户小额贷款政策，2010 年他贷款 8 万元，解决了重新启动农场的资金问题。

为迅速了解市场动态，连打字都不会的大儿子邹锐买了电脑拉了网线。通过网络了解和分析市场行情，邹锐联系到了江苏的猪苗供销商，当年开始养殖石头猪和土杂猪，并通过网络学到了温床培育、生物发酵等先进的生猪饲养方式。

经营家庭农场是艰辛的。10年来，邹金城一家人没有聘用工人，夫妻俩吃住在农场，清晨6点起床忙活，每天干足12小时，落下了高血压、颈椎增生等疾病，甚少与孙儿共享天伦之乐；35岁的邹锐负责农场的脏累活，运饲料、刷猪舍、清粪便，天天忙到深夜10点多。

资金、信息、技术逐步到位，邹金城的农场通过这几年的积淀，迎来了厚积薄发的时机。至2012年底，20多万元债务终于还清。如今，他的猪场里的石头猪卖到每千克 30 元，存栏 160多头，年出栏可望达到300头，销路无忧价格有保障，每头猪能赚600元左右。

因此，邹金城的 2013 年春节过得特别舒爽，盼望自家的农场能在2013年实现大丰收。“家里这个农场，要靠全家人的智慧和汗水才能出彩！”他还表示，如果政府能在资金、技术、市场信息等方面给予支持和提供帮助，广大农村的家庭农场必然能越办越好。

（资料来源：http://www.chinanews.com/sh/2013/02-20/4579048.shtml）

思考：老邹的家庭农场从 2010 年以后是如何改变原来巨亏的局面的？

三、家庭农场生产经营决策与计划

【引导性案例】

国外的家庭农场及其生产决策

在国外，家庭农场（由农场主和其家庭成员从事农业劳动与生产）是农业的主要经营单位。澳大利亚农业的家庭农场占到90％以上。按照生产规模可以分为三类：第一类是小型农场，经营土地较少，一般为2 250～3 000亩；第二种是中型农场，经营土地一般在 4 500～12 000 亩；第三种是大型农场，经营土地在15 000亩或几万亩，甚至几十万亩。新西兰的家庭农场数量最多，占农场总面积的一半以上。农场的平均规模为271公顷，为澳大利亚的 1/9 左右。德国早在 1995 年拥有农用地面积 1 公顷以上的52.3 万个农场中，23.5 万个农场的面积在 1～10公顷之间，约占总数的 45％；约 22.7 万个农场的农用地面积在 10～50公顷之间，占 43％。美国有 204 万个农场，其中平均规模 193.4 公顷，90％左右是家庭农场。法国现有农场 60 万个，其中 80％为家庭农场，平均规模在 50 公顷以上。加拿大农场总数约有 24.6 万个，绝大多数是家庭农场，平均规模在 300 公顷左右。

对于国外的农场主来讲，他们的生产决策均以市场为导向，不会考虑其相邻地块的种植情况来进行决策，他们才是真正的独立决策者。在美国，传统的耕作方式已经一去不复返了。各种农用机械和计算机成了美国农民的“两只手”。美国农民每年为了所种植的农产品获得最大的收益，在计划种植何种作物前，先查看国内乃至世界农作物的种植情况等市场行情，再决定选择种植哪种作物，无须考虑其相邻地块种植何种作物。

（资料来源：《生产力研究》2011 年第 9 期）

（一）做好市场调查与预测

1. 市场信息

（1）市场信息的概念

市场信息是指在一定的时间和条件下，同商品交换以及与之相联系的生产与服务有关的各种消息、情报、数据、资料的总称，是商品流通运行中物流、商流运动变化状态及其相互联系的表征。市场信息有狭义与广义之分。狭义的市场信息是指有关市场商品销售的信息，如商品销售情况、消费者情况、销售渠道与销售技术、产品的评价等；广义的市场信息包括多方面反映市场活动的相关信息，如社会环境情况、社会需求情况、流通渠道情况、产品情况、竞争者情况、原材料与能源供应情况、科技研究与应用情况及动向等。

市场是市场信息的发源地，而市场信息是反映市场活动的消息、数据，是对市场上各种经济关系和经营活功的客观描述和真实反映。

（2）市场信息的特征

市场信息具有以下一些基本特征：

① 时效性。信息的利用必须要讲究时间效应，谁能最早掌握某种信息，谁就最有可能取得经营上的成功。

② 分散性。市场信息面广量大，各类信息五花八门，十分广泛、庞杂。这就需要家庭农场广泛开辟信息渠道，从各类信息

中选出对自己有用的信息；需要建立市场信息系统，借助科学的手段对市场信息进行综合分析。

③ 可压缩性。信息可以被人们依据特定的需要，进行收集、筛选、整理、概括和加工，并可建立相应的信息系统对大量的信息进行多次加工，增强信息自身的信息量。

④ 可存储性。信息可以通过体内存储和体外存储两种主要方式被存储起来。体内存储是指人通过大脑的记忆功能把信息存储起来；体外存储是指通过各种文字性的、音像性的、编码性的载体把信息存贮起来。

⑤ 系统性。由于家庭农场在营销活动中会受到众多因素的影响和制约，家庭农场必须连续地、多方面地收集、加工有关信息，分析它们之间的内在联系，提高它们的有序化程度。

⑥ 竞争性和保密性。既然谁占有了信息并使之转化成市场优势，谁就可能拥有巨大的经济效益，那么在激烈的市场竞争条件下，信息的增值功能对其他竞争者而言必然产生一定的排他性和保密性。所谓保密的市场信息是指一经公开或传播就会损害信息拥有者利益的信息，如行动方案、生产计划、经营诀窍、客户名单、库存情况、购销渠道、财务报表等。

（3）市场信息的类型

市场信息一般有以下几种主要类型：

① 产品信息。这里指的产品是广义的，凡是可以价格衡量的均可称之为产品。产品信息是市场信息的基础，因为一切竞争均源于产品。产品信息，不仅包括行业内的，也包括和这些行业相关连的内容。具体说来有几种：产品品名、形状、包装、规格、价格体系、产品特点、未来发展趋势等。只有掌握了这些具体的信息，作为决策者就能够做出准确判断，决定未来的产品战略。

② 渠道信息。通常说，掌控渠道是掌握市场的关键，要想提高市场占有率，不研究渠道信息是不可能的。渠道信息一般包括：行业的渠道构成、渠道成员的特点、利益如何分配、如何避免渠道冲突、渠道进入成本等。

③ 消费者信息。正由于中国区域广阔，区域及城乡差异大，从而导致了消费者的差异巨大，更多的消费者由于缺乏对产品的理性认知，而受广告、口碑等方面影响显著。这就需要家庭农场对各区域消费者构成和购买心理、消费心理及消费行为进行调查和分析。

④ 策略信息。这里的策略信息主要是对竞争对手的，即通过竞争对手的市场行为判断、分析其所使用的市场策略。这实际上就是“知己知彼，百战不殆”的战争法则，只有深入了解竞争对手的想法和行为，才能制定准确的市场策略。策略信息往往是靠分析得来，所以作为市场竞争本身就是“兵无常式，水无常形”，只有你能够正确的选择对手，评估对手，定位自己，出奇制胜，才有可能“立于不败之地”。

⑤ 战略信息。主要是指行业内重大变化，如国家的政策法律调整给整个行业带来变化；行业内各大市场主体重大战略变化，如破产、兼并、重组、上市等；行业危机及机会把握等。

这五种类型只是市场信息涉及的主要方面，而实际上市场信息内容包罗万象。总之，凡是对竞争有用处的市场信息皆为家庭农场需要关注的范围。

（4）市场信息的作用

市场信息对家庭农场的生产经营活动具有重要作用，主要表现在：

① 家庭农场制定经营战略与策略，进行市场竞争的重要依据。家庭农场内部的各种主观条件、外部环境的现状及变化情况

都以一定的信息形式出现，家庭农场要制定正确的经营战略与策略，必须依靠这些信息，才能充分发挥主观条件，灵活地适应外部环境，在竞争中立于不败之地。

② 家庭农场提高经济效益的有效途径。家庭农场通过分析市场信息，可以掌握和利用经营机会，提高经营收益。同时，市场信息作为一种资源，也可以直接用于交换，为家庭农场增加财富。

③ 家庭农场发掘经营机会的源泉。经营机会来源于家庭农场主观条件的改变和客观环境的变化。主观优势的发现，市场环境机会的掌握，都离不开一定的经营信息作先导。对经营信息的及时搜集和分析，可以及时发现经营机会。

④ 家庭农场生产经营的先导。市场信息可以反映家庭农场竞争的参与状况、市场的变化及其发展趋势；反映产品供应状况、销售渠道，对广告和推销方式的适应情况等。家庭农场通过这些信息的搜集、整理、传递、储存、运用来确定自己的产品销售渠道、促销活动与价格战略和策略，使家庭农场在激烈的市场竞争中求得生存和发展。

可见，在市场营销活动中，市场信息是重要的资源、无形资产，是家庭农场的市场机会。家庭农场能否在瞬息万变的市场竞争中求得生存和发展，在很大程度上取决于掌握市场信息的变化情况。因此，家庭农场只有树立信息观念，才能发挥自身优势，不断开拓市场。

（5）市场信息的来源

市场信息的来源主要有以下几个途径：

① 市场人员的市场调查及客户的反馈信息。这是市场信息来源首要途径。而且市场信息的收集也是市场或销售人员的主要职责，但市场人员的学识、经验很大程度左右了其获取信息的真

实性及有效性，这里就需要提供相应的培训，以及使信息收集表格化，尽量不赋予其分析判断职能。

② 相关报纸、杂志、电视等报道的信息。专业的报纸杂志等公共媒体能够最大限度地提供行业内的有效信息，而且由于其接触层面高，更多的是对策略及战略信息的一些传播，多半是宣传性的公共信息，不涉及商业机密。

③ 权威部门披露的信息。国家主管部门及行业组织披露的信息主要是行业规划、政策约束及相关发展前景展望等。

④ 互联网发布的信息。作为新兴媒体，其作用不可小觑，而且时效性强。但互联网信息庞杂，要对其真实性和有效性进行甄别。

⑤ 业内人士的发言及交流、传播。这里更多的是指私下的传播和交流，由于了解内情，信息往往比较真实，但要防止其个人好恶而带来的信息歪曲。

（6）市场信息的获取方法

在日常的工作中，家庭农场要通过一些方法、手段获取自己所必需的市场信息。这就要发挥业务代表的作用，采取相应的方式方法，获取一定的市场信息。

① 表象观察法，即根据市场迹象和现象来获取、判断市场信息。这种方法需要业务代表有很强的洞察力。

② 客户访谈法。客户是业务代表最佳的情报员，家庭农场的第一手信息往往都是通过自己的客户反馈过来的。无论客户是有心的还是无意的，是恶意的还是友善的，其利害程度依靠自我把握。同时家庭农场不仅要从自身客户获取市场信息，还要通过访谈的方式从非直接客户那里获取一些对手的信息。

③ 业务代表闲聊法。同在一个圈子里滚爬，许多业务代表都经常在一起闲聊，谈某客户的情况、某品牌的动作、市场发展

形势等，以此来了解一些市场中的人、物、事。

④ 导购汇报法。每个商业销售点都有推销的导购和营业员，商场的情况、竞品的情况，他（她）们通过商场例会、销售观察、同伴交流等都能够或多或少知道个差不多。有自己专职导购的，可以作为一项工作安排其负责收集、汇报市场信息；没有专职导购的，可以通过一些措施通融营业员，这样既可以多销售产品又可以获取市场信息。

【典型案例】

农民信箱“每日一助”助民致富

农民信箱“每日一助”，利用互联网技术，使农民能够免费获得各种市场供求信息、农产品买卖信息，帮助农民推荐农产品，开拓市场，促进农民增收。

新办的观光园知名度不高，农产品品质优良却苦于找不到出路。农民信箱“每日一助”的出现，解决了农民朋友的难题。农民信箱“每日一助”为农民朋友免费发送信息，信息一发出，浙江衢州的江山市峡口镇2 000多名农民信箱用户、全市上万用户都能收到，吸引了很多人前来咨询，效果自然不言而喻。

峡口镇农民信箱“每日一助”自开通以来已无偿为农民发送短信息280多条。在发送时，有针对性地选择发送对象。根据反馈情况看，农产品、农家乐一类的信息宣传效果特别好。尤其是在杨梅、葡萄成熟的季节，通过农民信箱“每日一助”发送自助采摘游信息，吸引了大批的游客前来观光采摘。

（资料来源：http://www.21js.com/Program/News/ShowBoBao.Asp?NewsID=170543）

2. 市场调查

（1）市场调查的概念

市场调查是指运用科学的方法，有目的、有系统地搜集、记录、整理有关市场信息和资料，分析市场情况，了解市场的现状及其发展趋势，为市场预测和生产经营决策提供客观正确资料的过程。

（2）市场调查的内容

市场调查的内容，一般包括市场环境调查、市场状况调查、销售可能性调查，还可对消费者及消费需求、企业产品、产品价格、影响销售的社会和自然因素、销售渠道等。

① 市场环境调查。主要包括经济环境、政治环境、社会文化环境、科学技术环境和自然地理环境等。具体内容可以是市场的购买力水平、经济结构、国家的方针政策和法律法规、风俗习惯、科学技术发展动态、气候等。

② 市场需求调查。主要包括消费者需求量调查、消费者收入调查、消费结构调查、消费者行为调查等，具体包括消费者为什么购买、购买什么、购买数量、购买频率、购买时间、购买方式、购买习惯、购买偏好和购买后的评价等。

③ 市场供给调查。主要包括产品生产能力调查、产品实体调查等。具体为某一产品市场可以提供的产品数量、质量、功能、型号、品牌等，生产供应企业的情况等。

④ 市场营销因素调查。主要包括产品、价格、渠道和促销的调查。产品调查主要包括了解市场上新产品开发的情况、设计的情况、消费者使用的情况、消费者的评价、产品生命周期阶段、产品的组合情况等；产品价格调查主要包括了解消费者对价格的

接受情况、对价格策略的反应等；渠道调查主要包括了解渠道的结构、中间商的情况、消费者对中间商的满意情况等；促销活动调查主要包括各种促销活动的效果，如广告实施的效果、人员推销的效果、营业推广的效果和对外宣传的市场反应等。

⑤ 市场竞争情况调查。主要包括对竞争企业的调查和分析，了解同类企业的产品、价格等方面的情况，他们采取了什么竞争手段和策略等，以做到知己知彼，确定自己的竞争策略。

（3）市场调查的类型

常见的市场调查类型有：

① 消费者调查。即针对特定的消费者进行观察与研究，有目的地分析他们的购买行为、消费心理演变等。

② 市场观察。即针对特定的产业区域做对照性的分析，从经济、科技等有组织的角度来进行研究。

③ 产品调查。即针对某一性质的相同产品研究其发展历史、设计、生产等相关因素。

④ 广告研究。即针对特定的广告做其促销效果的分析与整理等。

⑤ 客户满意度调查。即利用问卷或访谈来量化客户对产品的满意程度。

（4）市场调查的作用

市场调查的作用主要有：

① 有助于更好地吸收国内外先进经验和最新技术，改进生产技术，提高管理水平。当今世界，科技发展迅速，新发明、新创造、新技术和新产品层出不穷，日新月异。这种技术进步自然会在商品市场上以产品的形式反映出来。通过市场调查，可以得到有助于自己及时了解市场经济动态和科技进步的资料信息，为

自己提供最新的市场情报和技术生产情报，以便更好地学习和吸取同行业的先进经验和最新技术，改进自己的生产技术，提高人员的技术水平和管理水平，从而提高产品的质量，加速产品的更新换代，增强产品和企业的竞争力，保障自己的生存和发展。

② 为管理部门和有关负责人提供决策依据。任何一个家庭农场只有在对市场情况有了实际了解的情况下，才能有针对性地制定市场营销策略和经营发展策略。在进行生产经营决策时，如进行产品策略、价格策略、分销策略、广告和促销策略的制定，通常要了解的情况和考虑的问题是多方面的，主要有：自身产品在什么市场上销售较好，有发展潜力、在哪个具体的市场上预期可销售数量是多少、如何才能扩大产品的销售量、如何掌握产品的销售价格、如何确定产品价格才能保证在销售和利润两方面都能上得去等。这些问题只有通过具体的市场调查，才可能得到具体的答复，而且只有通过市场调查得来的具体答案才能作为决策的依据。否则，就会形成盲目的和脱离实际的决策，而盲目则往往意味着失败和损失。

③ 增强自身的竞争力和生存能力。商品市场的竞争由于现代化社会大生产的发展和技术水平的提高而变得日益激烈化。市场情况在不断地发生变化，而促使市场发生变化的原因，不外乎产品、价格、分销、广告、推销等市场因素和有关政治、经济、文化、地理条件等市场环境因素。这两种因素往往又是相互联系和相互影响的，而且还在不断地发生变化。因此，家庭农场为适应这种变化，就只有通过广泛的市场调查，及时地了解各种市场因素和市场环境因素的变化，从而有针对性地采取措施，通过对市场因素，如价格、产品结构、广告等的调整，去应付市场竞争。对于家庭农场来说，能否及时了解市场变化情况，并适时采取应

变措施，是家庭农场能否取胜的关键。

（5）市场调查的过程

市场调查是家庭农场进行生产经营决策制订营销计划的基础。家庭农场开展市场调查可以采用两种方式：一是委托专业市场调查公司来做；二是家庭农场自己安排人员负责此项工作。市场调查工作的基本过程主要包括以下几个基本步骤：

① 明确调查目标。即明确家庭农场开展市场调查的目标。实际中，因不同的需要，其市场调查的目标也有所不同。如确定经营战略时，则必须调查市场宏观环境的发展变化趋势，尤其要调查所处行业未来的发展状况等；制定市场营销策略时，则要调查市场需求状况、市场竞争状况、消费者购买行为和营销要素情况等；在经营中遇到了问题，这时则应针对存在的问题和产生的原因进行市场调查。

② 设计调查方案。一个完善的市场调查方案一般包括以下几方面内容：一是调查的目的要求。即根据市场调查的目的，在调查方案中列出本次市场调查的具体目的要求，如本次市场调查是了解某产品的消费者购买行为和消费偏好情况等。二是调查对象。一般为消费者、零售商、批发商等。此外，还应注意一些产品的消费对象主要是针对某一特定消费群体或侧重于某一消费群体，这时调查对象应注意选择产品的主要消费群体，如对于化妆品，调查对象主要选择女性；对于酒类产品，其调查对象主要为男性。三是调查内容。即收集资料的依据，是为实现调查目标服务的，可根据市场调查的目的来确定，如调查消费者行为时，可按消费者购买、使用及使用后评价三个方面列出调查的具体内容。调查内容的确定要全面、具体，条理清晰、简练，避免把与调查目的无关的内容列入其中。四是调查表。即市场调查的基本

工具。调查表的设计质量直接影响到市场调查的质量。设计调查表要注意：调查表的设计要与调查主题密切相关，重点突出，避免可有可无的问题；调查表中的问题要容易让被调查者接受，避免出现被调查者不愿回答或令被调查者难堪的问题；调查表中的问题次序要条理清楚，顺理成章，符合逻辑顺序，一般可遵循容易回答的问题放在前面、较难回答的问题放在中间、敏感性问题放在最后，封闭式问题在前、开放式问题在后；调查表的内容要简明，尽量使用简单、直接、无偏见的词汇，保证被调查者能在较短的时间内完成。五是调查地区范围。其应与家庭农场产品销售范围相一致，由于调查样本数量有限，调查范围不可能无边无际。根据调查要求适当缩小调查范围，可以减少调查工作量，提高调查工作效率，减少调查费用。六是样本的抽取。调查样本要在调查对象中抽取，由于调查对象分布范围较广，应制定一个抽样方案，以保证抽取的样本能反映总体情况。样本的抽取数量可根据市场调查的准确程度的要求确定，市场调查结果准确度要求愈高，抽取样本数量应愈多，但调查费用也愈高，一般可根据市场调查结果的用途情况确定适宜的样本数量。七是资料的收集和整理方法。市场调查中，常用的资料收集方法有调查法、观察法和实验法。一般来说，前一种方法适宜于描述性研究，后两种方法适宜于探测性研究。家庭农场在做市场调查时，采用调查法较为普遍，调查法又可分为面谈法、邮寄法、电话调查法、网络调查法等。这几种调查方法各有其优缺点，适用于不同的调查场合，家庭农场可根据实际调研项目的要求来选择。资料的整理方法，一般采用统计学中的方法，利用 Excel 工作表格，可以很方便地对调查表进行统计处理，获得大量的统计数据。

③ 制订调查工作计划。主要包括：一是组织领导及人员配

备。即建立市场调查的组织领导机构，以负责调查项目的组织领导工作；针对调查项目成立市场调查小组，以具体负责调查的组织实施工作。二是访问人员的招聘及培训。访问人员可从高校中的经济管理类专业的大学生中招聘，根据调查项目中完成全部问卷实地访问的时间来确定每个访问人员1天可完成的问卷数量，核定需要招聘人数。三是工作进度。将市场调查的整个过程安排一个时间表，确定各阶段的工作内容及所需时间。市场调查工作一般有以下几个阶段：调查工作的准备阶段，包括调查表的设计、样本的抽取、访问人员的招聘与培训等；实地调查阶段；问卷的统计处理与分析阶段；撰写调查报告阶段。四是费用预算。主要有调查表设计印刷费、访问人员培训费；访问人员劳务费与礼品费、调查表统计处理费用等。家庭农场应核定市场调查过程中将发生的各项费用支出，合理确定市场调查总的费用预算。

④ 组织实地调查。市场调查的各项准备工作完成后，即可开始进行问卷的实地调查工作。组织实地调查要做好两方面工作：一是做好实地调查的组织领导工作。要按照事先划定的调查区域确定每个区域的调查样本数量、访问人员人数、每位访问人员应访问样本的数量及访问路线、每个调查区域配备的督导人员；明确调查人员及访问人员的工作任务和工作职责，做到工作任务落实到位，工作目标责任明确。二是做好实地调查的协调、控制工作。调查组织人员要及时掌握实地调查的工作进度完成情况，协调好各个访问人员间的工作进度；要及时了解和帮助解决访问人员在访问中遇到的问题，对于调查中遇到的共性问题，提出统一的解决办法。要做到每天访问调查结束后，访问人员首先对填写的问卷进行自查，然后由督导人员对问卷进行检查，找出存在的问题，以便在后面的调查中及时改进。

⑤ 整理和分析调查资料。实地调查结束后，即进入调查资料的整理和分析阶段。收集好已填写的调查表后，由调查人员对调查表进行逐份检查，剔除不合格的调查表，然后将合格调查表统一编号，以便于调查数据的统计。调查数据的统计可利用Excel电子表格软件完成；将调查数据输入计算机后，经Excel软件运行后，即可获得已列成表格的大量的统计数据。利用上述统计结果，就可以按照调查目的和要求，针对调查内容进行全面的分析工作。

⑥ 撰写调查报告。这是市场调查的最后一项工作内容。市场调查工作的成果将体现在最后的调查报告中，作为家庭农场进行生产经营决策的依据。市场调查报告要按规范的格式撰写，一个完整的市场调查报告应该由标题、目录、概要、正文、结论和建议、附件等部分组成。

（6）市场调查的方法

① 观察法。这是市场调查的最基本的方法。它是由调查人员根据调查研究的对象，利用眼睛、耳朵等感官以直接观察的方式对其进行考察并搜集资料。如市场调查人员到被访问者的销售场所去观察商品的品牌及包装情况等。

② 实验法。即由调查人员根据调查的要求，用实验的方式，对调查的对象控制在特定的环境条件下，进行观察以获得相应的信息。控制对象可以是产品的价格、品质、包装等，在可控制的条件下观察市场现象，揭示在自然条件下不易发现的市场规律，这种方法主要用于市场销售实验和消费者使用实验等。

③ 访问法。可以分为结构式访问、无结构式访问和集体访问等。结构式访问是实现设计好的、有一定结构的访问问卷的访问。调查人员要按照事先设计好的调查表或访问提纲进行访问，

要以相同的提问方式和记录方式进行访问。提问的语气和态度也要尽可能地保持一致。无结构式访问是没有统一问卷，由调查人员与被访问者自由交谈的访问。它可以根据调查的内容，进行广泛的交流。如对商品的价格进行交谈，了解被调查者对价格的看法。集体访问是通过集体座谈的方式听取被访问者的想法和意见，以收集信息资料，其又可以分为专家集体访问和消费者集体访问等具体形式。

④ 问卷法。调查问卷又称调查表或询问表，是以问题的形式系统地记载调查内容的一种印制的文件。因此，问卷法就是通过设计调查问卷，让被调查者填写调查问卷的方式来获得所调查对象的信息的调查方法。在调查中将调查的资料设计成问卷后，让接受调查者将自己的感受、想法、意见和建议，填入问卷中。在一般进行的实地调查中，以问答卷的形式最为广泛。设计问卷，是进行问卷调查的关键。完美的问卷必须具备两个功能：一是能将问题传达给被问的人，二是使被问者乐于回答。要完成这两个功能，问卷设计时应当遵循一定的原则和程序，运用一定的技巧。

【小知识】

问卷的设计

问卷可以分为三大部分：前言、主体和结语。在前言部分，应该讲明白这次问卷调查的目的、意义、简单的内容介绍、关于匿名的保证，以及对回答者的要求，最后要对回答者的配合予以感谢，并且要有调查者的机构或组织的名称，调查时间等。

第二部分是问卷的主要部分，这一部分应包括调查的主要内容，以及一些答题的说明。一般把问卷的主体又分为两部分，一是被调查者的背景资料，即关于个人的性别、年龄、婚姻状况、收入等问题；另一部分就是调查的基本问题。基本问题的形式主要有封闭式和开放式两种。封闭式问题，就是在提出问题的同时还给出若干个答案，要求回答者根据自己的情况进行选择填答；开放式问题，就是不为回答者提供具体答案，由回答者自由回答。此外，对于回答问题的说明也要写清楚，如怎么写答案，跳答的问题，哪些人不回答等的说明，有经验的调查者还会留出编码位以便于录入方便。

最后一部分是调查的一些基本信息，如调查时间、地点、调查员姓名、被调查者的联系方式等信息的记录，并对被调查者的配合再次给予感谢。

（资料来源：http://baike.baidu.com/link?url=qHcBnGvtm0H9qoI6HP2LXYYqFSgovDfhLjcbzmIcLGPm4eLXr5e9Kp9QzBgUfxXE）

3. 市场预测

（1）市场预测的概念

市场预测就是运用科学的方法，对影响市场供求变化的诸因素进行调查研究，分析和预见其发展趋势，掌握市场供求变化的规律，为生产经营决策提供可靠的依据的过程。

预测的目的是为决策服务，减少决策的盲目性。因此，家庭农场要通过市场预测来把握经济发展或者未来市场变化的动态与趋势，减少未来的不确定性和不可知性，降低决策可能遇到的风险，使决策目标得以顺利实现。

（2）市场预测的基本要素

要搞好市场预测，必须把握其四个基本要素：

① 信息。它是客观事物特性和变化的表征与反映，存在于各类载体，是预测的主要工作对象、工作基础和成果反映。

② 方法。它是在预测的过程中进行质和量的分析时所采用的各种手段。预测的方法从不同的角度可以分成不同的类别，最基本的是定性预测方法和定量预测方法。

③ 分析。根据预测方法得出预测结论之后，还必须进行两个方面的分析：一是在理论上要分析预测结果是否符合经济理论和统计分析的条件；二是在实践上对预测误差进行精确性分析，并对预测结果的可靠性进行评价。

④ 判断。对预测结果依据相关经验和市场动态进行判断；同时，对信息资料、预测方法的选择也需要判断。判断是预测技术中的重要因素。

（3）市场预测的内容

市场预测的内容十分广泛。具体来讲，主要包括以下三个方面的内容：

① 市场商品容量的变化。市场商品容量是指有一定货币支付能力的需求总量。市场容量及其变化预测可分为生产资料市场预测和消费资料市场预测。生产资料市场容量预测是通过对国民经济发展方向、发展重点的研究，综合分析预测期内行业生产技术、产品结构的调整，预测产品生产对生产资料的需求结构、数量及其变化趋势。消费资料市场容量预测重点有以下三个方面：一是消费者购买力预测；二是购买力投向预测；三是商品需求的变化及其发展趋势预测。

② 商品价格的变化。生产中投入品的价格和产品的销售价格，直接关系到家庭农场的盈利水平。在商品价格的预测中，要充分研究劳动生产率、生产成本、利润的变化，市场供求关系的发展趋势，货币价值和货币流通量变化，以及国家经济政策对商品价格的影响等。

③ 生产发展与变化趋势。对生产发展及其变化趋势的预测，实际上是对市场中商品供给量及其变化趋势的预测。

（4）市场预测的原则

预测本身需要借助数学、统计学等方法，也需要借助于先进的手段。对于家庭农场的生产经营者而言，进行市场预测，应该坚持以下原则：

① 相关原则。根据事物（类别）之间的关联性，从了解或假设已知的某个事物发生变化中，推知另一个事物的变化及其趋势。

② 惯性原则。任何事物的发展都具有一定的惯性，即在一定时间、一定条件下保持原来的趋势和状态，这也是大多数传统预测方法的理论基础，如“线性回归”、“趋势外推”等。

③ 类推原则。这个原则是建立在“分类”的思维高度，关注事物之间的关联性。

④ 概率推断原则。虽然人们不可能完全把握未来，但根据经验和历史，很多时候能大致预估一个事物发生的大致概率，根据这种可能性，采取对应措施。有时可以通过抽样设计和调查等科学方法来确定某种情况发生的可能性。

（5）市场预测的类型

市场预测可以按照不同的角度进行分类。

① 按照预测的时间跨度，可分为短期预测（主要根据市场上需求变化的现实情况，以旬、周为时间单位，预计一个季度内的需求量）、近前预测（主要是根据历史资料和市场变化，以月为时间单位测算出年度的市场需求量）、中期预测（中期预测，是指 3～5 年的预测，一般是对经济、技术、政治、社会等影响市场长期发展的因素，经过深入调查分析后，所作出的未来市场

发展趋势的预测，为编制 3～5 年计划提供科学依据）、长期预测（一般是5年以上的预测，是为制定经济发展的长期规划预测市场发展趋势，为综合平衡、统筹安排长期的供产销比例提供依据）等。

② 按照经济活动的空间范围，可分为宏观市场预测（以整个行业发展的总体情况为对象，研究企业生产经营过程中相关宏观环境因素变化的市场预测）和微观市场预测（从单个企业角度出发，研究预测市场各个要素的变化趋势的市场预测）。

③ 按照预测的性质，可分为定性预测和定量预测。定性预测是由预测人员凭借知识、经验和判断能力对市场的未来变化趋势做出性质和程度的预测；定量预测是以过去积累的统计资料为基础，运用数学方法进行分析计算后，对市场的未来变化趋势做出数学测算的预测。

（6）市场预测的基本步骤

预测应该遵循一定的程序和步骤，以使其工作有序化。市场预测的过程大致包含以下基本步骤：

① 确定目标。明确目的，是开展市场预测工作的第一步。这是因为预测的目的不同，预测的内容和项目、所需要的资料和所运用的方法都会有所不同。明确预测目的，确定预测目标，就是根据生产经营活动存在的问题，以及要解决的程度等要求，对市场预测提出明确的要求，以保证市场预测工作的方向和任务边界明确。

② 搜集资料。进行市场预测必须占有充分的资料。有了充分的资料，才能为市场预测提供进行分析、判断的可靠依据。在市场预测计划的指导下，调查和搜集预测有关资料是进行市场预

测的重要一环，也是市场预测的基础性工作。

③ 选择方法。根据预测的目标以及各种预测方法的适用条件和性能，选择出合适的预测方法。有时可以运用多种预测方法来预测同一目标。预测方法的选用是否恰当，将直接影响到预测的准确性和可靠性。运用预测方法的核心是建立描述、概括研究对象特征和变化规律的模型，根据模型进行计算或者处理，即可得到预测结果。

④ 分析修正。分析判断是对调查搜集的资料进行综合分析，并通过判断、推理，使感性认识上升为理性认识，从事物的现象深入到事物的本质，从而预测市场未来的发展变化趋势。在分析评判的基础上，通常还要根据最新信息对原预测结果进行评估和修正。

⑤ 编写报告。预测报告应该概括预测研究的主要活动过程，包括预测目标、预测对象及有关因素的分析结论、主要资料和数据，预测方法的选择和模型的建立，以及对预测结论的评估、分析和修正等。

（7）市场预测的方法

市场预测的方法很多，主要有以下几种：

① 定性预测法。也称为直观判断法，是市场预测中经常使用的方法。定性预测主要依靠预测人员所具有的信息、经验和综合判断能力，预测市场未来的状况和发展趋势。这类预测方法简单易行，特别适用于那些难以获取全面的资料进行统计分析的问题。因此，定性预测方法在市场预测中得到广泛应用。定性预测方法又包括德尔菲法、专家会议法、销售人员意见汇集法、顾客需求意向调查法等。

【小知识】

德尔菲法简介

德尔菲法是由预测的主持者邀请部分专家组成专家小组，并将所要预测的问题和必要的背景材料，用信函的方式提供给各位专家，专家之间互不见面，“背对背”地发表意见，并将意见反馈给主持者综合、整理，然后再反馈给各位专家，进一步征求意见。这样反复多次，最后使专家的意见逐步趋向一致，为决策提供可靠的依据的调查方法。

在德尔菲法的实施过程中，始终有两方面的人在活动，一是预测的主持者，二是被选出来的专家。首先应注意的是德尔菲法中的调查表与通常的调查表有所不同，它除了有通常调查表向被调查者提出问题并要求回答的内容外，还兼有向被调查者提供信息的责任，它是专家们交流思想的工具。德尔菲法的工作流程大致可以分为四个步骤，在每一步中，主持者与专家都有各自不同的任务。

第一步：开放式的首轮调研。

（1）由主持者发给专家的第一轮调查表是开放式的，不带任何框框，只提出预测问题，请专家围绕预测问题提出预测事件。因为如果限制太多，会漏掉一些重要事件。

（2）主持者汇总整理专家调查表，归并同类事件，排除次要事件，用准确术语提出一个预测事件一览表，并作为第二步的调查表发给专家。

第二步：评价式的第二轮调研。

（1）专家对第二步调查表所列的每个事件作出评价。如说明事件发生的时间、争论问题和事件或迟或早发生的理由。

（2）主持者统计处理第二步专家意见，整理出第三步调查表。

第三步调查表包括事件、事件发生的中位数和上下四分位点，以及事件发生时间在四分位点外侧的理由。

第三步：重审式的第三轮调研。

（1）发放第三步调查表，请专家重审争论；

（2）对上下四分位点外的对立意见作出评价；

（3）给出自己新的评价（尤其是在上下四分位点外的专家，应重述自己的理由）；

（4）如果修正自己的观点，也应叙述理由；

（5）主持者回收专家们的新评论和新争论，与第二步类似地统计中位数和上下四分位点；

（6）总结专家观点，形成第四步调查表，其重点在争论双方的意见。

第四步：复核式的第四轮调研。

（1）发放第四步调查表，专家再次评价和权衡，做出新的预测。是否要求做出新的论证与评价，取决于主持者的要求。

（2）回收第四步调查表，计算每个事件的中位数和上下四分位点，归纳总结各种意见的理由以及争论点。

值得注意的是，并不是所有被预测的事件都要经过四步。有的事件可能在第二步就达到统一，而不必出现第三、第四步；有的事件可能在第四步结束后，专家对各事件的预测也不一定都达到统一。不统一也可以用中位数与上下四分位点来作出结论。

（资料来源：《现代农业生产经营管理培育读本》，
北京：中国农业大学出版社，2014）

② 定量预测法。即利用比较完备的历史资料，运用数学模型和计量方法，来预测未来的市场需求。定量预测法基本上分为两类：一是时间序列预测法，二是回归分析法。

时间序列预测法。在市场预测中，经常遇到一系列依时间变化的经济指标值，如某产品按年（季）的销售量、消费者历年收入、购买力增长统计值等，这些按时间先后排列起来的一组数据称为时间序列。依时间序列进行预测的方法称为时间序列预测法。

【应用案例】

时间序列预测法的应用

某家庭农场近几年农产品销售量　　千克

年份	2009	2010	2011	2012	2013	2014
销售量	18 500	20 100	23 000	28 000	30 000	31 100

（1）利用简单算术平均法

2015 年的销售量预测值

$$=\frac{18\,500+20\,100+23\,000+28\,000+30\,000+31\,100}{6}$$

= 25 116.67（千克）

简单算术平均法只适用于短期近似平均状态问题的预测。

（2）利用加权平均法

对以往不同时期的资料给以不同的重要性系数（权重），近期资料重要性系数大，远期资料重要性系数小，然后再加以平均作为预测值。如:

某家庭农场近几年农产品销售量　　千克

年份	2009	2010	2011	2012	2013	2014
销售量	18 500	20 100	23 000	28 000	30 000	31 100
重要系数	1	2	3	4	5	6

2015 年的销售量预测值=

$$\frac{18500\times1+20100\times2+23000\times3+28000\times4+30\,000\times5+31100\times6}{1+2+3+4+5+6}=$$

27 442.86（千克）

以往不同年份的资料的重要性系数之所以不同，主要是因为资料离预测期越近，对预测值的影响通常越大。

（3）利用增长比率法

根据本期比上期实际增长比率来推算下期的预测值。如：上述资料中，2014 年比 2013 年实际增长 = 31 100/30 000=1.034

2015 年的销售量预测值=31 100 × 1.034 = 32 157.4（千克）

这种方法没有考虑其他市场的变动因素，适用于对有比较稳定增长趋势的事物的预测。

（资料来源：《现代农业生产经营管理培育读本》，北京：中国农业大学出版社，2014）

回归分析法。回归是指用于分析、研究一个变量（因变量）与一个或几个其他变量（自变量）之间的依存关系，其目的在于根据一组已知的自变量数据值，来估计或预测因变量的总体均值。在经济预测中，人们把预测对象（经济指标）作为因变量，把那些与预测对象密切相关的影响因素作为自变量。根据二者的历史和统计资料，建立回归模型，经过统计检验后用于预测。回归预测有一个自变量的一元回归预测和多个自变量的多元回归预测，这里仅讨论一元线性回归预测法。

在一元线性回归预测法中，应用一组已知的自变量数据去估计、预测一个因变量之值，但这两种变量需要满足以下两个条件：一是存在统计相关关系。统计相关关系是一种不确定的函数关系，即一种因变量（预测变量）的数值与一个或多个自变量的数值明显相关但却不能精确且不能唯一确定的函数关系，其中的变量都是随机变量。经济现象中这种相关关系是大量存在的，如粮食亩产量 y 与施肥量 x 之间的关系，二者明显相关但不存在严格的函数关系，亩产量不仅与施肥量有关，还与土壤、降雨量、气温等多种因素有关，这样亩产量 y 存在着随机性。二是存在因果关系。如果一个或几个自变量 x 变化时，按照一定规律影响另一变量 y，而 y 的变化不能影响 x，即 x 的变化是 y 变化的原因，而不是相反，则称 x 与 y 之间具有因果关系，反映因果关系的模型称为回归模型。

【应用案例】

回归分析法的应用

某家庭农场历年的小麦产量资料如下：

年　份	2010	2011	2012	2013	2014
小麦亩产量（千克）	300	472	560	450	700

（1）求直线回归方程 $y_c=a+bx$

计算表如下：

年　份	年份代号 x	亩产量（千克）y	x^2	xy
2010	-2	300	4	-600
2011	-1	472	1	-472
2012	0	560	0	0
2013	1	450	1	450
2014	2	700	4	1 400
合计	0	2482	10	778

据上表，

$$b=\frac{n\sum xy-\sum x\cdot\sum y}{n\sum x^2-(\sum x)^2}=\frac{5\times778-0\times2482}{5\times10-0^2}=\frac{3890-0}{50-0}$$

$=77.8$

$$a=\bar{y}-b\bar{x}=\frac{\sum y}{n}-b\frac{\sum x}{n}=\frac{2482}{5}-77.8\times\frac{0}{5}=496.4$$

由此得出 y 对 x 的直线回归方程式为：

$$y_c=496.4+77.8x$$

（2）年份为 2015 年，即 $x=3$ 时，

y（2015）$=496.4+77.8\times3=729.8$（千克）。

（资料来源：《现代农业生产经营管理培育读本》，北京：中国农业大学出版社，2014）

（二）家庭农场生产经营决策

1. 生产经营决策的概念

生产经营决策就是指为达到预定的生产经营目标，生产经营者根据自身的条件和市场需求，在多种可行的生产经营方案中，选择最满意方案的分析判断过程。

生产经营决策又可以拆分为生产决策和经营决策。生产决策是根据经营战略方案及内外经营环境状况确定生产方向、生产目标、生产方针及生产方案的过程；经营决策是指对未来经营发展的目标及实现目标的战略或手段进行最佳选择的过程。生产经营决策是家庭农场管理全部工作的核心内容。在家庭农场的全部管理工作中，决策的正确与否，直接关系到家庭农场的兴衰成败和生存发展。

2. 生产经营决策的内容

家庭农场生产经营决策的内容很多，主要有以下几个方面：

（1）目标市场决策

在确定自己生产什么产品时，首先应该考虑到的问题是：我的产品卖给谁？这就是目标市场决策。目标市场决策是在市场细分的基础上进行的。市场细分就是根据一定的标准把一个较大的由不同顾客群分成若干个子市场，再对子市场的顾客群进行需求及欲望的分析并归类。市场细分的标准有地理标准、人口标准、心理标准和行为标准等。粗略地说，可供选择的目标市场有四类：初级农产品购买者，这些人喜好购买未经加工的农产品；高附加值农产品购买者，这些人喜好购买经过深加工、有包装或精美包装的农产品；绿色产品购买者，这些人喜欢购买不施用或者很少施用化肥、农药的农产品；有保健、药疗效用的农产品，这些人喜欢购买有保建功能或有药疗效用的农产品。

（2）生产经营对象决策

生产经营对象决策就是对生产什么产品、生产规模、生产结构的选择和确定。这直接关系到家庭农场的生产经营能否占有市场、能否收回投资等。

（3）技术决策

技术决策就是选择和确定采用什么方式、什么技术来生产经营，以提高家庭农场的生产经营效益。家庭农场的技术选择标准应本着经济合理、技术先进、生产可行的原则。经济合理是指该技术能增产增收而又节省成本；技术先进即该技术能带来技术进步且合理利用生产资源、维护生态平衡；生产可行是指在实际生产经营中能便于应用并发挥作用。家庭农场采用的技术必须符合自然条件、经济条件和技术基础这三方面的条件。

（4）投资决策

选择正确的投资渠道是增加收入的重要手段。家庭农场的投资主要是经营性投资，即在生产经营上的投资，如购置种子、农药、化肥、固定资产，以及新技术的引进、投资入股合作经营等。

（5）供应决策

供应决策就是生产经营所需要的原材料的采购时间、数量、渠道等的选择。

（6）销售决策

销售决策就是家庭农场生产经营的商品的销售渠道、方式、范围、数量、时间、价格的确定，运输和储藏方式的选择等。

（7）人力决策

人力决策就是生产经营活动需要多少人，家庭人力不够用时是否需要找帮工或雇工，以及人工的合理报酬等的选择和确定。

3. 生产经营决策的基本要求

对于家庭农场来说，生产经营决策时的基本要求有以下几个方面：

（1）决策要有明确的目的

决策或是为了解决某个问题，或是为了实现一定的目标，没有问题就无须决策，没有目标就无从决策。因此，决策所要解决的问题必须是十分明确的，要达到的目标必须有一定的标准可资衡量比较。

（2）决策要有若干可行的备选方案

如果只有一个方案，就无法比较其优劣，更没有可选择的余地。因此，“多方案抉择”是科学决策的重要原则。决策时，不仅要有若干个方案相互比较，而且决策所依据的各方案必须是可行的。

（3）决策要对方案进行比较分析

每个可行方案都有其可取之处，也存在一定的弊端。因此，必须对每个方案进行综合分析与评价，确定各方案对目标的贡献程度和所带来的潜在问题，比较各方案的优劣，以便进行抉择。

（4）决策要选择满意方案

决策理论认为，最优方案往往要求从诸多方面满足各种苛刻的条件，只要其中有一个条件稍有差异，最优目标便难以实现。所以，决策的结果应该是从诸多方案中选择一个比较合理的满意方案。

（5）决策是一个分析判断的过程

决策有一定的程序和规则，同时它也受价值观念和决策者经验的影响。在分析判断时，参与决策的人员的价值准则、经验和知识会影响决策目标的确定、备选方案的提出、方案优劣的判断及满意方案的抉择。生产经营者要做出科学的决策，就必须不断提高自身素质，以提高自己的决策能力。

4. 生产经营决策的程序

生产经营决策是一个发现问题、分析问题、解决问题的过程。科学的生产经营决策程序包括以下六个基本步骤：

（1）发现问题

发现问题是决策工作的出发点，是生产经营者的重要职责。生产经营者应该根据既定的目的，积极地搜集和整理情报并发现差距，确认问题。

（2）确定目标

确立目标，就是在市场调查、市场预测，占有市场信息的基础上，确定在一定时间环境等条件下所要达到的生产经营数量、质量等指标。确立目标在决策中是非常重要的一步。目标错了，就可能引起整个决策的失误。目标的制定，要从实际出发，实事求是，留有余地。目标必须明确、具体。

（3）确定价值准则

确定价值准则是为落实目标，作为以后评价目标是否实现和选择方案的基本依据。

（4）拟订方案

拟订方案，就是拟制多种可选择的、有原则区别的决策方案，以资比较和鉴别。

（5）分析评估

分析评估，主要是运用数学方法，进行科学预测和可行性分析，科学地表达多种方案的利弊，揭示和描述事物的变化趋势，对其结果进行评估。评估时，要根据目标来考核各个方案的费用和功效，从而确立各种方案的有效性和可靠程度，为决策提供可靠的依据。这是决策过程中的基本步骤，是决策成功的重要保证，也是决策科学化程度的重要标志。

（6）方案选优

方案选优，就是生产经营者对各种方案进行比较鉴别，权衡利弊，选其优者或综合成一个好的方案，然后下定决心，做出抉择的过程。

5. 生产经营决策的方法

（1）确定型决策

确定型决策又叫程序化决策或常规决策，是在能够准确掌握未来情况的状态下进行的决策。确定型决策通常采用的决策方法有：

① 直接比较法。对于简单的确定型决策问题，可以直接进行比较选择。

【应用案例】

直接比较法的应用

某家庭农场准备购买一台农产品加工机械，为本村农户加工所生产的农产品。市场上有三种可供选择的机型，其价格、加工成本和加工能力如下：

指标 机型	价　格/ （元/台）	加工成本/ （元/千克）	加工能力/ （千克/月）
1	400	0.002	10 000
2	300	0.004	7 500
3	270	0.004	7 500

加工费的收取标准为 0.006 元/千克，本村农户每月需要加工的农产品为 7 500 千克，该家庭农场应该选择哪种机型？

决策的主要参考指标为投资回收期。在上述情况下，三种机型的投资回收期很容易确定，家庭农场也很容易做出选择。

第一种机型投资回收期 = 400 ÷ [10 000 × (0.006−0.002)]=10（月）

第二种机型投资回收期 = 300 ÷ [7500 × (0.006−0.004)]=20（月）

第三种机型投资回收期 = 270 ÷ [7500 × (0.006−0.004)]=18（月）

比较的结果是第一种机型的投资回收期最短，盈利性最大，第三种机型次之。因此，在资金许可的条件下，应选择第一种机型；如果资金不足，可选择第三种机型。

（资料来源：《现代农业生产经营管理培育读本》，北京：中国农业大学出版社，2014）

② 顺序评分法。顺序评分的步骤是：

第一步，正确选定评价的项目和指标，作经济效益的分析。一般选择产量、收入、消耗、用工等项目，然后选择每一项内容的主要指标参加评分；

第二步，计算各方案各指标的指标值

第三步，给各方案打分，得出各个方案的得分多少，比较各个方案的优劣。

【应用案例】

顺序评分法的应用

某家庭农场有三种种植方式可供选择，具体项目、指标数值如下表：

项　　目	第一种种植方式		第二种种植方式		第三种种植方式	
	指标值	得分	指标值	得分	指标值	得分
亩产/千克	480	3	498	5	495	4
成本/（元/千克）	0.120	5	0.122	4	0.123	3
亩用工/个	12	4	13	3	11	5
亩纯收益/元	56	3	68	5	65	4
总得分	15		17		16	
选优次序	3		1		2	

注：指标值得分最高为5分，最低分为0分。

从表中可以看出，第二种种植方式相对较好。

（资料来源：《现代农业生产经营管理培育读本》，北京：中国农业大学出版社，2014）

（2）不确定型决策

不确定型决策是指在只能预测可能出现的几种自然状况发生概率的情况下进行的决策。它的特征：一是存在着决策者无法控制的两种以上的客观自然状态；二是各个生产经营方案在不同的自然状态下的收益或损失可以计算出来。

不确定型决策一般是决策者在不能掌握全部信息，即不一定确切知道未来事件发生的可能性大小的情况下进行的选择，这种选择主要取决于决策者的主观态度和经验。决策者的主观态度可以分为乐观、悲观等可能性和最小后悔几种。对事件的未来发展持不同态度的决策者，可能对同一问题做出的选择有可能是截然不同的。

【应用案例】

不确定型决策的应用

某家庭农场准备生产一种新的农产品，这种农产品投放市场后可能是畅销，也可能销路一般，还可能是卖得不好，家庭农场无法判定这三种情况发生的可能性大小。因此，家庭农场面临着三种选择：是用全部资源生产该农产品，或是用一半的资源生产该农产品，还是用一少部分资源生产该农产品？该农产品在不同市场状况下的预期净收益如下：

市场状况 方案	畅销	一般	卖得不好
全部资源生产	240	150	−20
一半的资源生产	185	135	30
少部分资源生产	120	80	43

注：表中数据为不同方案在不同市场状况下的净收益数值。

（1）乐观态度下的决策。在决策者对未来持乐观态度时，是以最好的设想来选择方案。即认为该农产品在投放市场后一定会畅销，因此，决策者所选择的应该是用全部资源生产该新农产品，因为该方案的净收益是最大的（240 > 185 > 120）。

（2）悲观态度下的决策。在决策者对未来持悲观态度时，是按最坏的设想来选择方案。即认为该农产品在投放市场后卖得不好，因此，决策者所选择的应该是用少部分资源生产该农产品。因为在这种情况下所获得的收益是最大的（43＞30＞－20）。

（3）等可能性态度下的决策。当决策者认为未来市场出现上述三种状况的可能性是相等的，此时决策者的决策过程如下：

① 计算均等概率值。三种情况发生的概率均等，每种情况发生的概率均为 1/3（如果有 N 种情况，则每种情况出现的概率为 1/N）。

② 计算各个方案的期望收益值。

期望收益值 = ∑[每种市场状况下的收益值 × 该市场情况发生概率]

式中：∑为求和符号。

③ 比较各方案期望收益值的大小，选择方案。

例如上述例子的决策过程如下：各种市场状况的均等概率为 1/3，

全部资源生产方案的期望收益=（240+150-20）/3=123

一半的资源生产方案的期望收益=（185+135+30）/3=117

少部分资源生产方案的期望收益=（120+80+43）/3=81

决策者会选择全部资源生产方案。因为该方案的期望收益值最大（123＞117＞81）。

（4）最小后悔态度下的决策。在某种市场状况下，各个方案的收益值中必有某个方案的收益值最大，决策者应该选择该方案。但是，如果决策者没有选择该方案而采用了别的方案就会感到后悔。他的后悔值就是最大收益值与所选择方案收益值的差额。如果有后悔的情况出现，决策者希望后悔值越小越好。在这种态度下，决策者的决策过程是：

① 计算不同市场状况下的各方案的后悔值；

② 比较不同方案的最大后悔值，从中选择数值最小的后悔值所对应的方案。

如上例各方案不同状况下的后悔值如下：

方案 \ 后悔值 \ 市场状况	滞销	一般	畅销	最大后悔值	最大后悔值中的最小值
全部资源生产	0	0	63	63	55
一半的资源生产	55	15	13	55	
少部分资源生产	120	70	0	120	

依据表中的计算结果，决策者为使后悔值最小会选择用一半的资源生产该农产品的方案。

（资料来源：《现代农业生产经营管理培育读本》，北京：中国农业大学出版社，2014）

（3）风险型决策

风险型决策是指决策者虽然对未来确切的情况无法知道，但可以判断未来情况可能发生的概率。而这种概率的判断，虽然根据可靠的定量信息和决策者的经验、直觉和对情况的了解，但与实际发生的情况不可能完全一致。所以，或多或少总是要冒一定的风险，所以称为风险型决策。风险型决策通常采用决策树的方法进行决策。

【应用案例】

风险型决策的应用

对于上边的应用举例，决策者判断不同市场状况出现的概率为：

方案＼市场状况	畅　销 概率 0.5	一　般 概率 0.3	卖得不好 概率 0.2
全部资源生产	240	150	-20
一半的资源生产	185	135	30
少部分资源生产	120	80	43

决策树法决策过程如下：

① 绘制决策树图。

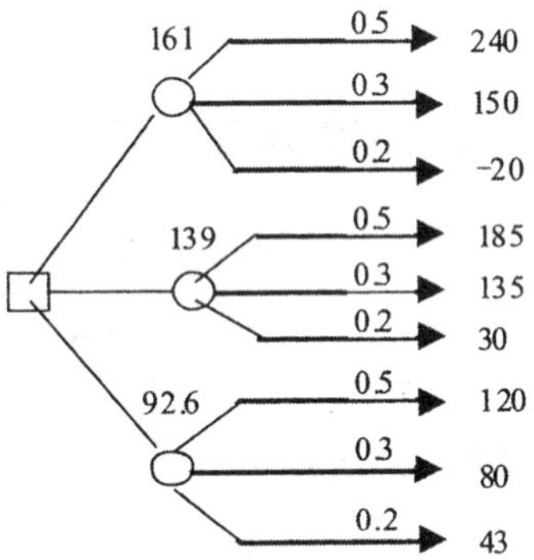

方框表示决策点，由此引出决策分枝，每一个决策分枝代表一个可供选择的决策方案；圆圈表示方案节点，由此引出概率分枝，每个概率分枝代表一个可能发生的状态；箭头表示结果点，用来反映每个方案在相应状态下可能产生的收益值；‖表示剪枝，即淘汰的方案。

② 计算各方案的期望收益值，并标在方案节点上方。

全部资源生产方案的期望值 = 0.5 × 240 + 0.3 × 150 + 0.2 × (－20) = 161

一半的资源生产方案的期望收益值 = 0.5 × 185 + 0.3 × 135 + 0.2 × 30 = 139

少部分资源生产方案的期望收益值 $=0.5\times120+0.3\times80+0.2\times43=92.6$

③ 比较各方案的期望收益值，选择期望收益值大的方案。经比较可以看出，全部资源生产方案是最佳方案。

（资料来源：《现代农业生产经营管理培育读本》，北京：中国农业大学出版社，2014）

（三）家庭农场生产经营计划

1. 生产经营计划的概念与特点

生产经营计划是家庭农场生产经营者根据国家指导和市场需要，对一定时期内生产经营活动所做的统筹安排，是农业生产经营决策的具体化。家庭农场生产经营计划具有以下特点：

（1）以市场为导向，以销售为核心

家庭农场的生产经营应“为卖而产”，因此生产经营计划应以市场需求为导向。家庭农场生产经营者在对其生产经营活动进行统筹安排时，要围绕销售计划来安排其他相关的生产经营活动。

（2）以利润为目标

生产经营计划应强调经济效益，以提高资金利用率为中心安排生产经营活动，始终把追求经营利润作为首位目标。

（3）较强的灵活性

目前，我国农业的经营规模都不大，因此生产经营计划在时间上可长可短，在内容上可多可少，遇到特殊情况可随时调整生产经营计划，以适应新的市场环境的变化。这一特点也是由农业生产的特点决定的。

（4）存在不规范性

家庭农场生产经营者一般受传统认识的局限，比较喜欢粗略的非书面计划，往往是一家人一起议一下大致的经营方向，不进行详细的市场分析、产品分析、销售分析等。这种不规范性常常存在很多漏洞，有时可能导致整个计划搁浅。

2. 编制生产经营计划的重要性

生产经营计划的重要作用之一就是确定生产经营目标，明确生产经营方向，并合理利用资源，有效完成生产经营任务；其次，生产经营计划作为各生产经营环节共同的行动纲领和指南，可使家庭农场的各个生产经营环节各尽其职、相互协调、紧密配合；第三，生产经营计划本身具有控制生产经营活动的标准和尺度的作用，同时生产经营计划是沟通生产经营活动出发点与归宿的桥梁。因此，农户应认真编制生产经营计划。

3. 编制生产经营计划应坚持的原则

（1）实事求是原则

家庭农场制订生产经营计划时，要根据市场需求，充分考虑到自身的经济实力、技能水平、自然条件，充分发挥自身的优势和特长。

（2）讲求效益原则

在编制生产经营计划时，要认真核算消耗和成果，评价计划方案，尽可能地以最小的投入获得最大的收益。同时家庭农场在编制生产经营计划时，还要兼顾社会效益和生态效益。

（3）统筹兼顾原则

家庭农场在编制生产经营计划时，要全面考虑，使各方面得以统筹安排。同时要明确重点，在资源投入上既保证重点又兼顾一般。

（4）灵活应变原则

家庭农场生产经营过程中会受到不确定和不可控因素的影响。因此家庭农场在编制生产经营计划时要留有余地，对常见的不确定因素要有应变措施，使计划具备一定的灵活性和适应性，增强在计划执行中的应变能力，确保生产经营目标的实现。

4. 生产经营计划的类型

家庭农场生产经营计划按计划时间长短可分为长期计划、年度计划和阶段（季节）计划，这三种计划彼此相互补充、相互联系。

（1）长期计划

长期计划一般是指 5 年计划，指明家庭农场的生产经营方向、生产规模，主要是将重要的经营发展项目和措施确定下来，树立长期的奋斗目标。长期计划包括的内容主要有：概述家庭农场生产经营的现状和发展基础；确定家庭农场生产经营的指导思想；制定发展目标和收入指标，如固定资产投入、生产产量、商品率、劳动生产率、土地生产率、资金成本和利润等；实现长期计划的措施，主要是土地利用、农业基本建设、农机设备配置、经营管理、从业人员素质提高等方面的计划。

（2）年度计划

年度计划是指家庭农场在计划年度内应该实现的经营目标，包括产品品种、产量、产值、劳动生产率、土地利用率、物质消耗、成本、利润及其他应达到的目标。家庭农场的年度计划由生产计划、物资供应计划、产品销售计划、技术措施计划、财务收支计划等构成。年度计划是长期计划的具体化表现。

（3）阶段（季节）计划

阶段（季节）计划主要是根据年度计划的要求与家庭农场在不同阶段（季节）的实际情况来编制的计划。阶段（季节）计划的内容比较具体，可根据不同的生产项目的阶段和联系性划分不同的阶段（季节）。阶段（季节）计划是年度计划的具体化。为使阶段（季节）计划得到有效的执行，家庭农场生产经营者可采用卡片或表格的形式，把阶段（季节）计划下达到作业人，用计划来指导生产活动。

5. 编制生产经营计划应做好的基础性工作

家庭农场编制生产经营计划时，应做好以下基础性工作：

（1）认识环境，分析条件，估量机会

环境是家庭农场进行生产经营活动的外部条件，是家庭农场生产经营活动的前提。通过对环境的认识，把握机会，减少不确定因素所造成的风险损失。同时，认识环境可以更好地预测未来发展趋势，增强家庭农场的应变能力。家庭农场通过对生产经营地区自然、经济、社会资源的状况，以及技术、设备、管理方面的因素进行分析，初步考察未来可能出现的机会，了解获得这些机会的能力，根据自身的条件，为制订生产经营计划提供依据。

（2）做好原始记录和统计工作

原始记录是指作业日表、物资领料单等；统计工作主要是把原始记录进行分类、汇总、分析，掌握事物的发展规律。原始记录和统计工作是制定定额、编制计划的依据，也是监督计划执行的工具。原始记录和统计工作应做到全面、准确、及时，应有专人负责这项工作。

（3）制定和修改各种定额

定额是计算各项资源需要量的依据。定额包括人员配备定额、劳动定额、物资储备定额、物资消耗定额、资金占用定额、费用和成本定额等。

6. 编制生产经营计划的基本方法

家庭农场编制生产经营计划的基本方法，一般有以下几种：

（1）定额法

定额法是根据有关定额来计算、确定计划指标的方法。如根据物资消耗定额和产量定额，计算单位产品的原材料需要量等。

（2）比例法

比例法就是利用两个相关的经济指标之间长期形成的比例，推算并确定有关计划指标的方法。如依据辅助材料消耗量和主要材料消耗量的比例，通过计划期内主要材料消耗量来确定辅助材料的需要量。

（3）平衡法

平衡法是从生产经营活动的整体出发，根据各环节、因素、指标之间的相互关系，采用平衡表的形式，在数量上协调各个环节和生产要素间平衡关系的方法。

平衡表的基本内容一般是由需要量、供应量、余缺和平衡措施四部分组成。平衡表的格式如表3-1。

表3-1　×××平衡表　　　　单位：

项目	单位	需要量	供应量	余　缺	平衡措施
合计					

在平衡表上通过“需要量”、“供应量”、“余缺”三部分之间的相互制约关系，进行比较、试算和调整，可以对生产经营各方面的资源与需要、社会生产与市场需求、家庭生产与生活需求的情况进行预算，实现基本平衡，进而确定家庭农场生产经营计划的基本指标和基本比例关系。

其中，农户生产经营计划中的平衡表主要有：

① 物资平衡表。即以实物形态反映产品的生产与需要之间的平衡关系，按各种主要产品，如粮食、饲料、化肥、农药、种子、燃油等分别进行编制。

② 劳动力平衡表。即反映家庭农场对劳动力资源需求及利用情况的平衡表。

③ 资金平衡表。即用货币形态反映家庭农场资金来源和使用情况的平衡表。

（4）滚动计划法

滚动计划法是根据计划执行情况以及内外环境的变化，不断调整和修改计划以适应内外环境的新变化，把近期计划与长期计划相结合的一种计划方法。

滚动计划法的具体做法是：首先编制一个长期计划；根据长期计划第一年的实际完成情况结合具体的环境变化，找出影响计划完成的因素；最后修订一个新的更适应变化了的环境的长期计划，这样使计划经过逐年调整而更接近实际。如图 3-1 所示，以 5 年计划为例说明滚动计划法的编制过程。

（5）甘特图法

甘特图法是用线条来表示工作进度的一种计划方法。格式如表 3-2。

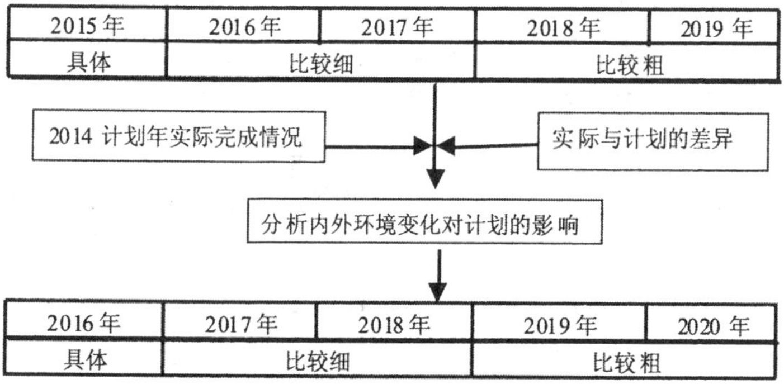

图 3-1　滚动计划法的编制过程

表 3-2　×××生产进度计划图

序号	工作项目	执行单位	工作者	进度					
				1 月			2 月		
				上	中	下	上	中	下

甘特图主要是安排和控制家庭农场的生产进度，简单明了，但是不能反映多种工作相互衔接的关系，也不能反映人、财、物的调度情况。

（四）订单农业与家庭农场生产经营合同

1. 订单农业

（1）订单农业的概念与特点

订单农业又称合同农业、契约农业，是 20 世纪 90 年代后出现的一种新型农业生产经营模式，是指以农产品订购合同为依据开展生产经营活动的农业。签约的一方为企业或中介组织，也包括经纪人和运销户，另一方为家庭农场、农户或村集体代表。

订单农业具有市场性、契约性、预期性和风险性。订单中规定的农产品收购数量、质量和最低保护价，使双方享有相应的权利、义务和约束力，不能单方面毁约。因为订单是在农产品种养前签订的，是一种期货贸易，所以也叫期货农业。

（2）订单农业的形式

我国家庭农场发展订单农业有五大形式：

① 家庭农场与科研生产单位签订合同。主要是签订农作物制种合同，依托科研技术服务部门的技术优势发展订单农业。

② 家庭农场与农业产业化龙头企业或加工企业签订农产品购销合同。这种形式主要是依托龙头企业或加工企业发展订单农业。

③ 粮食主产区与销区签订粮食购销合同。一般是粮食产销区政府部门、国有粮食企业之间签订粮食购销合同，被称为“大订单”；产区政府部门、企业再向家庭农场签订粮食产销合同，被称为“小订单”。

④ 家庭农场与专业批发市场签订合同。这种形式主要是依托大市场发展订单农业。较为典型的如山东省寿光市的全国蔬菜批发中心，不仅以订单的形式带动了本地的蔬菜专业化生产，而且与外地蔬菜生产基地也有购销合同。

⑤ 家庭农场通过经销公司、经纪人、客商签订合同。这种形式主要是依托中介流通组织发展订单农业。

（3）农业行政部门对订单农业的规范

针对当前在发展订单农业中出现的问题，农业部专门下发了《关于发展和规范订单农业的意见》，要求采取以下措施：规范订单农业的运行。第一是规范订单的形式和内容，包括双方的权利和义务、履约方式、违约处理等有关条文和规定；第二是规范订单的主体，明确企业和农民是订单的主体，地方政府部门不能搞包办代替，不宜出面签订合同；第三是规范合同格式和签订程序，要在自愿、平等、互惠互利的基础上依法签订订单。强化订单双方的法律意识。订单是一种合同或契约关系，受国家法律保护。订单一经签订，订单双方必须严格履约。农民和企业都要增强法制观念，认真履约，维护订单合同的严肃性。订单任何一方因市场价与合同价不符而不能履约的要通过协商解决。订单双方中任何一方出于自身利益无故毁约放弃执行订单，造成对方损失的，受害方可以通过法律途径诉讼解决。

2. 家庭农场生产经营合同概述

随着我国法制化进程的加快，以及社会主义市场经济体制的完善，家庭农场在生产经营中遇到的合同会越来越多，这就需要家庭农场的生产经营者强化合同意识，以此来维护市场秩序，并保障自己的合法权益。

事实上，合同或者契约是自然人、法人和其他经济组织之间设立、变更、终止民事权利义务关系的协议。一般来说，合同的内容是当事人之间就设立、变更或终止权利、义务关系所表示一致的意思，通常称为合同的条款。合同条款直接明确了当事人双方的权利和义务，主要包括：当事人的名称或姓名和住所；标的（即合同当事人双方权利义务所指向的对象）；标的数量和质量；价款或报酬；履行期限、地点和方式；违约责任；解决争议的方法等。

家庭农场在生产经营中所涉及的合同大多是经济合同。实际上，经济合同是指在经济活动中，当事人为了一定的经济目的，按照政策、法律要求，通过协商，明确各自的权利和义务而达成的协议。经济合同是一种法律行为，经济合同一经签订，即具有法律约束力，当事人必须履行合同的各项规定。

家庭农场的生产经营合同主要有：农业承包合同、土地流转合同和农副产品购销合同等。

3. 农业承包合同

农业承包合同是农村集体经济组织或村民委员会与其成员及其他承包者之间就集体所有的生产资料（包括依法取得使用权的生产资料）确立承包经营关系，明确相互权利义务而达成的书面协议。

农业承包合同，一般包括农村集体经济组织或村民委员会与承包者订立的耕地、荒地、林地、果园（包括桑园、茶园等）、养殖水面、草场、农机具、小型水利设施、村（社）集体企业等承包合同。

农业承包合同的内容一般应包括：承包合同的名称，发包方、承包方的名称和法定代表人的姓名；承包的生产项目、生产资料的数量、价值及管理使用办法和承包期限，集体企业原有债权、债务的处理方式；承包方应缴的税金，承担的村集体提留、乡（镇）统筹费或承包费，提供劳动积累工、义务工的数量；承包方对承包生产资料的保护责任；发包方向承包方提供的生产经营条件和服务的内容、方式；承包合同变更解除的条件、程序；违约责任；根据有关法律规定必须具备或共同商定的其他事项。

农业承包合同一经签订，即具有法律约束力，农村承包经营户的合法权益受法律保护。

4. 土地流转合同

土地流转合同也称土地承包经营权流转合同。土地承包经营权流转是指通过承包取得的土地承包经营权可以依法采取转包、出租、互换、转让或者其他方式流转。承包方流转农村土地承包经营权，应当与受让方在协商一致的基础上签订书面流转合同。农村土地承包经营权流转合同一式四份，流转双方各执一份，发包方和乡（镇）人民政府农村土地承包管理部门各备案一份。承包方将土地交由他人代耕不超过一年的，可以不签订书面合同。

签订土地流转合同，一要坚持平等协商、自愿、有偿的原则，任何组织和个人不得强迫或者阻碍承包方进行土地承包经营权流转；二是不得改变土地所有权的性质和土地的农业用途；三是流转的期限不得超过承包期的剩余期限；四是受让方须有农业经营能力；五是在同等条件下，本集体经济组织成员享有优先权。

土地流转合同一般应载明：双方当事人的姓名、住所；流转土地的四至、座落、面积、质量等级；流转的期限和起止日期；流转方式；流转土地的用途；双方当事人的权利和义务；流转价款及支付方式；流转合同到期后地上附着物及相关设施的处理；违约责任等。农村土地流转合同文本格式一般由省级人民政府农业行政主管部门确定。

5. 农副产品购销合同

农副产品购销合同是农副产品买卖合同的变化形式，它同买卖合同的要求基本上是一致的。主要是指供方（卖方）同需方（买方）根据协商一致的意见，由供方将一种或者几种农副产品交付给需方，需方接受该农副产品并按规定支付价款的协议。

根据有关法律及规定，签订农副产品购销合同应当具备的主要条款有：产品名称；产品的数量和计量单位；产品的品种、等级和质量；产品的包装；产品的价格；交（提）货期限和地点；交（提）货方式；交（提）货日期的计算；结算办法；产品的验收；违约责任；解决合同纠纷的方法；当事人协商同意的其他条款。

在具体签订合同时应注意以下事项：一是产品名称必须使用通用标准和正确的名称，不能使用俗名、方言和地方习惯称呼的名称。如果双方的产品名称有差异，应在签约前弄清，必要时可附样品封存或附加详细说明。另外，产品名称中不应使用简称。二是产品的数量和计算单位应根据有关部门的规定或实际情况，确定超欠幅度、合理损耗的正负误差。三是产品的品种、等级、质量，按国家及行业、地区标准执行，无标准的由当事人双方协商确定。对直接食用和用作加工原料的农副产品，还应在质量条款中规定卫生和水分含量标准以及检验方法。四是对一年收获两季的产品、季节性较强的产品、易腐烂变质的产品及鲜活产品，必须由供需双方按照实际情况对交（提）货时间做出具体规定。有些农副产品因受气候影响早熟或晚熟的，交货日期经当事人双方协商，可适当提前或推迟。

在订立合同时，交货期限一般有 3 种规定：一是明确规定具体的交货日期为××××年×月×日；二是规定一定的交货起止日期，如从××××年×月×日起到××××年×月×日止；三是规定一个具体的交货截止日期，如××××年×月×日前。同时，交（提）货应明确规定，使用标准地名、站名，以防发生误会。

四、家庭农场生产经营核算与财务管理

【引导性案例】

农业生产投入　成本核算要全面

广东的荔枝种植历史悠久、面积大、分布范围广，在粤西、粤东和珠三角地区农户普遍都种植荔枝，但由于分散、规模小，绝大部分果农都没有成本核算的概念，更谈不上成本控制。近15年新种植的较大规模的荔枝园，大部分果园园主都进行成本核算，但核算内容不全面，许多环节没有进行成本核算，没有成本控制的概念。事实上，通过成本核算，一般农民更容易赚到钱，荔枝的产业化也才能落到实处。

荔枝产业的成本核算体系按生产经营顺序分为三部分，就是产前、产中和产后成本核算。产前成本核算，是对荔枝苗木培育阶段的生产经营活动进行的成本核算；产中成本核算，是对荔枝园生产管理阶段的生产经营活动进行的成本核算；产后成本核算，是对从采果开始的包装、分级、运输、储藏和销售等阶段的经营活动进行的成本核算。而一般的果园只涉及产中阶段。

产中成本核算体系可以分成几部分，第一是固定资产的支出，这部分的支出按照资产折旧的办法进行，包括土地转让金、道路、房子、水电设施、农具和农业机械、冷库及设备、种苗和交运设备等；第二是非固定资产的支出，这部分的支出按照当期支出的办法进行，包括工人工资、水费、电费、油费、肥料和农药费用、果园维修费，还有其他的一次性使用的生产资料，如果实套袋等；第三是果园的收入，主要是荔枝果实销售的收益。

根据近年的调查，荔枝园的成本支出较其他的热带亚热带大宗水果低很多。香蕉每亩每年的投入是3 000～3 500元，柑橘每亩每年的投入是 2 000～2 500 元，而荔枝每亩每年的投入只有500～1 000元。低成本造成产量低，产量低导致生产每千克荔枝的成本高，亏本是情理之中的。

2003年广东省农科院果树所在新兴县调查了2个荔枝园：一个荔枝园总面积是500亩，种植的品种是糯米糍和妃子笑，12年的树龄，当年投入约20万元，总产量约15 000千克，每千克10元，产值15万元，当年亏本约5万元。另一个荔枝园总面积是60亩，种植的品种是妃子笑，4年的树龄，当年投入约7万元，总产量约17 000千克，每千克10元，产值17万元，当年盈利约10万元。

最近 10 年虽然绝大部分的荔枝园每年都是亏本经营，但调查发现有部分荔枝专业户的果园每年都能盈利，除了懂技术外，最关键是投入足，所以产量高、品质好。从目前的情况看，平均单位面积投入越大的荔枝园，效益越好；投入越少，效益越差。

（资料来源：http://www.linguo.com.cn/rdts/2008-08/4924.html）

（一）家庭农场生产经营成本费用管理

随着我国社会主义市场经济体制的日渐完善，家庭农场生产经营活动日趋复杂，加强家庭农场成本费用管理便成为加快农村经济社会发展的重要手段。搞好家庭农场成本费用管理工作，首先应了解和掌握成本、费用的概念、项目、管理内容、管理要求。

1. 成本与费用的概念

（1）企业耗费

企业从事生产经营活动发生的各种耗费，在不同场合又分别称为支出、消耗、磨损等，它们或者涉及货币资金、消耗性存货等资产减少，或者导致各类负债增加，或者表现为固定资产、无形资产及周转性存货的使用。支出、消耗、磨损等都是企业耗费的具体形式，都表示企业生产经营活动付出的代价。应该注意的是，企业耗费不同于损失和损耗，损失是不产生经济利益的各种资源耗费或灭失。发生耗费总是基于某种预期目的的，当预期目的不能实现时，已发生耗费属于无效耗费，习惯上成为损失。损耗是因为客观条件或自然条件等原因造成的、不可避免的、合理范围内的损失。

（2）成本与费用

① 成本。成本是基于特定目的、有明确承担对象的耗费，是对象化了的费用。一般来说，成本是指为了达到特定目的所失去或放弃资源的价值牺牲，它可以用货币单位加以衡量。这里的“资源”，不仅包括自然资源，还包括经过人类加工的物质资源以及人力资源。“特定目的”是指需要对成本进行单独测量的任何活动，也就是成本计算对象。例如一件产品、一项设计、一项服务、一个客户、一种商标、一个部门或者一项工作计划。“失去”是指资源被消耗，例如材料在生产中被消耗掉、设备在使用中被磨损等；“放弃”是指资源交给其他企业或个人，例如用货币支付工资或加工费等。

② 费用。费用是指企业在日常活动中发生的、会导致所有者权益减少的、与向所有者分配利润无关的经济利益的总流出，

是企业生产经营过程中发生的各种耗费，分为生产费用和期间费用。

企业耗费、成本与费用三者之间的关系主要表现在以下几点：

第一，从处理时点看，企业耗费转化为狭义成本、费用时点前也统称为广义费用，处理时点后则形成狭义成本、费用。即能够对象化的耗费，在对象化过程尚未完成之前一般属于广义费用，完成对象化过程之后则称之为成本。前者如生产费用等，后者如产成品成本、半成品成本等。而不能或不予对象化的耗费，确认处理时点前属于广义费用，确认处理时点后则转化为狭义费用或作其他处理。

第二，从涉及时期看，无论广义或狭义费用都只与当期有关，而成本则可能涉及多期耗费。广义费用在每个会计期间必须做出处理，归属于特定成本计算对象、作为期间费用或经其他特定渠道处理。狭义费用必然由当期收入全额负担、抵减利润。成本可能涉及多期耗费，是因为成本计算对象跨期生产、采购、建造、开发所致。

第三，从观察角度看，一定期间内全部耗费的经济内容成为要素费用，也就是广义费用，而狭义成本、费用则是其经济用途的表现结果。企业耗费一部分按经济用途对象化后形成狭义成本，转化为资产，另一部分不予对象化或不能对象化，最终形成狭义费用或做其他处理。

（3）家庭农场成本与费用概念

① 家庭农场的生产成本是指家庭农场直接组织生产或对外提供劳务等活动所发生的各项生产费用和劳务成本。

② 家庭农场的费用是指村家庭农场进行经营活动和管理服务活动所发生的各种耗费的总和，主要包括经营支出、管理费用、其他支出等。

③ 成本与费用的联系与区别。成本和费用是两个并行使用的概念，两者之间既有联系也有区别。成本是针对一定成本计算对象而言的，与一定种类和数量的产品或劳务相联系，而不论发生在哪一个会计期间。费用则是针对某一期间而言的，它与一定的会计期间相联系，而与生产哪一种产品或提供哪一种劳务无关。

2. 成本费用项目

为了便于归集各项费用，正确计算产品成本和期间费用，需要对种类繁多的费用进行合理分类。费用可以按不同的标准分类，其中最基本的是按费用的经济内容和经济用途分类。

（1）生产费用按经济内容分类

家庭农场从事生产经营活动所发生的各种费用，按照经济内容可划分为若干费用要素，分别反映劳动对象、劳动手段和劳动活动方面的耗费。具体可以分为以下各项：

① 外购材料。指企业为进行生产经营而耗费的一切由外部购入的原料及主要材料、半成品、辅助材料、包装物、修理用备件和低值易耗品等。

② 外购燃料。指企业为进行生产经营而耗费的一切由外部购入的各种燃料。包括固体燃料、液体燃料和气体燃料。

③ 外购动力。指企业为进行生产而耗用的一切从外部购进的各种动力，包括电力、热力和蒸汽等。

④ 应付职工薪酬。指企业为进行生产经营而发生的应付给职工的工资与福利费。

⑤ 折旧费。指企业按照规定对固定资产计算提取并计入费用的折旧费。

⑥ 利息支出。指企业为了借入款项而发生的利息支出减去利息收入后的净额。

⑦ 税金。指企业发生的应缴房产税、车船税、土地使用税和印花税等。

⑧ 其他支出。指不属于以上各项要素的费用支出，如邮电费、旅差费、租赁费、外部加工费和保险费等。

生产费用按经济内容分类，可以反映企业在一定时期内发生的生产经营费用的种类和数额，利用这些数据可以了解各个时期生产经营费用的结构和水平；同时还可以区分生产经营费用中的物化劳动消耗和活劳动消耗，为企业管理资金、考核流动资金周转情况提供数据。但是这种分类不能反映费用发生的地点和用途，因而不便于分析费用的发生是否合理、节约。

（2）生产费用按经济用途分类

为了适应对产品成本实施有效控制并进行分析考评的要求，企业生产经营中发生的费用可以分为计入产品成本的生产费用和直接计入当期损益的期间费用两类。

① 记入成本的生产费用分类。一是直接材料，即直接用于产品生产并构成产品实体的原料、主要材料和外购半成品，以及有助于形成产品的辅助材料；二是直接人工，即指企业直接从事产品生产人员的工资，以及计提的职工福利费；三是燃料和动力，即指企业直接用于产品生产的各种燃料和动力费用；四是制造费用，即企业生产车间为生产产品和提供劳务而发生的各种组织、管理费用，以及不直接计入产品成本项目的其他生产费用。制造费用包括车间管理人员及非生产人员的工资和福利费、车间设备和房屋建筑物的折旧费、办公费、水电费、机物料消耗、劳动保护费等。

家庭农场可根据生产特点和管理要求对上述成本项目做适当调整。如企业耗用燃料和动力不多时，为了简化核算，可将其中的燃料费用并入“直接材料”成本项目，将其中的动力费用并入“制造费用”成本项目。其中，最基本的成本项目是直接材料、直接人工、制造费用三项。

② 记入期间费用的生产费用分类。期间费用是指不能直接归属于某个特定产品成本的费用。它是随着时间推移而发生的与当期产品的管理和产品销售直接相关，而与产品的产量、产品的制造过程无直接关系，即容易确定其发生的期间，而难以判别其所应归属的产品，因而是不能列入产品制造成本，而在发生的当期从损益中扣除。期间费用包括直接从企业的当期产品销售收入中扣除的管理费用、销售费用和财务费用。

管理费用。它是指家庭农场为组织和管理生产经营活动而发生的各种管理费用，包括在筹建期间发生的开办费及管理部门在经营管理中发生的或者应由家庭农场统一负担的公司经费：包括行政管理部门职工薪酬、物料消耗、低值易耗品摊销、办公费和差旅费等；董事会费：包括董事会成员津贴、会计费和差旅费等；聘请中介机构费、咨询费（含顾问费）、诉讼费、业务招待费、房产税、车船使用税、土地使用税、印花税、技术转让费、矿产资源补偿费、研究费用、排污费以及企业行政管理部门发生的固定资产修理费等。

销售费用。它是指家庭农场在销商品和提供劳务过程中发生的各项费用，包括应由家庭农场承担的在销售商品过程中发生的包装费、保险费、展览费和广告费、商品维修费、预计产品质量保证损失、运输费、装卸费、委托代销手续费等费用，以及家庭农场发生的为销售本农场商品而专设销售机构的职工薪酬、办公费、折旧费、物料消耗、低值易耗品摊销等费用。

财务费用。它是指家庭农场为筹集生产经营所需资金等发生的各项费用，包括生产经营期间发生的利息支出（减利息收入）、汇兑损失（减汇兑收益）以及相关的金融机构手续费、农场发生或收到的现金折扣等。

（3）家庭农场成本费用项目

① 农产品成本项目。一是直接材料费用，是指生产中耗用的自产或外购的种子、种苗、肥料、地膜、农药等；二是直接人工费用，是指直接从事种植业生产人员的工资、工资性津贴、奖金、福利费；三是其他直接费用，是指除直接材料、直接人工以外的其他直接支出。包括机械作业费、灌溉费、田间运输费等；四是间接费用，是指应摊销、分配计入各产品的间接生产费用，包括为组织和管理生产所发生的管理人员工资、折旧费、修理费、水电费、办公费等。

② 工业产品成本项目。一是外购材料费用，是指家庭农场为进行生产经营而耗用的一切从外单位购进的原料及主要材料、半成品、包装物、低值易耗品等；二是外购燃料费用，是指家庭农场为进行生产经营而耗用的一切从外单位购进的各种固体、液体和气体燃料；三是外购动力费用，是指家庭农场为进行生产经营而耗用的一切从外单位购进的各种动力；四是工资，是指家庭农场应计入工业产品成本的职工工资；五是折旧费，是指家庭农场按照规定的固定资产折旧方法提取的折旧费；六是其他支出，是指不属于以上各要素但应计入工业产品成本的支出。

③ 劳务成本费用项目，包括家庭农场对外提供劳务而发生的各项费用，如培训费、工资福利、差旅费、保险费等。

3．家庭农场成本费用管理的内容

（1）经营支出

经营支出是指家庭农场因销售商品、农产品、对外提供劳务等活动而发生的实际支出，包括销售商品或农产品的成本、销售牲畜或林木的成本、对外提供劳务的成本、维修费、运输费、保险费、产役畜的饲养费用及其成本摊销、经济林木投产后的管护费用及其成本摊销等。

（2）管理费用

管理费用是指家庭农场管理活动发生的各项支出，包括家庭农场管理人员及固定员工的工资、办公费、差旅费、管理用固定资产折旧费和维修费等。

（3）其他支出

其他支出是指家庭农场与经营管理活动无直接关系的支出。

4．家庭农场成本费用管理的基本要求

（1）正确划分成本费用界限

划分经营性支出与非经营性支出的费用界限、产品生产成本与期间费用的界限、本期产品与下期产品之间的费用界限、各种产品之间的费用界限、本期完工产品与期末在产品之间的费用界限。

（2）正确计算产品成本

按成本项目归集费用，直接费用直接计入产品成本，间接费用运用一定的分配方法分配计入。

（3）制定各项费用开支预算

家庭农场要逐步建立健全支出的预算制度，量入为出，对非

经营性开支要实行总量控制，不得超支。

（4）执行有关规定

要明确费用支出的范围，并严格开支审批制度。

（二）家庭农场生产经营核算与分析

1. 家庭农场生产经营核算的概念与内涵

家庭农场生产经营核算，就是用会计和统计的方法，核算家庭农场生产经营活动成果。家庭农场生产经营核算，是以生产经营收支为基本内容，主要包括：一是家庭农场在生产经营过程中各项生产经营收入、支出等情况；二是家庭农场其他业务收支的增减变化情况；三是家庭农场在生产经营过程中所发生的各种债权、债务的往来结算情况，以及现金、存款、固定资产、产品物资的增减变动情况；四是家庭农场生产经营的盈亏，并考核分析农户全年生产财务收支情况，借以增加收入，提高经济效益。

2. 家庭农场生产经营成本费用的核算

（1）家庭农场生产经营成本

家庭农场生产经营成本是与生产经营有关的一切合理必要支出，主要有现金支出、劳务支出和实物支出。具体包括：人工费、种苗费、肥料费、农药费、水电费、管理费（如防治害虫、防旱涝、防贼、新技术培训等费用）、农舍费（如住宅、仓库、农具、水泥堆场和晒场、田间棚房等的折旧及维修费）、维修费（农田水利、农具和农业机械等）、折旧费（农具和农业机械等）、土地使用费用和不可预见的费用等。

（2）农产品的成本核算程序

农产品的成本核算程序，就是农产品成本核算是怎么样进行的。

① 确定成本核算对象。所谓的成本核算对象就是指对哪些产品进行成本核算，也就是说要确定这些成本核算的具体的产品项目。因为家庭农场生产的种类繁多，所以首先必须要把成本的核算对象明确下来，然后才能够清楚地反映在这个产品的生产过程当中各自的花费是多少。按照大的范围来说农产品分为了种植业和养殖业，与此相对应就有了种植业成本核算和养殖业的成本核算。养殖业里也有很多项目，比如养鱼核算、畜牧业的核算，对每个项目还可以进行细分，如种植业里有小麦、玉米、大豆、水稻等。对一个家庭农场来讲，一定要分类核算出每种产品的成本，以了解各产品的盈亏情况。

② 确定成本计算期。农产品生产过程往往要经过很多阶段，而且许多产品是随着市场情况不断变化、不断销售的，所以在核算的时候必须明确这个成本是针对哪一个时期的产品来计算的，这一个被确定的时期就是成本计算期。

通常的成本核算期可以按照年度确定，如从公历的 1 月 1 日到 12 月 31 日作为一个成本核算期。这是一般的做法。当然也可以根据产品的生产周期的不同来确定。所谓产品生产周期就是从这个产品开始投料生产，到收获的这段时期。家庭农场可以根据具体情况确定成本计算期。如以养鸡为例，养肉鸡一年生产 3～4 批，养种鸡至少一年之后才能更新，所以可以按照批次、按照群，按生产过程的月份来计算产品成本。

③ 确定成本开支范围。成本开支范围就是确定哪些费用应计入产品成本里去，哪些费用不应计进去。不要把日常的生活开支列在成本当中。另外，农户在生产过程中要借钱，借钱要支付

利息，这个利息要计入成本里边。还有农户在经营过程当中可能按照国家政策规定要缴税，税款要分不同的情况，比如增值税就不能计入成本里去，还有一些是需要摊销费用的，比如养鸡的鸡舍，鸡舍是一次性建设的，但是它可以用好多年，养很多批鸡，应该按照相关规定分几年摊销。

④ 确定成本项目。确定了成本的核算对象、成本的计算周期、成本的开支范围，下面就要具体确定成本的项目了。一般来说，成本项目分物质费用和人工费用两大部分，物质费用又分直接的和间接的。直接物质费用就是这种费用就消耗在一种产品上，不需要分摊，比如像种子费最明显，肥料费也这样。间接物质费用往往是与生产很多产品有关，叫作共同物质费用，比如机耕费、水电费、管理费等。一块地分种了两种作物时机耕费等由两种作物共同承担，把这个费用按照一定的方法给它分配开来，就叫间接物质费用。

⑤ 建立成本核算原始记录。一个成本计算的时期可能很长，为了反映整个生产过程的用工和用料情况，农户还应该按成本核算对象设置原始记录登记簿。比如可以设立固定资产登记簿，把一些固定资产的变化、适用情况登记下来；也要建立经营支出登记簿，登记经营支出化肥、农药、种子等的数量和费用；还有用工登记簿，人工费用要记账。再就是要建立经营收入登记簿，销售的产品、副产品收入和数量要登记。

这就是农产品成本核算的过程，确定对象、确定时期和确定计算范围，然后确定成本的项目，项目确定之后再把它分门别类的通过原始记录登记簿记录下来，通过记录这些数据，之后就便于到成本计算期末的时候把成本计算出来。

3. 家庭农场生产经营收益核算

家庭农场生产经营收益的概念及计算

① 家庭农场生产经营收益的概念

家庭农场生产经营收益是指家庭农场在一定期间内增加的在生产、经营、管理和提供服务活动所取得的净收入，即总收入与总支出的差额。

② 家庭农场生产经营收益的构成

收益总额＝经营收益＋补助收入＋其他收入－其他支出－相关税费

其中：经营收益＝经营收入－经营成本

净收益＝收益总额－相关税费

这里的相关税费的税主要是指是指企业所得税。中央1号文件在税收优惠政策的核心体现在“三农”上，即指农业、农村、农民。根据家庭农场的组织形式和经营范围，“家庭农场”可享受的税收政策主要包括增值税、营业税、房产税、土地使用税、个人所得税、企业所得税等。目前大部分税可免，只有部分企业的所得税是减半征收的项目，取决于企业从事的具体项目，具体包括花卉、茶以及其他饮料作物和香料作物的种植和海水养殖、内陆养殖两项内容。相关税费的费主要是指管理费用、销售费用、财务费用。

【阅读与思考】

我国部分地区扶持家庭农场政策及动态

上海松江现金补贴：（1）农资综合直补76元/亩；（2）水稻种植补贴150元/亩；（3）土地流转费补贴100元/亩，面积以80～

200亩为标准；（4）家庭农场生产管理考核补贴100元/亩，全年分两次考核，根据考核结果确定补贴标准；（5）绿肥种植补贴200元/亩。物化补贴：（1）药剂补贴22.5元/亩；（2）水稻良种补贴常规稻16元/亩、杂交稻25元/亩；（3）小麦、大麦种子补贴小麦35元/亩，大麦35元/亩；（4）绿肥种子补贴（以实物形式发放）。

吉林延边：（1）对家庭农场贷款贴息；（2）注册登记的家庭农场可享受到各项国家农业财政补贴政策；（3）兑水田、蔬菜和经济作物种植面积50公顷以上、旱田100公顷以上的家庭农场，扩大到一次性享受5台农机购置补贴；（4）对家庭农场农作物保险给予补贴；（5）加大资金支持力度；（6）实施税收优惠政策；（7）家庭农场经营者可以使用集体土地建设生产经营用临时建筑物。

湖北武汉：可获财政补贴4万元，采用先建后补形式发放。

（资料来源：http://www.tdzyw.com/2013/0412/28146.html）

思考：查阅相关信息，看看从事家庭农场生产经营都有哪些补贴？

4. 家庭农场生产经营活动综合分析

（1）家庭农场生产经营活动综合分析的概念

家庭农场生产经营活动分析，是家庭农场在生产经营过程中，运用各种经济核算资料和数据，通过科学的方法，对家庭农场生产经营过程中的主要技术经济指标进行全面、系统的评价和分析。

（2）家庭农场生产经营活动综合分析的方法

常用的经济活动综合分析方法有连环代替法和对比分析法。

① 连环代替法。也叫因素分析法。这种方法是指某一总体指标在受多种因素作用的情况下，按一定顺序测定各个因素变动

对总体指标变动的影响程度的一种分析方法。由于它能分析各种因素对事物变化的具体影响，并分析产生差距的原因，不同因素影响的程度，因此，便于发现问题，提出改进措施。连环代替法的特点是，当分析一个受多种因素影响的指标时，可以将各个指标逐个进行分析计算，找出影响经济指标的主要因素，并评价其影响程度，从而提出改进措施。

② 对比分析法。也叫比较法，是经济活动分析常用的一种方法，也是最基本的方法。它的主要内容和方法是将性质相同的两种或两种以上的经济指标进行对比，找出两者的差距，分析差距产生的原因，查明各个因素之间的相互关系，对各项经济活动作出评价。在运用对比分析法时，必须注意采用的经济指标具有可比性，也就是在经济内容、计价标准、单位等方面应是可比的。

（3）家庭农场生产经营活动综合分析的主要内容

① 生产经营计划完成情况分析。生产经营计划完成情况分析，包括产量计划完成情况分析和农产品销售计划完成情况分析。

② 农产品成本分析。农产品成本分析，包括农产品成本计划完成情况分析和农产品成本项目分析。分析农产品成本的目的，不仅在于了解成本情况，而且要对成本考核和分析，以便衡量成本水平，找出降低成本的途径。

影响农产品成本的因素很多，就实际成本和计划成本分析来说，主要因素有两个：一是实际产量和计划产量不同，产量发生了变化；二是实际费用和计划费用不同，生产费用发生了变化。家庭农场成本分析一般采用比较法，常用实际总成本和计划总成本的降低率来表示。

③ 家庭农场生产经营利润分析。经营利润是家庭农场生产经营的盈余收入，它是农户的经营收入扣除成本、税金等支出的金额。利润是家庭农场生产经营活动的最终经济成果，集中反映了家庭农场经营管理工作的成果。分析利润的目的，在于查明利润升降的原因，以便提高利润水平。家庭农场对利润进行分析，要从两方面进行。首先，是利润计划完成情况的分析。可以将本年利润与当年利润计划或上半年利润进行对比，看是否完成本年利润计划或比上年利润水平高或低，查明利润增减情况。其次，对影响利润增减因素进行分析。影响利润高低的主要因素有：农产品销售数量、销售价格和农产品产品成本。各因素变动对纯收入影响程度，可用连环替代法加以测定。

（三）家庭农场生产经营投资

【小知识】

什么是投资？

孔淑红、梁明编著《国际投资学》（对外经济贸易大学出版社，2001年）的定义是：投资，一般是指经济主体将一定的资金或资源投入某项事业，以获得经济效益的经济活动。

陈康幼著《投资经济学》（上海财经大学出版社，2003年）的定义是：投资是投资主体为了获得预期的收益，而投入资金，并将其转化为实物资产、金融资产或知识资产的行为或过程。

《帕尔格雷夫经济辞典》的定义是：投资是一种资本积累，是为了取得用于生产的资源、物力而进行的购买及创造的活动（见杨胜雄主编《投资管理学》）

（资料来源：http://www.360doc.com/content/11/0708/16/7292363_132360900.shtml）

1. 家庭农场生产经营投资的概念与类型

（1）家庭农场生产经营投资的概念

家庭农场生产经营投资是指家庭农场为了在未来可预见的时期内获得收益或是资金增值，在一定时期内向一定领域的标的物投放足够数额的资金或实物的货币等价物的经济行为。

（2）家庭农场生产经营投资的类型

① 按投资回收期限的长短，投资可分为短期投资和长期投资。短期投资是指回收期在一年以内的投资，主要包括现金、应收款项、存货等投资；长期投资是指回收期在一年以上的投资，主要包括固定资产、无形资产等。

② 从决策的角度看，可把投资分为采纳与否投资和互斥选择投资。采纳与否投资是指决定是否投资于某一独立项目的决策。在两个或两个以上的项目中，只能选择其中之一的决策叫作互斥选择投资决策。

③ 按其涉及内容还可进一步细分为单纯固定资产投资和完整投资项目。单纯固定资产投资项目特点在于：在投资中只包括为取得固定资产而发生的垫支资本投入而不涉及流动资金的投入；完整投资项目则不仅包括固定资产投资，而且还涉及流动资金投资，甚至包括其他长期资产项目（如无形资产、长期待摊费用等）的投资。

2. 家庭农场生产经营投资的计价

以现金方式进行的投资，按实际支付的价款计价；以实物资产（含牲畜和林木）等方式进行长期投资，按照账面价或重置价确定的价值计价。

（1）存货按照实际成本计价

存货包括各种原材料、农用材料（种子、饲料、肥料、农药）、低值易耗品、在产品、幼畜和育肥畜、产成品、商品等。

购入的幼畜和育肥畜按实际购入价格计价。自繁的幼畜和育肥畜，按实际成本计价；自繁的幼畜成龄转为产役畜，按市价计价。产役畜淘汰转为育肥畜，按折余价值计价。

投资者投入的，按照评估确认或者合同、协议约定的价值计价。

盘盈的，按照同类存货的实际成本计价。

（2）固定资产按照下列方式计价

购入的，按照买价加上支付的运输费、保险费、包装费、安装成本和缴纳的税金等计价。外购的产畜和役畜按购进价加上支付的运输费、保险费等计价。自行建造的，按照建造过程中实际发生的全部支出计价。

家庭农场开发利用的土地，包括耕地、草原、矿山等，应造册登记，加强管理，按照国家有关规定计价。

家庭农场以前年度建设的公路、桥梁、堤坝、水库、干渠、支渠、机井、水泥晒场、防护林等，未计价的暂不计价，但应造册登记，加强管理。家庭农场在 1994 年以后年度新建的上述固定资产，按建设过程中实际发生的全部支出计价。

家庭农场自行营造的，转入固定资产的橡胶、果、桑、茶树等经济林木，按照营林实际成本计价。家庭农场营造的为生产服务的防风、固沙、护堤等防护林木，也按照营林实际成本计价。

（3）无形资产一般按照取得时的实际成本计价

无形资产包括专利权、商标权、著作权、土地使用权、非专利技术、商誉等。投资者作为资本金或者合作条件投入的，按照评估确认或者合同、协议约定的金额计价。购入的，按照实际支付的价款计价。自行开发并且依法申请取得的，按照开发过程中实际支出计价。接受捐赠的，按照发票账单所列金额或者同类无形资产市价计价。除企业合并外，商誉不得作价入账。非专利技术和商誉的计价应当经法定评估机构确认。

3. 家庭农场生产经营投资的决策分析

（1）资金时间价值

资金的时间价值，是指在一定量资金在不同时点上的价值量的差额。也就是资金在投资和再投资过程中随着时间的推移而发生的增值。资金时间价值是资金在周转使用中产生的，是资金所有者让渡资金使用权而参与社会财富分配的一种形式。比如，将今天的100元钱存入银行，在年利率为10%的情况下，一年后就会产生110元，可见经过一年时间，这100元钱发生了10元的增值。人们将资金在使用过程中随时间的推移而发生增值的现象，称为资金具有时间价值的属性。

资金时间价值的计算是财务管理的基础。要想掌握资金时间价值的计算方法和计算技巧，首先要学会区分资金的两种基本类型：一次性收付款项和年金，这是掌握资金时间价值计算的关键所在。实际上由于资金的两种基本类型在款项收付的方式、时间及数额上有一定的特点和规律，所以我们可以归纳出不同类型资金的时间价值计算公式，并且配有相应的系数表，这些系数表的运用大大简化了资金时间价值的实际计算过程，因此在资金时间价值的计算中关键是正确判断资金的类型。下面介绍资金的几种基本类型。

① 一次性收付款项。在某一特定时点上一次性支付（或收取），经过一段时间后再相应地一次性收取（或支付）的款项。

一次性收付款项的特点是资金的收入或付出都是一次性发生的。

② 年金。一定时期内每次等额收付的系列款项。年金的特点是资金的收入或付出不是一次性发生的，而是分次等额发生，而且每次发生的间隔期都是相等的。按照每次收付款发生的具体时点不同，又可以把年金分为普通年金、即付年金、递延年金和永续年金，其中普通年金和即付年金是年金的两种基本类型。普通年金是指从第一期开始，在一定时期内每期期末等额收付的系列款项，又称为后付年金；即付年金是指从第一期开始，在一定时期内每期期初等额收付的系列款项，又称为先付年金；递延年金是指从第一期以后才开始的，在一定时期内每期期末等额收付的系列款项，它是普通年金的特殊形式，凡不是从第一期开始的普通年金都是递延年金；永续年金是指从第一期开始，无限期每期期末等额收付的系列款项，也是普通年金的特殊形式。

（2）净现值法

净现值是一项投资所产生的未来现金流的折现值与项目投资成本之间的差值。净现值法是评价投资方案的一种方法。该方法利用净现金效益量的总现值与净现金投资量算出净现值，然后根据净现值的大小来评价投资方案。净现值越大，投资方案越好。净现值法是一种比较科学也比较简便的投资方案评价方法。净现值的计算公式如下：

净现值＝未来报酬总现值－建设投资总额

或

$$NPV=\sum_{t=1}^{n}\frac{C_t}{(1+r)^t}-C_0$$

式中：NPV 为净现值；C_0 为初始投资额；C_t 为 t 年现金流量；r 为贴现率；n 为投资项目的寿命周期。

净现值指标考虑了投资项目资金流量的时间价值，较合理地反映了投资项目的真正的经济价值，是一个比较好的投资决策指标。

① 净现值法的优点

首先，使用现金流量。家庭农场可以直接使用项目所获得的现金流量，相比之下，利润包含了许多人为的因素。在资本预算中利润不等于现金。

其次，净现值包括了项目的全部现金流量，其他资本预算方法往往会忽略某特定时期之后的现金流量。如回收期法。

再次，净现值对现金流量进行了合理折现，有些方法在处理现金流量时往往忽略货币的时间价值。如回收期法、会计收益率法。

② 净现值法的缺点

首先，资金成本率的确定较为困难，特别是在经济不稳定情况下，资本市场的利率经常变化更加重了确定的难度。

其次，净现值法说明投资项目的盈亏总额，但没能说明单位投资的效益情况，即投资项目本身的实际投资报酬率。这样会造成在投资规划中着重选择投资大和收益大的项目而忽视投资小，收益小，而投资报酬率高的更佳投资方案。

在净现值法的基础上考虑风险，得到两种不确定性决策方法，即肯定当量法和风险调整贴现率法。但肯定当量法的缺陷是肯定当量系数很难确定，可操作性比较差。而风险调整贴现率法则把时间价值和风险价值混在一起，并据此对现金流量进行贴现，不尽合理。

另外，运用由CAPM模型确定的单一风险调整贴现率也是不合乎实际情况的，如果存在管理决策的灵活性措施，用固定的贴现率计算净现值就更不准确了。

③ 使用净现值法应注意的问题

一是折现率的确定。净现值法虽考虑了资金的时间价值，可以说明投资方案高于或低于某一特定的投资的报酬率，但没有揭示方案本身可以达到的具体报酬率是多少。折现率的确定直接影响项目的选择。

二是用净现值法评价一个项目多个投资机会，虽反映了投资效果，但只适用于年限相等的互斥方案的评价。

三是净现值法是假定前后各期净现金流量均按最抵报酬率（基准报酬率）取得的。

四是若投资项目存在不同阶段有不同风险，那么最好分阶段采用不同折现率进行折现。

（3）内涵报酬率

内涵报酬率又称内含报酬率、内部报酬率，是指能够使未来现金流入量现值等于未来现金流出量现值的折现率，或者说是使投资方案净现值为0的折现率。内涵报酬率是一个相对数指标，和现值指数在一定程度上反映一个投资项目投资效率高低，所以这类评价指标通常是用于独立方案决策，也就是备选方案之间是相互独立的。

① 内涵报酬率指标的特点

首先，内涵报酬率是由特定的现金流量确定的。无论实际再投资多少，内涵报酬率都是确定的。

其次，内涵报酬率的计算与基期无关。由于

$$\sum_{i=1}^{n}\frac{NCF_t}{(1+IRR)^{t-i}}-NII(1+IRR)^i=0$$

式中：n 为项目经济寿命期；r 为预定贴现率；NCF_t 为第 t 年的净现金流量；NII 为项目的净增量投资额。

内涵报酬率 IRR 同时折算至第 i 年末时仍相等。

再次，内涵报酬率假定各个方案的所有中间投入可按各自的内涵报酬率进行再投资而进行增值。

② 内涵报酬率的计算方法

内涵报酬率的计算，主要有两种方法：

一是逐步测试法。它适合于各期现金流入量不相等的非年金形式。计算方法是，先估计一个贴现率，用它来计算方案的净现值；如果净现值为正数，说明方案本身的报酬率超过估计的贴现率，应提高贴现率后进一步测试；如果净现值为负数，说明方案本身的报酬率低于估计的贴现率，应降低贴现率后进一步测试。经过多次测试，找出使净现值接近于零的贴现率，即为方案本身的内涵报酬率。

二是年金法。它适合于各期现金流入量相等，符合年金形式，内涵报酬率可直接查年金现值系数表来确定，不需要进行逐步测试。

内涵报酬率可按下述步骤进行计算：

第一步：计算年金现值系数。

年金现值系数=初始投资额/每年净现金流量

第二步：计算出于上述年金现值系数相邻近的两个折现率。

第三步：根据上述两个临近的折现率和已求得年金现值系数，采用内插法计算出该投资方案的内含报酬率。

（4）回收期法

回收期法又称“投资返本年限法”。是计算项目投产后在正常生产经营条件下的收益额和计提的折旧额、无形资产摊销额用来收回项目总投资所需的时间，与行业基准投资回收期对比来分析项目投资财务效益的一种静态分析法。

回收期指标所衡量的是收回初始投资的速度的快慢。其基本的选择标准是：在只有一个项目可供选择时，该项目的投资回收期要小于决策者规定的最高标准；如果有多个项目可供选择时，在项目的投资回收期小于决策者要求的最高标准的前提下，还要从中选择回收期最短的项目。

回收期的计算公式如下：

$$\sum_{t=1}^{T} C_t - C_0 = 0$$

式中 T 为投资回收期，C_t 为 t 时期的现金流入量，C_0 为初始投资额。

在投资项目各期现金流量相等的情况下，只要用投资的初始投资额除以一期的现金流量即可。其公式为：

投资回收期=初始投资额/一期现金流量

如果投资项目投产后每年产生的净现金流入量不等（绝大多数情况下是这样），则需逐年累加，最后计算出投资回收期。

也可以表示为：

$$投资回收期=\frac{项目总投资}{年收益额+年计提折旧额+年无形资产摊销额}$$

式中项目总投资是包括项目建设期间借款利息的总投资。年收益额是项目投产后达到设计年产量后第一个年度所获得收益额和计提的折旧额、无形资产摊销额。年收益额可按税前利润和税后利润计算，目前一般都按年税前利润计算。在计算投资回收期时所以在年收益额外还要加上计提折旧额和无形资产摊销额，是因为折旧额和摊销额是重新购置固定资产和无形资产的资金来源，它虽不是项目的收益，但是它是用以补偿固定资产和无形资产投资的，所以也应将它与收益额一起作为收回的投资。上式算得的投资回收期是从投产之日开始计算的。如按建设期初算起，还要加上建设期。

回收期指标的特点是计算简单，易于理解，且在一定程度上考虑了投资的风险状况（投资回收期越长，投资风险越高，反之，投资风险则减少），故在很长时间内被投资决策者们广为运用，目前也仍然是一个在进行投资决策时需要参考的重要指标。但是，投资回收期指标也存在着一些致命的弱点。

第一，回收期指标将各期现金流量给予同等的权重，没有考虑资金的时间价值。

第二，回收期指标只考虑了回收期之前的现金流量对投资收益的贡献，没有考虑回收期之后的现金流量对投资收益的贡献。

第三，回收期指标的标准确定主观性较大。

（四）家庭农场资产管理

家庭农场资产是指家庭农场在长期的生产经营过程中积累形成的资产，需要进行科学管理。

1. 现金管理

（1）现金管理的主要内容与要求

主要包括：一是库存现金限额；二是现金结算范围；三是现金收付管理；四是每日账款核对。

实践中，要加强库存现金限额管理，定期或不定期对出纳库存现金进行盘点，加强对出纳账目的结报管理，确保资金安全。

（2）现金管理注意事项

① 收入现金。所收入现金，应于当日送存开户银行。当日送存确有困难的，由开户银行确定送存时间。

② 支付现金。支付现金，可以从本单位库存现金中支付，或从开户银行提取，不得从本单位的现金收入中直接支付，即不得“坐支”现金。因特殊情况需要“坐支”现金时，应事先报经开户银行审查批准，并在核定的范围和限额内进行。同时，收支的现金必须入账。

③ 特殊情况。特殊需要必须使用现金时，应向开户银行提出书面申请，由本单位财会部门负责人签字盖章，并经开户银行审查批准后予以支付。

此外，不准用不符合制度规定的凭证顶替库存现金，即不得“白条抵库”；不准谎报用途套取现金；不准用银行账户代其他单位和个人存入或支取现金；不准将单位收入的现金以个人名义存入储蓄，即不得“公款私存”；不准保留账外公款，即不得设置“小金库”等。银行对于违反上述规定的单位，将按照违规金额的一定比例予以处罚。

2. 银行存款管理

银行存款是家庭农场存放在银行的资金，是单位货币资金的主要内容，为加强管理，应建立健全银行存款管理制度，按如下办法进行管理：

（1）总体要求

根据资金的不同性质、用途，分别在银行开设账户，严格遵守国家的银行结算制度和现金管理暂行条例，接受银行监督。

（2）银行存款

对于银行存款，包括银行存款账户的开设、办理支付结算，都须遵守中国人民银行制定的《银行账户管理办法》、《支付结算办法》，需凭送款单、支票存取现金。

（3）银行账户

家庭农场必须严格按照人民银行规定，在相关部门指导下，在银行或信用社设立一个存款账户。银行账户只限家庭农场使用，不准出租、出借、套用或转让。

（4）支票

不得签发空头支票。空白支票必须严格领用注销手续。

（5）账目

应按月与开户银行对账，保证账账、账款相符。平时开出支票，应尽量避免跨月支取；年终开出支票，须当年支款，不得跨年度。

（6）银行存款余额调节表

出纳、会计应按月编制银行存款余额调节表，逐月与银行核对余额，防止错账、乱账。

3．应收款项管理

家庭农场可以从以下几方面做好应收账款的日常管理工作：

（1）做好基础记录

基础记录包括对客户提供的信用条件，建立信用关系的日期，客户付款的时间，目前尚欠款数额以及客户信用等级变化等。只有掌握这些信息，才能及时采取相应的对策。

（2）检查是否突破信用额度

对客户提供的每一笔赊销业务，都要检查是否有超过信用期限的记录，并注意检验客户所欠债务总额是否突破了信用额度。

（3）掌握客户已过信用期限的债务

密切监控客户已到期债务的增减动态，以便及时采取措施与客户联系提醒其尽快付款。

（4）分析应收账款周转率和平均收账期

看流动资金是否处于正常水平，企业可通过该项指标，与以前实际、现在计划及同行业相比，借以评价应收账款管理中的成绩与不足，并修正信用条件。

（5）家庭农场要遵循稳健性原则

对坏账损失的可能性预先进行估计，积极建立弥补坏账损失的准备制度。

（6）考察拒付状况

考察应收账款被拒付的百分比，即坏账准备率，以决定企业信用政策是否应改变，如实际坏账准备率大于或低于预计坏账准备率，家庭农场必须看信用标准是否过于严格或太松，从而修正信用标准。

（7）编制账龄分析表

检查应收账款的实际占用天数，家庭农场对其收回的监督，可通过编制账龄分析表进行，据此了解，有多少欠款尚在信用期内，应及时监督，有多少欠款已超过信用期，计算出超时长短的款项各占多少百分比，估计有多少欠款会造成坏账，如有大部分超期，企业应检查其信用政策。

4. 存货管理

家庭农场的存货包括种子、化肥、燃料、农药、原材料、机械零配件、低值易耗品、在产品、农产品和工业产成品等。

（1）存货入库的管理

① 检查验收。到货后，验收人员应立即根据凭证所列的品种、规格、数量、质量等项目，严格进行检查和验收后，填写验收单。

② 入库。仓库管理人员在核对无误的基础上，填写入库单，一联留存仓库，一联随同存货的其他凭证送交财会部门报账。

③ 存货的计价。购入的物资按照买价加运输费、装卸费等费用、运输途中的合理损耗以及相关税金等计价。生产入库的农产品和工业产成品，按生产过程中发生的实际支出计价。

（2）存货库存的管理

产品物资入库后，要根据其性质、体积和贮藏要求，实行分类保管，集中存放，防止混杂，避免变质。建立材料定量存储、包干使用、定额领用等责任制，防止不合理储备和积压。

家庭农场对存货要定期盘点核对，做到账实相符，年度终了前必须进行一次全面的盘点清查。盘盈的存货，按同类或类似存货的市场价格计入其他收入；盘亏、毁损和报废的存货，按规定程序批准后，按实际成本扣除应由责任人或者保险公司赔偿的金额和残料价值后的余额，计入其他支出。

（3）存货出库的管理

领用存货，必须填写领料单，并经有关负责人审批，然后出库，会计人员根据领料单记账核算；出售存货，先要经有关负责人审批，然后由会计人员开具凭证（发票），经保管人员签字后出库；借用存货，必须经主管领导审批，并办理借用手续，方可出库，会计人员根据借用手续记账；领用或出售的出库存货的核算，可在“先进先出法”、“加权平均法”、“个别计价法”等方法中任选一种，但是一经选定，不得随意变动。

5. 农业资产管理

（1）农业资产增加的管理

① 牲畜（禽）资产。购入的，按照购买价及相关税费计入成本；自产的，没有初始成本，不需要进行会计核算，但要搞好记录，待发生饲养费用时，再进行核算，计入该资产的成本；投资者投入的，按投资各方确认的价值计入成本；接受捐赠的，按所附发票金额加上实际发生的运输费、保险费等计价。

② 林木资产。购入的，按实际支付的购买价及相关税费计入成本；营造的，按实际投入的种子、人工等各项费用计入成本；接受捐赠的，按所附发票价格计入成本。

（2）农业资产存续期间的管理

① 牲畜（禽）资产。幼畜及育肥畜的饲养费用，予以资本化，按实际支出计入成本；幼畜成龄转作产役畜时，按实际成本结转；产役畜的饲养费用，按实际成本计入经营支出；产役畜成本摊销，将成本扣除5%净残值后的余额按直线法摊销，已提足折耗但未处理仍继续使用的产役畜不再摊销。

② 林木资产。购入或营造的经济林木投产前、非经济林木郁闭前发生的培植费用，予以资本化，增加受益林木资产的成本价值。

经济林木投产后发生的管护费用，不再予以资本化，而是作为期间费用处理，按管护费用的实际发生额，借记“经营支出”账户；非经济林木郁闭后发生的管护费用，不再予以资本化，而是作为期间费用处理，按实际发生额，计入其他支出。经济林木投产后的成本摊销，将成本扣除5%净残值后的余额按直线法摊销，已提足折耗但未处理仍继续使用的经济林木不再摊销。

（3）资产处置

出售的，按售价确认销售收入，同时按出售时资产的账面价值结转成本。

林木资产采伐出售，不作经济林木和非经济林木区分，但需经林业行政主管部门批准方可采伐出售。

对外投资的，按照合同、协议确定的价值计入投资成本，合同、协议确定的价值与资产账面价值的差额计入公积公益金。

死亡毁损的，经过批准，按照过失人及保险公司赔偿的金额计入债权，按照死亡毁损时资产的账面价值冲减成本，按二者的差额计入其他收支。

（4）农业资产管理的总体要求

① 做好跟踪记录。农业资产是具有鲜明生命特征的资产，不同的生长期阶段，对财务管理有着不同的要求，况且其价值伴随着生命历程不断变化，需要对其成长过程进行准确的记录和登记，及时提供真实完整的成长信息。根据农业资产成长的时点信息，确定会计核算、资产转换和成本推销等。

② 搞好定期核查。建立农业资产定期核查制度。主要核对记录和登记是否符合实际，各项时点的确定是否符合政策规定，成本核算是否准确，资产转换是否适宜，成本推销是否符合制度规定，成本推销是否正确。

6. 固定资产管理

家庭农场的房屋、建筑物、机器、设备、工具、器具和农业基本建设设施等劳动资料，凡使用年限在一年以上，单位价值在500 元以上的列为固定资产。有些主要生产工具和设备，单位价值虽低于规定标准，但使用年限在一年以上的，也可列为固定资产。

（1）固定资产的分类

① 按固定资产按经济用途分类。一是生产经营用固定资产，

是指直接用于生产经营或生产服务的各种固定资产，如生产经营用房屋及建筑物、机器、设备、工具、器具及农业基本建设设施等；二是非生产经营用固定资产，是指不直接用于生产经营或生产服务的各种固定资产，如浴室、医务室、俱乐部、幼儿园、学校等方面的用房、设备和游戏道具等。

② 按所有权关系分类。一是自有固定资产，是指家庭农场拥有其所有权，即拥有其产权，可以按照自己的意愿使用或处置；二是租入固定资产，是指家庭农场通过租赁的方式从外部或内部租入的固定资产。

③ 按使用情况分类。一是在用固定资产，是指正在使用中的固定资产，包括季节性停用和大修理停用的固定资产；二是未使用固定资产，是指尚未开始投入使用的各种固定资产，包括尚未投入使用的新增固定资产、待安装的固定资产、进行改建扩建的固定资产以及停止使用一定期限的固定资产；三是不需用固定资产，是指不再适用于家庭农场需要，应作处理或准备处理的各种固定资产。

（2）固定资产的计价

① 原始价值。又称原价或原值，是指家庭农场在购建某项固定资产时所发生的各项支出总额。由于固定资产的形成来源不同，其入账价值的确定方法也不同。

② 重置价值。又称重置完全价值，是指在当前生产条件和市场条件下，重新购置或建造某项固定资产所需的全部支出。

③ 净值。又称折余价值，是指固定资产的原始价值减去累计折旧后的余额。而固定资产的累计折旧是指固定资产因使用发生的有形损耗和无形损耗而减少的那一部分价值。它反映固定资产的现有价值。

④ 固定资产计价的具体处置。一是购入的固定资产，不需要安装的，按实际支付的买价加采购费、包装费、运杂费、保险费和交纳的有关税金等计价；需要安装或改装的，还应加上安装费或改装费。二是新建的房屋及建筑物、农业基本建设设施等固定资产，按竣工验收的决算价计价。三是接受捐赠的固定资产，应按发票所列金额加上实际发生的运输费、保险费、安装调试费和应支付的相关税金等计价；无所附凭据的，按同类设备的市价加上应支付的相关税费计价。四是在原有固定资产基础上进行改造、扩建的，按原有固定资产的价值，加上改造、扩建工程而增加的支出，减去改造、扩建工程中发生的变价收入计价。五是投资者投入的固定资产，按照投资各方确认的价值计价。六是盘盈的固定资产，按同类设备的市价计价。

（3）固定资产增加的管理

① 对新购置的固定资产，必须编制购置预算，批准后方可购置。家庭农场应按批准购置固定资产项目和标准使用资金。

② 对新建的固定资产，必须编制建设预算，批准后方可建设。竣工验收后，核定固定资产原值，进行登记、编号。

③ 对于投资者投入的固定资产，应核实其价值确认是否合理，有关手续、凭证是否齐全。

④ 对其他形式增加的固定资产，主要审查其价值确认是否合理，手续是否完备，程序是否合规。

（4）固定资产减少的管理

① 固定资产出售，应合理确定出售价格，按规定办理审批手续，办理好出售合同和财务手续，及时收回款项。

② 固定资产对外投资，应合理确定投资价值，按规定审批后，办理好投资手续。

③ 固定资产报废，应查明原因，按规定办理报废手续。如

因不正当原因报废的，应追查有关人员责任。财会人员应根据报废手续正确处理好账务，及时收取残值。

④ 固定资产盘亏，应填制固定资产盘亏报告表，并查明原因，以批准后作其他支出处理。

（5）固定资产出租的管理

家庭农场出租固定资产，租赁双方一定要签订租赁合同。合同内容一般包括租赁期限、租金数额、租金支付方式、使用和维护及管理的要求、违约责任和其他需要说明的事项。

对租赁者不按合同约定使用固定资产或无正当理由不及时交纳租金的，家庭农场应向其收取违约金，或将固定资产收回。

租赁者损坏的固定资产要及时修复，不能修复的要按质论价，由租赁者赔偿。

（6）固定资产折旧的管理

家庭农场必须建立固定资产折旧制度，按年或按季、按月提取固定资产折旧。

① 固定资产折旧的范围。下列固定资产应当计提折旧：一是房屋和建筑物；二是在用的机械、机器设备、运输车辆、工具器具；三是季节性停用、大修理停用的固定资产；四是融资租入和以经营租赁方式租出的固定资产。

下列固定资产不计提折旧：一是房屋、建筑物以外的未使用、不需用的固定资产；二是以经营租赁方式租入的固定资产；三是已提足折旧继续使用的固定资产；四是国家规定不提折旧的其他固定资产。

当月增加的固定资产，当月不提折旧，从下月起计提折旧；当月减少的固定资产，当月照提折旧，从下月起不提折旧。

固定资产提足折旧后，不管能否继续使用，均不再提取折旧；

提前报废的固定资产，也不再补提折旧。

② 固定资产折旧计提的依据。一是固定资产的账面原值。这是计提固定资产折旧的基数。二是固定资产的使用年限。由于很难估计固定资产的有形损耗和无形损耗，所以，固定资产的使用年限也只能预计。家庭农场一般参照其他行业的标准执行。三是固定资产的净残值。是指固定资产报废、毁损时，预计可以收回的残余价值扣除清理费用后的余额。因此，固定资产净残值也只能预计。家庭农场固定资产预计净残值率，一般在固定资产原值的5%左右。

③ 固定资产的折旧方法。可在“年限平均法”、“工作量法”等方法中任选一种，但是一经选定，不得随意变动。

（7）固定资产的日常管理

① 建立固定资产管理制度。主要包括固定资产购建制度、使用与保管岗位责任制、安全操作和维护保养制度、清查盘点制度、必要的奖惩制度等。

② 设置固定资产管理账册。主要包括固定资产明细账、总账、备查账等，建立固定资产档案。

7. 无形资产管理

家庭农场的无形资产是指家庭农场长期使用但是没有实物形态的资产，包括专利权、商标权、非专利技术等。

无形资产按取得时的实际成本计价，并从使用之日起，一般按照不超过 10 年的期限平均摊销，计入管理费用。转让无形资产取得的收入，计入其他收入；转让无形资产的成本，计入其他支出。

家庭农场应从内部加强对无形资产的核算管理，重视无形资产的核算和评估。

【阅读与思考】

家庭农场的效益账

裴艳玲家庭农场位于山西省长子县乔坡底村，于2011年开始运行，目前主要种植大棚蔬菜。我们拿种植大棚蔬菜的经济效益与普通农户进行了对比分析。

裴艳玲的家庭农场所建的蔬菜大棚是暖棚，六个棚共占地10亩。2013年种植的是黄瓜，每个棚能收获5 000千克左右，产值1.2万~1.3万元。黄瓜下架后，还可以种植一季白菜，产量达1万斤，产值可达0.7万元。这样算下来，一个大棚每年可收入2万元。

裴艳玲夫妻还算了一下大棚蔬菜的开支，共计7 800元，一个大棚的化肥农药等开支3 000元，雇工费用4 000元，土地流转费800元（一个棚平均占地1.6亩，每亩500元）。

一个大棚的净收入可达1.22万元，与周边普通大棚种植户相比少收益4 800元（即雇工费和流转费）。

临界分析：家庭农场种植多少个大棚（x）才能和普通农户（y）效益一致？$1.22x=1.7y$　$x/y=1.39$。即家庭农场种植大棚个数必须达到当地平均种植个数的1.39倍以上才能保证收益。

对比结论分析

综合对比，家庭农场单位收入与普通农户相比是一样的（亩产量相同，亩收入也相同），但从单位效益上看是低于普通农户的，主要差异在于家庭农场比普通农户多支出土地流转费、雇工费，流转土地不享受国家粮食补贴政策。但目前家庭农场总收益高于普通农户，这主要是因为家庭农场种植面积大，产生了规模经济效益。

（资料来源：周敏.家庭农场的效益账.农村经营管理，2014（10）.

思考：家庭农场除了扩大规模外还可以从哪几个方面来增加收益？

中篇 生产管理

五、生产准备

【引导性案例】

认真做好春季农业生产各项准备工作

新春伊始，马山镇强化措施，积极行动起来突出“四抓”，整顿农业生产资料市场，积极筹备，为春季农业生产做好准备。

1. 抓农资市场整顿，规范市场秩序。以春季农资市场整顿为契机，由镇工商所、派出所、农技站等部门组成联合执法组，在全镇开展打假护农专项整治行动，从源头上杜绝假冒伪劣农资坑农害农。截至目前，已对全镇 15 个农资经营点进行检查，确保了农资市场规范有序。

2. 抓农用物资的储备调运，为春季农业生产做好物资储备。及早购置了一批优质花生、杂粮种子及专用肥料、农药、地膜等质优价廉的农用物资21万余吨，以满足春耕备播需要。

3. 抓好科技推广培训，提高科学种田的能力。该镇利用当前有利时机，组织果树、蔬菜、中草药种植等农业专家，开展以农业标准化和农业良种、新技术推广为主题的专题培训，通过赶科技大集、现场指导等方式送科技到村间地头。现已举办各类技术培训班15场次，培训农民5 700余人次，受到群众的热烈欢迎。

4. 抓病虫害的综合防治，积极抗旱保苗，确保丰产、丰收。该镇加强对春季麦田病虫害的预报和测报工作，定期向社会发布病虫害测报情况简讯，加大病虫害的综合防治力度，确保今年丰产丰收。

新春伊始，为实现今年农业生产顺利增产、增收，马山镇的广大农民从节日的喜悦中走出来，投入到新的一年的工作中，积极筹备春季生产，马山镇希望的田野上一片繁忙的景象。果农们去年的雪桃喜获丰收，取得很好的利润，为了今年有个好收成，果农们春节过后忙着剪枝进行果树管理；为确保小麦的丰收，广大农民开始为小麦进行划锄、施肥、浇返青水等；农民还对春地进行翻地，整理；为方便农民，马山镇农业技术人员为农民、果农送化肥到田间地头。

（资料来源：http://forum.home.news.cn/thread/75173648/1.html）

（一）土地流转与生产区划

伴随我国工业化、信息化、城镇化和农业现代化进程，农村劳动力大量转移，农业物质技术装备水平不断提高，农户承包土地的经营权流转明显加快，发展适度规模经营已成为必然趋势。实践证明，土地流转和适度规模经营是发展现代农业的必由之路。中共中央办公厅、国务院办公厅印发《关于引导农村土地经营权有序流转发展农业适度规模经营的意见》的通知（十一）条中指出：发挥家庭经营的基础作用。在今后相当长时期内，普通农户仍占大多数，要继续重视和扶持其发展农业生产。重点培育以家庭成员为主要劳动力、以农业为主要收入来源，从事专业化、集约化农业生产的家庭农场，使之成为引领适度规模经营、发展现代农业的有生力量。分级建立示范家庭农场名录，健全管理服务制度，加强示范引导。鼓励各地整合涉农资金建设连片高标准农田，并优先流向家庭农场、专业大户等规模经营农户。

1. 家庭农场所需土地流转

（1）家庭农场所需土地的流转

① 家庭农场土地流转的一般原则。农村家庭农场土地流转应当在坚持农户家庭承包经营制度和稳定农村土地承包关系的基础上，遵循平等协商、依法、自愿、有偿的原则。农村家庭农场土地流转不得改变承包土地的农业用途，流转期限不得超过承包剩余，不得损害利害关系人和农村集体经济组织的合法权益。

② 家庭农场土地流转的主要形式。土地承包方依法取得的农村土地承包经营权，可以采取以下符合国家有关法律和政策规定的形式进行流转：

一是转让。是指承包方在非农产业就业或者有稳定的收入来源，经承包方申请和发包方同意，将部分或全部土地承包经营权让给其他从事农业生产经营的农户，由其履行相应土地承包合同的权利和义务。转让后原土地承包关系自行终止，原承包方承包期内的土地承包经营权部分或全部灭失。

二是转包。是指承包方将部分或全部土地承包经营权以一定期限转给同一集体经济组织的其他农户从事农业生产经营。转包后原土地承包关系不变，原承包方继续履行原土地承包合同规定的权利和义务。接包方按转包时约定的条件对转包方（原承包方）负责，承包方将土地交给他人代耕不足一年的除外。

三是互换。是指承包方之间为了各自需要或者方便耕种管理，通过自愿平等协商，对属于同一集体经济组织的承包地块进行交换，同时交换相应的土地承包经营权。互换后，原土地承包合同规定的权利义务可由原承包者承担，也可随互换而转移，但如果转移了，则须按规定办理相关手续。

四是入股。是指实行家庭承包方式的承包方之间，为了发展农业经济而将土地承包经营权作为股权，自愿联合从事农业合作生产经营；其他承包方式的承包方，将土地承包经营权量化为股，入股组成股份公司或者合作社等，从事农业生产经营，承包方按股分红。

五是出租。是指承包方将部分或全部土地承包经营权以一定期限租赁给他人，包括个人、集体、企业或其他组织，从事农业生产经营，出租人向承租人收取租金。出租后原土地承包关系不变，原承包方继续履行原土地承包合同规定的权利和义务。承租人按出租时约定的条件对出租人（承包方）负责。

六是其他流转方式。如农村土地承包经营权抵押、继承、代耕、准占用等方式也属于农村家庭农场土地流转的范畴，但这几种方式比较特殊，目前在流转土地中所占比例不大。实践中常见的形式有两种：一是承包方直接出租其承包地，这种形式比较方便而自由，且争议少；二是反租倒包，即由村集体以一定条件把已承包出去的土地使用权赎买回来，再以其他形式进行土地流转。这种形式便于解决抛荒等问题，但操作过程如果缺乏监督，易导致耕地占用管理失控。

③ 家庭农场土地流转合同的主要内容。依据《农村土地承包法》第三十七条的规定，家庭农场土地流转合同应当具备以下主要条款：一是流转方、受流转方的姓名、住所，当事人是农户的，户主的姓名可代表全家；二是流转土地的名称、坐落、面积、质量等级；三是家庭农场土地流转期间，即流转的年限和起止时

间；四是流转土地的用途；五是双方当事人的权利义务；六是流转价款及支付方式；七是违约责任；八是当事人约定的其他内容。

④ 农村家庭农场土地流转合同的签订。

a. 承包方与受让方经过充分协商，达成真实一致的意见。

b. 签订合同。合同采取标准格式，当事人要从当地农业行政主管部门领取农村家庭农场土地流转专用合同。流转合同要求一式四份，流转双方各执一份，发包方和乡（镇）人民政府农村土地承包管理部门各备案一份（承包方将土地交由他人代耕不超过一年的，可以不签订书面合同）。

c. 承包方委托发包方或者中介服务组织流转其承包土地的，流转合同应当由承包方或其书面委托的代理人签订；农村家庭农场土地流转当事人根据自愿的原则，决定是否向乡（镇）人民政府农村土地承包管理部门申请合同鉴证。

d. 家庭农场土地流转合同经双方签字并经当地乡（镇）政府农村经营管理机构备案（或签证）后生效。

⑤ 家庭农场土地承包经营的纠纷处理。

a. 和解、调解。《农村土地承包经营纠纷调解仲裁法》规定：农村土地承包经营发生纠纷后，可以自行和解，也可以请求村民委员会、乡（镇）人民政府等调解。当事人和解、调解不成或者不愿和解、调解的，可以向农村土地承包仲裁委员会申请仲裁，也可以直接向人民法院起诉。申请调解。当事人申请农村土地承包经营纠纷调解，可以书面申请，也可以口头申请。口头申请的，由村民委员会或者乡（镇）人民政府当场记录申请人的基本情况、申请调解的纠纷事项、理由和时间。经调解达成协议的，村民委员会或者乡（镇）人民政府应当制作调解协议书。调解协议书由双方当事人签名、盖章或者按指印，经调解人员签名并加盖调解组织印章后生效。

b. 申请仲裁。当事人申请仲裁，应当向纠纷涉及的土地所在地的农村土地承包仲裁委员会递交仲裁申请书。仲裁申请书应当载明申请人和被申请人的基本情况，仲裁请求和所根据的事实、理由，并提供相应的证据和证据来源。书面申请确实有困难的，可以口头申请，由农村土地承包仲裁委员会记入笔录，经申请人核实后由其签名、盖章或者按指印。

⑥ 家庭农场土地承包经营纠纷申请调解或仲裁的范围。因家庭农场土地承包经营发生纠纷的，可以申请调解或仲裁。这些纠纷主要包括：

a. 因订立、履行、变更、解除或终止农村土地承包合同发生的纠纷；

b. 因农村土地承包经营权转包、出租、互换、转让、入股等流转发生的纠纷；

c. 因收回或调整承包地发生的纠纷；

d. 因确认农村土地承包经营权发生的纠纷；

e. 因侵害农村土地承包经营发生的纠纷；

f. 法律法规规定的其他农村土地承包经营纠纷。因征收集体所有的土地及其补偿发生的纠纷，而又不能申请调解和仲裁的，可以通过行政复议或诉讼来解决。

因征收集体所有的土地及其补偿发生的纠纷，而又不能申请调解和仲裁的，可以通过行政复议或诉讼来解决。

面对农户承包地极其细碎的现状，要实现土地规模经营，最大的困难就是租到成方成片的耕地，并确保租期较长、相对稳定。但由于中国农村土地产权模糊和农民的惜地意识，许多农户不愿长期出租土地，致使家庭农场难以稳定地保持足够的土地经营规模。

2. 农业生产周期、轮作与土地休耕

（1）农业生产的地域性、季节性和周期性

农业生产的一切活动都与地域、季节有关，必须按季节顺序安排，地域性、季节性和周期性明显要求；因时制宜、抢季节、不误农时。

① 农业生产的地域性。在空间的分布上具有明显的地域差异，不同的地域，生产的结构品种和数量都不同。成因生产的对象是动植物，需要热量，光照，水，地形，土壤等自然条件。不同的生物，生长发育要求的自然条件不同。世界各地的自然条件，经济技术条件和国家政策差别很大形成明显的地域性要求；因地制宜。

② 农业生产的周期性和季节性。农业生产中，在时间分配上的特殊规律，即生产的一切活动都要按季节顺序进行，并有一定的变化周期。这是因为动植物的生长发育有一定的规律，并且受自然因素的影响。自然因素随季节而变化，并有一定的周期性。

农业生产的周期长，生产时间和劳动时间不一致，同时具有比较强的季节性。农业生产周期取决于动植物的生长发育周期，通常长达数月以至数年。动植物的生长发育贯穿整个生产过程，但人类的劳动并不需要持续整个生产过程。对于大多数种类的农业生产来说，农业劳动时间即人类劳动作用于劳动对象的时间，仅仅占动植物生长周期的一小部分。由于动植物生长发育的周期受温、光、水、热、气等自然条件的影响，各种农业生产的适宜时间通常固定在一定的月份，劳动时间也集中在这些月份中的某些日期。

上述情况决定了农业生产中劳动力和其他生产资料利用的

季节性、资金支出的不均衡性和产品收获的间断性。

农业生产的季节性，一方面表明根据农时安排生产的重要性，另一方面表明农户多种经营和兼业经营的必要性。多种经营和兼业经营不仅可以比较充分地利用剩余劳动力和剩余劳动时间以增加生产，同时也可以用其经营的收入弥补资金支出不均衡和农产品收获间断所造成的收支缺口。

农业生产的周期性和季节性还带来其他一些问题。在市场经济条件下，生产周期越长意味着决策时风险越大。因此，需要建立和完善能够减少决策风险的各种制度和措施，例如市场信息发布和预测、农业生产保险、农产品储备、保护价收购等。农产品大多数是鲜活产品，生产的季节性与消费的连续性存在明显的矛盾。因此，需要进行适当地保鲜贮藏和加工，以便保持其使用价值，使之符合消费者的需要。

（2）轮作

【小知识】

西瓜连作障碍

我国西瓜种植面积居世界第一，2008 年约 173.34 万公顷，总产量约 6 282.2 万吨。西瓜本身忌连作，连作一年就会有病害发生，需要轮作 8年后，才可再种植；连作障碍严重影响了西瓜的生产和市场的供应。但连作障碍是一个世界性问题。我国人均耕地面积相对较少，随着农业种植结构的调整，一些规模化、专业化种植基地的连作面积逐年增加，连作障碍日趋严重。造成连作障碍的主要原因之一是土壤质量的下降，其中土壤微生物结构、数量和种类的改变，及其酶活性的变化是影响土壤生态环境质量的重要因素。目前在西瓜种植上大多采用嫁接法，但随着连作年限增加也出现不同程度连作障碍。因此，西瓜连作的微生物区系和土壤酶活性的调整可能是其有效的对策之一。

赵萌等研究了不同连作年限西瓜大棚土壤微生物和酶的变化规律，为进一步解决西瓜连作障碍提供了依据。齐会岩等研究表明，某些微生物制剂能促进连作西瓜生长，改善生理指标。凌宁等采用根际施用微生物有机肥，能在一定程度上克服西瓜连作障碍。宋尚成等采用秸秆生物反应堆处理对修复连作土壤、改善土壤健康具有一定作用。

（资料来源：微生物学通报，2010/37（6））

① 什么是轮作？实际上，轮作是指在同一田块上有顺序地在季节间和年度间轮换种植不同作物或复种组合的种植方式，如图 5-1。如一年一熟的大豆→小麦→玉米三年轮作，这是在年间进行的单一作物的轮作；在一年多熟条件下既有年间的轮作，也有年内的换茬，如南方的绿肥—水稻—水稻→油菜—水稻→小麦—水稻—水稻轮作，这种轮作有不同的复种方式组成。因此，也称为复种轮作。

图 5-1　麦后留茬播种玉米

② 轮作的方法。常见的有禾谷类轮作、禾豆轮作、粮食和经济作物轮作，水旱轮作、草田轮作等。

③ 轮作的作用。防治病、虫、草害；均衡利用土壤养分；调节土壤肥力。是用地养地相结合的一种生物学措施。

（3）间种

① 什么是间种？实际上，在一块地上，同时期按一定行数的比例间隔种植两种以上的作物，这种栽培方式叫间种，如图 5-2 所示。

图 5-2　间种

② 间种的作用。间种的两种生物共同生长期长。

③ 间种的要求。间种往往是高棵作物与矮棵作物间种，如玉米间种大豆或蔬菜。实行间种对高作物可以密植，充分利用边际效应获得高产，矮作物受影响较小，就总体来说由于通风透光好，可充分利用光能和 CO_2，能提高 20%左右的产量。其中高作物行数越少，矮作物的行数越多，间种效果越好。一般多采用 2 行高作物间 4 行矮作物叫 2∶4 采用 4∶6 或 4∶4 也较多。间种

比例可根据具体条件来定。

（3）套种

套种，如图 5-3 所示，主要是在一种作物生长后期株行间播种或移栽后季作物的种植方式，也叫套作、串种。种上另一种作物，其共同生长的时间短。

图 5-3 套种

（4）休耕

① 什么是休耕？实际上，对肥力不足、地力较差的耕地，一定时期内不种农作物，以恢复地力。休耕常是在同一块土地上种一年作物；第二年停一年；第三年再种。

② 休耕的方法。农场主通过与政府签订合同的方式，自愿对生产严重过剩的农产品所使用的耕地实行休耕。有时候休耕并不一定是停止一年，也有可能是许多年，在这些年中，去别的土地耕作，直到这块土地恢复肥力。

③ 休耕制。在我国传统农业的早期阶段就已出现。在撂荒耕作制抛荒年限逐渐缩短到只有 1～2 年的基础上发展起来的

种耕作制度。一块地上，一年播种作物一年空闲，空闲的一年中依靠自然过程恢复地力。这一阶段中，已开始辅以人工养地措施，如少量施用有机肥等。

3. 生产区划的概念、意义、原则与方法

（1）生产区划概念

家庭农场生产用地一般区划为生产用地和辅助用地两部分。生产用地是指直接用于农业生产的土地。包括种植区（露地种植区、设施种植区、轮作休闲区）、养殖区（家畜养殖区、家禽养殖区、水产养殖区）等。辅助用地又称为非生产用地，是指非直接用于农业生产的土地，包括农田道路、排灌系统、防护林带、管理区建筑用地等。

（2）生产区划的意义

通过生产区划，能够合理地利用土地，做到“因地制宜，适地适种，适地适养”。对于平坦、肥沃的土地，适作优质良田，种植粮食作物或蔬菜；对于地形起伏或贫瘠的土地，则适宜于作养殖区或用作非生产用地。对于科学合理开发土地资源，充分利用每一块土地，发挥土地的生产潜力具有重要的意义。

（3）生产区划的原则

“因地制宜，适地适种，适地适养”是进行家庭农业生产区划的基本原则。

（4）生产区划的方法

① 面积计算。为了合理使用土地，保证育苗计划的完成，对家庭农场面积必须进行正确的计算，以便于家庭农场规划设计和建设等具体工作的进行。家庭农场的总面积包括生产用地面积和辅助用地面积两部分。

A．生产用地面积计算。计算生产用地面积，主要依据每年生产作物的种类、数量、规格及要求，结合轮作等因素。某作物所占面积之和，即为该作物所需的用地面积，各作物所需用地面积相加，再加上设施区及休闲地面积，就是家庭农场生产用地总面积。

B．辅助用地（非生产用地）面积计算。辅助用地面积一般不超过总面积的 20%～25%，大型家庭农场辅助用地占 15%～20%，中、小型家庭农场占 18%～25%。

② 家庭农场的规划设计。主要应做好以下几方面的工作：

A．家庭农场规划设计的准备工作。首先是踏勘。由设计人员会同施工、经营管理人员到已确定的家庭农场范围内进行实地踏勘和调查访问工作，了解土地的现状、历史、地势、土壤、植被、水源、交通、病虫害及周围的环境等情况，以及改造各项条件的初步意见和采取的技术措施。其次是测绘地形图。地形图是家庭农场进行规划设计的依据。在家庭农场进行规划设计前，先测量并绘制地形图。地形图比例尺要求为1∶（500～2 000），等高距为 20～50 厘米。与设计直接有关的山、丘、河、沟、湖、井、道路、桥、房屋、高压线等地上物都应尽量绘入图中。若用测绘部门已有的1∶（500～2 000）的地形图，由于地形、地物的变化，需将现有的地形图按比例进行放大、修改，使其符合实际成为设计用图。三是土壤调查。进行土壤调查，应根据家庭农场地的自然条件、地势及指示植物的分布，选定典型地区，分别挖取土壤剖面，进行详细观察、记载并取样分析。一般在野外观察记载土层厚度、土壤结构、土壤质地、酸碱度、石砾含量、地下水位等。采集土样进行室内分析主要项目为土壤有机质、机械组成、速效养分（氮、磷、钾）含量、pH、含盐量等。通过野外调查与室内分析，弄清家庭农场土壤类型、分布、肥力状况，并在地形图上绘出土壤分布图，并根据需要提出土壤改良措施。四是病、虫、草害和有害动物调查。调查家庭农场地和周围植物病虫害种类及感染程度。虫害主要是地下害虫，如金龟子、地老虎、蝼蛄、金针虫等，有害动物主要是有害鼠类，以及深根性杂草情况。病虫害调查方法通常采用挖土坑分层调查法。样坑面积1.0米^{2}坑深挖至母岩。家庭农场面积在5公顷以下挖5个土坑，6～20公顷挖6～10个土坑，21～30公顷挖11～15个土坑，31～50公顷挖16～20个土坑，50公顷以上挖21～30个土坑。小型家庭农场一般采用抽样方法，每公顷挖样方土坑10个，每个面积0.25米^2，深40厘米，统计土坑调查病虫害的种类、数量、危害植物程度、发病史和防治方法。通过调查提出病虫害防治措施。五是气象资料的收集。掌握当地的气象资料，是进行家庭农场生产管理的需要，也是进行家庭农场规划设计的需要。如各育苗区设置的方位、排灌系统的设计等，都需要气象资料为依据。因此，应向当地气象台或气象站了解有关的气象资料。

B. 家庭农场生产用地规划设计。生产用地面积是家庭农场总面积的80%左右，为了方便耕作，常将生产用地划分为若干个作业区。所以，作业区是家庭农场进行育苗生产的基本单位，其形状一般为长方形或正方形。

作业区的长度由机械化程度而定，使用大型农机具的以200～300米为宜；畜耕者以50～100米为宜。作业区宽度依家庭农场地的土壤质地与地形是否有利于排水而定，排水良好者可宽些，排水不良时要窄，一般宽40～100米。小型家庭农场的耕作区可适当缩小。

作业区的方向，应根据土地的地形、地势、坡向、主风方向和家庭农场形状等因素综合考虑，一般情况下，长方形作业区长边通常为南北向。苗木受光均匀，对生长有利。在坡度较大时，作业区的长边应与等高线平行。地形形状不规正时，可划分大小不同的作业区，同一作业区要尽可能呈规整形状。

C. 家庭农场生产用地分区的配置。种植区分为露地种植区、设施种植区、轮作休闲区等三种。露地种植区种植技术要求较高，作物幼苗对不良环境的抵抗力弱，对土壤质地、肥力和水分条件要求高，管理要求精细。所以，种植区应选择生产用地中自然条件和经营条件最好的区域。并优先满足其对人力、物力、生产设施的需求。具体应设在靠近管理区；地势较高而平坦、坡度小于2°；接近水源、排灌方便；土质优良、土层深厚、土壤肥沃；背风向阳，便于防霜冻，管理方便的区域。如果是坡地，要选择最好的坡段、坡向。设施生产区是利用温室、大棚等设施进行育苗而设置的生产区。设施育苗需要较高的投资，但具有较高的生产率和经济效益。在北方可一年四季进行育苗。该区要选择距离管理区较近、土壤条件好、比较高燥的地区，同时背风向阳，光照条件好。轮作休闲区是家庭农场中主要的作物生产用地，比较好的土壤可以作为轮作休闲区。

养殖区该区分为家畜养殖区、家禽养殖区、水产养殖区等。对土壤条件要求不高，放置在家庭农场中土壤一般的地块。

D. 辅助用地的设计。家庭农场的辅助用地（或称非生产用地）主要包括道路系统、排灌系统、防护林带及管理区建筑用地等。辅助用地是为苗木生产服务所占用的土地，进行设计时，既要满足苗木生产和经营管理上的需要，又要少占用土地。

一是道路系统的设置。家庭农场中的道路是连接各作业区之间及各作业区与管理区之间的纽带，是保障苗木生产正常进行的基础设施。道路系统的设计，应以保证车辆、机具和设备的正常通行，便于生产和运输为原则，合理设置道路系统及其路面宽度，并与排灌系统和防护林带相结合。家庭农场道路通常包括一级路、二级路、三级路和环路。在进行设计时，首先在交通方便的地方决定出入口。

对于一级路（主干道），应设置在家庭农场的中心线上，与出入口、管理区相连，能够通行载重汽车和大型耕作机具。这是家庭农场内部对外联系的主要道路，可设1条或2条相互垂直的主干道，路面宽度一般 6～8 米，要求汽车可以对开，标高应高于作业区20厘米。

对于二级路（副道、支道），由于通行载重汽车和大型耕作机具，通常与主干道垂直，与各作业区相连，根据作业区的划分设置多道，路面宽度一般4～6米，标高高于作业区10厘米。

对于三级路（步道、作业道），其为沟通各作业区的作业路，是作业人员进入作业区的道路，与二级路垂直，路面宽度一般为2米。

对于环路（环道），一般是在大型家庭农场中，为车辆、机具等回转方便在家庭农场四周防护林带内侧设立的道路，中小型家庭农场视具体情况而定，路面宽度一般4～6 米。

在设计道路时，要在保证管理和运输方便的前提下，尽量做到少占用土地。大型家庭农场通常按上述要求分三级设置。中、小型家庭农场可以少设或不设二级路，但主路不可过窄。一般家庭农场中道路的占地面积不应超过家庭农场总面积的7%～10%。

二是灌溉系统的设置。家庭农场必须有完善的灌溉系统，以保证苗木兑水分的充分供应。灌溉系统主要包括水源、提水设备和引水设施三部分。

对于水源，主要包括地面水（天然水）和地下水两类。地面水指河流、湖泊、池塘、水库等。地面水取用方便，水温与作业区土温相近，水质较好，且含有部分养分，对苗木生长有利，可直接用于家庭农场灌溉。但要注意检测水质，避免水质污染对苗木造成危害。而以无污染又自流的地面水灌溉最为理想。地下水指泉水、井水等，其矿化物较多，硬度较大，水温较低，最好建蓄水池存水，以提高水温，再用于灌溉。在条件允许的情况下，水井应设在地势较高的地方，便于地下水提到地面后自流灌溉。同时水井设置要均匀分布在家庭农场各区，以缩短引水和送水的距离。

对于提水设备，目前多使用水泵提取地面水或地下水。水泵规格的大小，应根据灌溉面积和用水量的大小确定。如安装喷灌设备，则要用 5 千瓦以上的高压潜水泵提水。

对于引水设施，有地面渠道引水和地下管道引水两种形式。渠道引水土筑地面渠道引水是沿用已久的传统引水形式。因其修建简便，投资少，建造容易，目前有的地方仍在使用，但占地多、蒸发量大、渗漏量大、水流速度慢，引水时须注意经常维修。为了提高流速、减少渗漏的，可对其加以改进，如在水渠的沟底及两侧加设水泥板或做成水泥槽，也有的家庭农场采用瓦管、竹管、木槽等管道。引水渠道一般分为三级：一级渠道（主渠）是把水由水源直接引出的渠道，是永久性的，主渠一般顶宽为 1.5～2.5 米。二级渠道（支渠）是把水由主渠引向各作业区的渠道，通常也是永久性的，顶宽为 1～1.5 米。三级渠道（毛渠）是临时性的小水渠，一般渠顶宽度为 1 米以下。主渠和支渠是用来引水和送水的，渠底应高于地面，毛渠则直接向家庭农场灌溉，不宜设置过高，渠底应与地面平或略低于地面，以免灌水带入泥沙冲入畦中，埋没幼苗。各级渠道的设置应与各级道路相配合，干道配主渠，支道配支渠，步道配毛渠，使家庭农场的区划整齐。渠道方向与作业区方向一致，且各级渠道常成垂直设计，即支渠与主渠垂直，毛渠和支渠垂直，同时毛渠又与苗木栽植行垂直，以利灌溉。灌溉的渠道还应有一定的坡降，以保证一定的水流速度，但坡度也不宜过大，否则易出现冲刷现象。一般渠道的坡度应保持在1/1 000～4/1 000之间，土质黏重的地段坡度可大些，但不超过7/1 000，渠道边坡一般为45°。在地形变化较大、落差过大的地方应设跌水构筑物，通过排水沟或道路时可设渡槽或虹吸管。引水渠道占地面积一般为家庭农场总面积的1%～5%。

管道引水是将水源通过埋入地下的管道引入作业区进行灌溉的形式。管道引水主管和支管均埋于地下，不占用土地，也便于机械化作业。通过管道引水可实施喷灌、滴灌等节水灌溉技术。喷灌是通过地上架设喷头，将水喷射到空中，形成细小雾状水滴降落地面的灌溉技术。滴灌是通过铺设于地面滴灌管道系统把水输送到苗木根生长系范围的地面，从滴灌滴头将水滴或细小水流缓慢均匀地施于地面，渗入苗木根际的灌溉技术。采用这两种节水灌溉技术，可避免地表径流和水分的深层渗漏，比地面灌溉节水效果显著，一般节水20%～40%，灌溉效果好，节省劳力，工作效率高；能够减少对土壤结构的破坏，保持土壤原有的疏松状态；可结合施肥、喷药、防治病虫等抚育措施；同时调节小气候，增加空气湿度，有利于苗木的生长。但投资较大。管道引水采用节水灌溉技术，在水资源匮乏地区是家庭农场灌溉的发展方向。在有条件的情况下，今后建圃应尽量采用管道引水灌溉形式。

三是排水系统的设置。家庭农场应重视排水系统建设，在地势低、地下水位高、降水量多的地区尤其重要。排水系统一般分为大排水沟、中排水沟、小排水沟三级。排水沟的宽度、深度、位置应根据家庭农场地的地形、土质、雨量、出水口的位置等因素综合决定，并且保证雨后尽快排除积水，同时要尽量少占土地。排水沟的边坡应略大于与渠道，一般为3/1 000～6/1 000。大排水沟应设在家庭农场地最低处，直接通入河流、湖泊或城市排水系统；中、小排水沟通常设在路旁；作业区内的小排水沟与小区步道相结合。在地形、坡向一致时，排水沟和灌溉渠往往各居道路一侧，形成沟、路、渠整齐并列，这是比较合理的设置，既利于排灌，又区划整齐。排水沟与路、渠相交处应设涵洞或桥梁。大排水沟一般宽 1 米以上，深 0.5～1 米；作业区内小排水沟宽0.3 米，深 0.3～0.6 米。有的在家庭农场四周设置较深的截水沟，防止外水入侵、排除内水，效果较好。排水系统占地一般为家庭农场总面积的 1%～5%。

四是防护林带的设置。为了避免苗木遭受风沙危害，降低风速，减少地面蒸发和苗木蒸腾，创造良好的小气候条件和适宜的生态环境，家庭农场应设置防护林带。防护林带的设置规格，依家庭农场面积的大小和风害的程度而定。一般小型家庭农场在主风方向垂直设一条防护林带；中型家庭农场在四周设防护林带；大型家庭农场除在四周设防护林带外，在内部干道和支道两侧或一侧设辅助防护林带。一般防护林带的防护范围为树高的 15～20 倍，可据此设置辅助防护林带。

防护林带结构以乔木、灌木混交的疏透式为宜，既可减低风速又不因过分紧密而形成回流。林带宽度和密度依家庭农场面积、气候条件、土壤和树种特性而定，一般主林带宽 8～10 米，株距 1.0～1.5 米，行距 1.5～2.0 米；辅助林带由 1～4 行乔木组成。林带的树种选择，应尽量选用当地适应性强、生长迅速、树冠高大、寿命较长的乡土树种，同时注意速生与慢生、常绿与落叶、乔木与灌木、寿命长与寿命短的树种相结合，亦可结合采种、采穗母树和有一定经济价值的树种，如用材、蜜源、油料、绿肥等，以增加收益。但注意不要选用苗木病虫害中间寄生的树种和病虫害严重的树种。家庭农场中防护林带的占地面积为家庭农场总面积的5%～10%。

五是家庭农场管理区的设置。该区包括房屋建筑和家庭农场内场院两部分。房屋建筑主要包括办公室、食堂、宿舍、仓库、种子贮藏室、工具房、车库等；家庭农场内场院主要包括假植场、积肥场、晒场、运动场等。家庭农场管理区应设在交通方便、地势高燥、接近水源、电源的地方或不适合育苗的地方。大型家庭农场最好设在家庭农场的中心，以方便整个家庭农场的经营管理。中、小型家庭农场一般在靠近家庭农场出入口的地方。积肥场、猪圈等要设在较隐蔽和便于运输的地方。本区的占地面积为家庭农场总面积的1%～2%。

（二）劳动力的雇佣与培训

1. 家庭农场生产经营所需劳动力的预测

家庭农场是以经营者家庭的成员为主要劳动力的。但是，更必须注意到，这个“主要劳动力”的概念绝不是“人力劳动”，因为以家庭农场的规模而言，绝不可能靠三四口之家完成，必须依靠大量的农业机械来完成。所有我们看到国外的家庭农场，必然拥有数量较多、功能配套齐全的农业机械。像法国，全国约50万个家庭农场，户均劳动力1.5人，主要劳动靠机械。家庭农场的成员要做的，只是操作机械，甚至是电脑遥控机械，绝不可能靠自己亲自“躬耕于田亩”。所以，家庭农场的建立，必须以全面的机械化为基本标志。

需要注意的是，机械化的概念必须从传统的大田作业机械转变出来，畜牧机械、果园机械、蔬菜机械等，已经层出不穷，大大减轻了劳动强度，提高了劳动效率。像一些发达的养牛场，从饲喂到挤奶再到奶品储藏，基本上实现了全程机械化和电脑操作。二战后德国的家庭农场平均养活人口从10人增加到150人，机械化在效率提高中发挥了至关重要的作用。如果再从这个角度讲，家庭农场的主要劳动力，其实更像是脑力工作者，或者农业企业的管理者，绝不是一线员工。像美国的农民们差不多都是多面手，不但会种地，还会修理和操纵各种机械，同时也懂会计和投资。

【典型案例】

一个家庭农场经营只需三个人

一位叫作约翰斯顿的美国农场主，他是如何经营家庭农场的。约翰斯顿的爷爷1913年来到美国，一生都是和土地打交道。而约翰斯顿的父亲继续在爷爷留下的大片土地上耕耘。到了约翰斯顿时代，他自己经营的农场面积达到3 200英亩（1英亩=4 047米^2）。同时约翰斯顿还拥有 2 400 英亩的土地，但为提高生产效率，约翰斯顿将这 2 400 英亩土地租给其他人用来生产农产品。一年下来，约翰斯顿自己经营的土地收获小麦3 900吨，油菜2 500吨，大麦1 400吨。这样的农产品收获可以生产出1 300万条面包，120万升菜籽油，4万桶啤酒。年产值超过200万美元，而利润也不薄。经营这么大的农场需要多少人呢？一共只有三个人，约翰斯顿领头，雇佣两名农业工人，就一切都搞定了。约翰斯顿和这两名工人一年工作的时间约为9个月，在播种和收获繁忙时期，约翰斯顿会再雇几个人临时来帮忙，但这样的工作时间很短。

（资料来源：http://money.cnfol.com/130325/160,1538,14702768,00.shtml）

2. 劳动力的雇佣

家庭农场以家庭成员为主要劳动力，在关键农时环节，选需要临时性雇佣劳动力。如播种、生长期田间管理、成熟季节的采收、采后贮藏等环节，在中国农业机械还不发达、还不齐全的状况下，需要长期的少量雇佣劳动力来做辅助劳动。劳动力的雇佣有两种：一种是雇佣技术管理人员，主要从事家庭农场种养业的技术及管理，甚至是销售及售后服务。一种是一线的操作人员，即家庭农场的技术工人。雇佣劳动力的方式有：①在劳动地附近的劳动力市场雇佣。②在大专院校毕业生中选用。③业内圈中朋友介绍等。家庭劳动力雇佣要依据家庭农场的专业类别、经营水平等情况，合理雇佣劳动力。

3. 劳动合同

家庭农场在雇佣劳动力后，需要与雇佣者签订劳动合同，以规范双方的责任与义务。劳动合同签订的依据是《中华人民共和国劳动合同法》（以下简称：《劳动合同法》）。

（1）劳动合同的订立

《劳动合同法》第七条规定：用人单位自用工之日起即与劳动者建立劳动关系。

《劳动合同法》第十条规定建立劳动关系，应当订立书面劳动合同。已建立劳动关系，未同时订立书面劳动合同的，应当自用工之日起一个月内订立书面劳动合同。用人单位与劳动者在用工前订立劳动合同的，劳动关系自用工之日起建立。

《劳动合同法》第十一条规定用人单位未在用工的同时订立书面劳动合同，与劳动者约定的劳动报酬不明确的，新招用的劳动者的劳动报酬按照集体合同规定的标准执行；没有集体合同或者集体合同未规定的，实行同工同酬。

《劳动合同法》第十二条规定劳动合同分为固定期限劳动合同、无固定期限劳动合同和以完成一定工作任务为期限的劳动合同。

《劳动合同法》第十六条规定劳动合同由用人单位与劳动者协商一致，并经用人单位与劳动者在劳动合同文本上签字或者盖章生效。劳动合同文本由用人单位和劳动者各执一份。

（2）劳动合同的主要内容

劳动合同应当具备以下条款：①用人单位的名称、住所和法定代表人或者主要负责人；②劳动者的姓名、住址和居民身份证或者其他有效身份证件号码；③劳动合同期限；④工作内容和工作地点；⑤工作时间和休息休假；⑥劳动报酬；⑦社会保险；⑧劳动保护、劳动条件和职业危害防护；⑨法律、法规规定应当纳入劳动合同的其他事项。

（3）劳动合同的终止

《劳动合同法》第四十四条规定有下列情形之一的，劳动合同终止：①劳动合同期满的；②劳动者开始依法享受基本养老保险待遇的；③劳动者死亡，或者被人民法院宣告死亡或者宣告失踪的；④用人单位被依法宣告破产的；⑤用人单位被吊销营业执照、责令关闭、撤销或者用人单位决定提前解散的；⑥法律、行政法规规定的其他情形。

4. 劳动力的培训

开展新型职业农民教育培训是国家的既定方针。中共中央办公厅、国务院办公厅印发《关于引导农村土地经营权有序流转发展农业适度规模经营的意见》指出：要制定专门规划和政策，壮大新型职业农民队伍。整合教育培训资源，加大对专业大户、家庭农场经营者等培养培训力度。努力构建新型职业农民和农村实用人才培养、认定、扶持体系，建立公益性农民培养培训制度，探索建立培育新型职业农民制度。

家庭农场有不同的经营专业，有的以种植业为主，有的以养殖业为主，有的是种养加一条龙式的综合性家庭农场。目前，劳动力的文化及专业素质各不相同，劳动技能熟练程度差异性大。因此，家庭农场在完成劳动力雇佣后，需要对雇佣劳动力进行专业培训，以适应家庭农场生产经营之需求。

（1）培训的原则

一般来说，家庭农场开展劳动力培训的原则有：

① 按需培训。即按照家庭农场的专业、经营、管理需求，进行劳动力的培训，使其能够具备胜任该工作岗位能力。

② 按人培训。依据雇佣劳动力的专业素质状况，进行专门的培训，使其达到家庭农场生产经营的需求水平。

③ 常规培训。为了提高家庭农场的经营管理水平，需要对雇佣劳动力进行新技术、新工艺、新产品生产与经营管理等方面进行培训。

（2）培训的方式

① 送出去。把雇佣劳动力送到人才培训学校进行专门的技术工艺等培训。

② 迎进来。把具备高级农业生产经营的专家请到家庭农场来，对雇佣劳动力进行专门的培训。

5. 劳动工资

（1）几个概念

① 劳动。通常是指能够对外输出劳动量或劳动价值的人类运动，劳动是人维持自我生存和自我发展的唯一手段。按照传统的劳动分类理论，劳动可分为脑力劳动和体力劳动两大类。劳动是人类运动的一种特殊形式。

② 正常劳动。《最低工资规定》（中华人民共和国劳动和社会保障令第 21 号）规定，正常劳动是指劳动者按依法签订的劳动合同约定，在法定工作时间或劳动合同约定的工作时间内从事的劳动。劳动者依法享受带薪年休假、探亲假、婚丧假、生育（产）假、节育手术假等国家规定的假期间，以及法定工作时间内依法参加社会活动期间，视为提供了正常劳动。

③ 工资。《中华人民共和国劳动法》规定，工资是指用人单位依据国家有关规定或劳动合同的约定，以货币形式直接支付给本单位劳动者的劳动报酬，一般包括计时工资、计件工资、奖金、津贴和补贴、延长工作时间的工资报酬以及特殊情况下支付的工资等。

④ 劳动报酬。它是劳动者付出体力或脑力劳动所得的对价，体现的是劳动者创造的社会价值。用人单位在生产过程中支付给劳动者的全部报酬包括三部分：一是货币工资，用人单位以货币形式直接支付给劳动者的各种工资、奖金、津贴、补贴等；二是实物报酬，即用人单位以免费或低于成本价提供给劳动者的各种物品和服务等；三是社会保险，指用人单位为劳动者直接向政府

和保险部门支付的失业、养老、人身、医疗、家庭财产等保险金。

⑤ 最低工资标准。《最低工资规定》（中华人民共和国劳动和社会保障令第21号）规定，最低工资标准是指劳动者在法定工作时间或依法签订的劳动合同约定的工作时间内提供了正常劳动的前提下，用人单位依法应支付的最低劳动报酬。

（2）相关法律

①《劳动合同法》第十一条规定，用人单位未在用工的同时订立书面劳动合同，与劳动者约定的劳动报酬不明确的，新招用的劳动者的劳动报酬应当按照集体合同规定的标准执行；没有集体合同或者集体合同未作规定的，用人单位应当对劳动者实行同工同酬。

②《劳动合同法》第十条明确规定，建立劳动关系，应当订立书面劳动合同。已建立劳动关系，未同时订立书面劳动合同的，应当自用工之日起一个月内订立书面劳动合同。第十七条规定，劳动合同中应当具备“劳动报酬”的条款。劳动合同是劳动者与用人单位确立劳动关系、明确双方权利和义务的协议。劳动合同中记载着劳动合同期限、工作内容、工作地点、工作时间以及劳动报酬等重要事项，是用人单位与劳动者履行劳动合同的依据，也是发生劳动争议时的有力证据。其中的劳动报酬，作为劳动合同的核心内容，是满足劳动者及其家庭成员物质文化生活需要的主要来源，也是劳动者付出劳动后应该得到的回报。

（3）关于最低工资

① 如果用人单位向劳动者支付的工资低于最低工资标准，将受到处罚，而且人力资源社会保障行政部门要责令其限期补发所欠劳动者工资，并支付劳动者赔偿金。

② 劳动者如何利用最低工资规定保护合法权益？一是在签

订劳动合同时，要求用人单位明确工资标准，防止低于最低工资标准。二是要按规定完成工作任务，并履行好工作考勤、领取工资手续。三是妥善保存工资记录，当用人单位侵犯自己最低工资权益时，应及时向当地劳动保障部门、工会等部门举报，也可以到当地劳动争议仲裁机构申请仲裁。

③ 法定年休假、探亲假、婚假、丧假、产假、哺乳假等假期，应受最低工资规定保护。这些假期是国家赋予劳动者应享受的休息休假权利，应视为劳动者提供了正常劳动并适用最低工资规定。

④ 延长工作时间工资与最低工资的关系。最低工资是劳动者在法定工作时间或依法签订的劳动合同约定的工作时间内，提供正常劳动应获得的最低工资报酬。用人单位因工作需要安排劳动者加班，须依法另外支付加班加点工资，加班加点工资是对劳动者超额劳动的补偿，不应计算在最低工资标准之内。

安排劳动者在日法定工作时间以外延长劳动时间、休息日和法定节假日加班的，应按《劳动法》有关规定，分别支付相当于劳动者本人或小时工资标准150%、200%、300%的加班工资。

⑤ 计件工资与最低工资的关系。实行计件工资制的用人单位必须在科学合理劳动定额的基础上，确定基本计件单价和超额计件单价。基本计件单价应根据法定工作时间内绝大多数劳动者能够完成的正常劳动量确定。劳动者提供正常劳动并按基本计件单价计算的工资不得低于最低工资标准。

⑥ 最低工资和社会保险费的关系。用人单位依法缴纳社会保险费，是用人单位的法定义务，不得因此抵扣最低工资标准。劳动者个人应当缴纳的社会保险费和住房公积金，可包含在最低工资标准之内。

⑦ 用人单位应如何执行最低工资规定？一是必须与劳动者平等协商签订劳动合同，其约定的工资标准不能低于最低工资标准。二是用人单位应在最低工资标准发布后 10 日内将该标准向本单位全体劳动者公示，不得向职工隐瞒。三是劳动者提供了正常劳动，必须以法定货币形式按时足额支付劳动者工资。

⑧ 最低工资应包括哪些项目？实际上，按国家规定，以下各项应当在最低工资标准以外，由用人单位另行支付：一是延长工作时间的加班加点工资；二是中班、夜班、高温、低温、井下、有毒有害等特殊工作环境、条件下的津贴；三是法律、法规和国家、省规定的劳动者应当享受的福利待遇。主要包括：对劳动者进行培训的费用；按国家劳动安全卫生规定发给劳动者的费用和用品，以及企业自身规定的工作用品（如工作着装等）；按国家住房制度改革规定由用人单位为劳动者缴纳的住房公积金；用人单位为劳动者支付的医疗卫生费、丧葬抚恤救济金、探亲路费、计划生育补贴、生活困难补助、冬季取暖补贴、防暑降温费等。

⑨ 最低工资标准的适用范围。《最低工资规定》（中华人民共和国劳动和社会保障令第 21 号）适用于在中华人民共和国境内的企业、民办非企业单位、有雇工的个体工商户（以下统称用人单位）和与之形成劳动关系的劳动者。国家机关、事业单位、社会团体和与之建立劳动合同关系的劳动者，依照本规定执行。

6. 劳动保障

（1）建立劳动保障制度

《劳动合同法》第四条规定：用人单位应当依法建立和完善劳动规章制度，保障劳动者享有劳动权利、履行劳动义务。用人单位在制定、修改或者决定有关劳动报酬、工作时间、休息休假、劳动安全卫生、保险福利、职工培训、劳动纪律以及劳动定额管理等直接涉及劳动者切身利益的规章制度或者重大事项时，应当经职工代表大会或者全体职工讨论，提出方案和意见，与工会或者职工代表平等协商确定。在规章制度和重大事项决定实施过程中，工会或者职工认为不适当的，有权向用人单位提出，通过协商予以修改完善。用人单位应当将直接涉及劳动者切身利益的规章制度和重大事项决定公示，或者告知劳动者。

（2）劳动保险的种类

《中华人民共和国社会保险法》第二条规定国家建立基本养老保险、基本医疗保险、工伤保险、失业保险、生育保险等社会保险制度，保障公民在年老、疾病、工伤、失业、生育等情况下依法从国家和社会获得物质帮助的权利。劳动保险的种类主要有：一是基本养老保险，二是失业保险，三是工伤保险，四是基本医疗保险，五是意外伤害保险，六是女员工需缴纳生育保险，七是住房公积金。以上除了住房公积金是可以有选择性缴纳外，其他都是强制性缴纳的保险。

（三）农用生产资料的选择与购置

1. 肥料的选择与购买

（1）植物营养基本知识

植物的生命活动需要多种营养元素，缺乏营养，苗木将发育不良，不能健康生长，严重时导致植物死亡。因此，施肥是为作物生长提供营养元素的重要手段。组成植物体干物质的化学元素主要有碳（C）、氢（H）、氧（O）、氮（N）、磷（P）、钾（K）、硫（S）、钙（Ca）、镁（Mg）、铁（Fe）、锰（Mn）、硼（B）、铜（Cu）、锌（Zn）、钴（Co）、钼（Mo）16种元素。这些元素中，植物对碳、氢、氧、氮、磷、钾、硫、钙、镁等需求量最多，故这些元素称之为大量元素；植物对锰、硼、铜、锌、钴、钼等需求量很少，故称之为微量元素。铁从植物的需求量来看，比镁少得多，比锰大几倍，所以有时候称它为大量元素，有时称它为微量元素。苗木对氮、磷、钾需要量最多，而这三种元素在土壤中含量又较少，植物常感不足，故一般称氮、磷、钾为肥料三元素。苗圃施肥之所以能提高苗木产量和质量，这不仅是给苗圃增加营养元素，还能引起一系列改良土壤作用。

（2）常见肥料的种类、性质及用途

肥料的分类方法和种类很多，成分性质差别也很大。一般可分为有机肥料、无机肥料和微生物肥料。有机肥料又叫农家肥，如厩肥、沼气肥、饼肥、泥肥、绿肥、圈肥和堆肥等；无机肥料又叫化学肥料，比如氮肥、磷肥、钾肥、复混肥等等；微生物肥料主要功能是改善植物营养条件的肥料，不能直接供给养分。根据不同的施用措施还要以分为基肥、追肥、种肥和叶面肥等。

① 有机肥料。以含有有机物为主的肥料叫作有机肥。如堆肥、厩肥、绿肥、人粪尿、家禽粪等。有机肥料含有多种元素，称之为完全肥料。因为有机质要通过土壤微生物分解，才能被植物吸收利用，肥效持久，所以又称为缓效肥料。一般用做基肥。有机肥料的施用有以下几个优点：一是有机质含量高因有机质含量高，施用后能改善土壤理化性状，增强土壤保水、保肥、供肥的能力。二是有益微生物含量高进入土壤后，有机肥内含多种有机介质在土壤中可增加多种功能性微生物的生长，在这些微生物的繁殖过程中产生大量的次生代谢产物，促使有机物的分解转化，能直接或间接为作物提供多种营养和刺激性物质，促进和调

控作物生长。同时，在作物根系形成的优势有益菌群能抑制有害病原菌繁衍，增强作物抗逆抗病能力。三是营养元素全面、肥效持久内含所氮、磷、钾等大量营养元素和镁、锰、硼、锌等微量元素，其中氮、磷、钾总含量要大于 8%，在有益土壤微生物和有机胶体的作用下，使施用的各种肥料利用率提高，作用持久，能保持 2～3 年的时间。四是减少环境污染对人、畜、环境安全、无毒，是一种环保型肥料。有机肥料所起的这些作用是无机肥料所没有的，它是提高土壤肥力，提高苗木质量与合格苗产量不可负缺少的肥料。有机肥的施用，不仅改良土壤，活化土壤中的有益微生物，更重要的是节省能源，减轻环境的污染。使用一些生物有机肥，不但可免去传统制作有机肥的烦琐过程，而且可为土壤提供大量的有益微生物，活化土壤养分，减少连作障碍。

② 无机肥料。其又称化学肥料或矿物质肥料。包括氮、磷、钾、颗粒肥料、复合肥和微量元素肥料等。大部分是工业产品，不含有机质，营养元素含量高，主要成分能溶于水或容易变为能被植物吸收的成分，肥效快，属于速效肥。一般用做追肥。一般来说，氮肥常有硫酸铵、碳酸氢铵、氯化铵、硝酸铵、氨水和尿素等。主要作用是促使作物的茎，叶生长茂盛，叶色浓绿。磷肥常有的有水溶性磷肥，如过磷酸钙；弱酸溶性磷肥，如钙镁磷肥和难溶性磷肥，如磷矿粉。主要作用是促使作物根系发达，增强抗寒抗旱能力；促进作物提早成熟，穗粒增多，籽粒饱满。钾肥常用的有氯化钾、硫酸钾、草木灰等。使作物生长健壮，茎秆粗硬，增强病虫害和倒伏的抵抗能力；促进糖分和淀粉的生成。颗粒肥料又叫粒状肥料，用硫酸铵、过磷酸钙和硫酸钾或其他钾盐，与以过干燥粉碎的泥炭土按比例配合，加热而制成。因肥料养分被泥炭的腐殖质胶体所吸收，在土壤中养分淋失较少，减少了土

壤的固定，提高了肥效而且持久。复合化肥又叫多质化肥或多元化肥，肥料中含有2种或2种以上的大量元素的化学营养元素。如磷酸二铵含有氮和磷两种元素；硝酸钾含有氮和钾2种元素。现又有用氮、磷和钾等制成各种类型的复合化肥。这种复合化肥有效成分虽然是水溶性的，但是溶解缓慢，具有长期供苗木吸收利用的效果。复合肥的施用应尽可能避免地表撒施，应深施覆土。微量元素肥料微量元素是指自然界中含量很低的一种化学元素。部分微量元素具有生物学意义，是植物和动物正常生长和生活所必需的，称为“必需微量元素”或者“微量养分”，通常简称“微量元素”。必需的微量元素在植物和动物体内的作用有很强的专一性，是不可缺乏和不可替代的，一般土壤中的含量能满足苗木的生长需要，所以不作为必需的肥料，但是当供给不足时，苗木往往表现出特定的缺乏症状，质量下降，严重时可能死亡。到目前为止证实作物所必需的微量元素有锌、硼、锰、钼、铁、铜、氯等七种。这些元素经过工厂制造的肥料叫微量元素肥料。如硫酸锌叫锌肥，硼砂、硼酸叫硼肥，硫酸锰叫锰肥，钼酸铵叫钼肥，硫酸铜叫铜肥，硫酸亚铁叫铁肥等。

③ 微生物肥料。它是利用土壤中对苗木生长有益的微生物，经过培养而制成的各种菌剂肥料的总称。一般用做基肥。微生物肥料的种类很多，如果按其制品中特定的微生物种类可分为细菌肥料（如根病菌肥、固氮菌肥）、放线菌肥（如抗生菌类、5406）、真菌类肥料（如菌根真菌）等。按其作用机理又可分为根瘤菌肥料、固氮菌肥料、解磷菌类肥料、解钾菌类肥料等：按其制品中微生物的种类又可分为单纯的微生物肥料和复合微生物肥料。

微生物肥料的功效，概括起来有以下三个方面：一是增加土壤肥力这是微生物肥料的主要功效之一。如各种自生、联合、共生的固氮微生物肥料，可以增加土壤中的氮素来源，多种解磷、解钾微生物的应用，可以将土壤中难溶的磷、钾分解出来，从而能为作物吸收利用。二是产生激素类物质多数的菌类生物可以产生激素类物质刺激作物生长，许多用作微生物肥料的微生物还可产生植物激素类物质，能刺激和调节作物生长，使植物生长健壮，营养状况和得到改善。三是生物防治作用可以对有害微生物的生物防治作用，由于在作物根部接种微生物肥力，微生物在作物根部大量生长繁殖，在为作物根际的优势菌，限制了其他病原微生物的繁殖机会。同时有的微生物对病原微生物还具有拮抗作用，起到了减轻作物病害的功效。

④ 稀土微肥。稀土是指化学元素周期表中的镧系元素及和镧系元素化学性质相似的钪等共 17 种元素的总称。在苗木上用作肥料，因其用量少，故称为稀土微肥。对苗木的作用主有表现在能增强苗木根系的生物活性，提高苗木叶绿素含量和光合作用强度，能促进苗木对矿质元素的吸收。在生产上使用方法主要用于浸种和叶面喷施。

（3）肥料的购买

① 如何识别真假化肥？一是外观鉴别。如氮肥外观一般都是白色或淡黄色的结晶，钾肥为白色或肉红色结晶，都略有吸湿性；从化肥在水中的反应或溶解度来鉴别；通过灼热反应来鉴别，一般化肥通过灼热都有些变化，如散发气味等；通过化肥在碱溶中反应的现象来鉴别，如放出氨气味，出现沉淀等。

A．尿素：外观为白色，球状颗粒，总氮含量≥46.0%，容易吸湿，吸湿性介于硫酸铵与硝酸铵之间。尿素易溶于水和液氨中，纯尿素在常压下加热到接近熔点时，开始显现不稳定性，产生缩合反应，生成缩二脲，对作物失去肥效。如在炉子上放一块干净的铁片，将尿素颗粒放在上面，可见尿素很快熔化并挥发掉，同时冒有少量白烟，可闻到氨味。

B. 硫酸铵：外观为白色或浅色之结晶，氮含量≥20.8%（二级品）。硫酸铵易吸潮，易溶于水，水溶液显酸性，与碱类作用放出氨气，当硫酸铵在火上加热时，可见到缓慢地熔化，并伴有氨味放出。

C. 硝酸铵：外观为白色，无肉眼可见的杂质，农业品允许带微黄色。总氮含量≥34.4%（Ⅱ级）。硝酸铵具有很强的吸湿性和结块性，其水溶液在温度发生变化时，会发生重结晶现象，对热的作用十分敏感，大量的硝酸铵受热易分解，可发生燃烧现象，以致爆炸，并伴有白烟产生，可闻到氨气味，水溶液呈酸性。

D. 氯化铵：外观为白色晶体，农业品允许带微黄色，氮含量≥25.39%，易溶于水，在水中溶解度随温度升高而显著提高，水溶液呈酸性。氯化铵吸水性强，易结块，将少量氯化铵放在火上加热，可闻到强烈的刺激性气味，并伴有白色烟雾，氯化铵会迅速熔化并全部消失，在熔化的过程中可见到未熔部分呈黄色。

E. 碳酸氢铵；外观为白色或微灰色结晶，有氨气味，氮含量≥16.80%（二级）。吸湿性强，易溶于水，水溶液呈弱酸性。简易鉴别碳酸氢铵时，可用手指拿少量样品进行摩擦，即可闻到较强的氨气味。

F. 过磷酸钙；外观为深灰色、灰白色、浅黄色等疏松粉状物，块状物中有许多细小的气孔，俗称“蜂窝眼”。有效五氧化二磷含量≥12.0%（合格品Ⅱ）。稍带酸味，是一种酸性化学肥料，对碱的作用敏感，易失去肥效。一部分能溶于水，水溶液呈酸性。一般情况下吸湿性较小，如空气湿度达到80%以上时有吸湿现象，结成硬块。加热时不稳定，可见其微冒烟，并有酸味，当温度高于 120℃时，磷酸二氢钙就失去结晶水转变为无水磷酸二氢钙，水溶性五氧化二磷逐渐减少，当温度高于 150℃时，无水磷酸二氢钙又失去水，转化为对作物没有肥效的焦磷酸钙，温度再高，焦磷酸钙又转变为偏磷酸钙。

G. 钙镁磷肥；外观为灰白色、灰绿色或灰黑色粉末，看起来极细，在阳光的照射下，一般可见到粉碎的、类似玻璃体的物体存在，闪闪发光。有效五氧化二磷含量≥12.0%（合格品）。不溶于水，不易流失，不吸潮，无毒性，无腐蚀性，在火上加热时，看不出变化。

H. 复混肥料：外观应是灰褐色或灰白色颗粒状或柱状产品，无可见机械杂质存在。有的复混肥料中伴有粉碎不完全的尿素的白色颗粒结晶，或在复混肥料中尿素以整粒的结晶单独存在。三元低浓度复混肥总养分≥25%；二元低浓度复混肥总养分≥20%，其中单一养分含量不得低于 4%。复混肥稍有吸湿性，吸潮后复混肥颗粒易粉碎，无毒、无味、无腐蚀性，仅能部分溶于水。复混肥料加热时，可见到白烟产生，并可闻到氨的气味，不能全部熔化。

I. 硫酸锌：外观为白色或微带颜色的针状结晶。硫酸锌的锌含量应≥21.8%。硫酸锌易溶于水，其水溶液显酸性。目前，硫酸锌的质量问题很多，农民群众在购买时一定要慎重。目前市场上大量销售的“镁锌肥”、“铁锌肥”，含锌量只有真正锌肥的 20%左右，是一种质量差、价格高，肥效低的锌肥，请大家购买时一定要认清商品名称。

J. 磷酸二氢钾：外观为白色结晶。磷酸二氢钾含量应≥92.0%（以干基计）。磷酸二氢钾易溶于水，水溶液呈酸性。目前，磷酸二氢钾的包装标志很乱，一些厂家采用欺骗手法，以磷酸二氢钾铵或混合肥料冒充磷酸二氢钾，其手法如下：磷酸二氢钾几个字写得很大，“铵”字写得很小；包装袋右上方标上小字“高效复合肥Ⅰ（Ⅱ）型”，中间则用大字标上磷酸二氢钾；磷酸二氢钾Ⅱ型。这三种情况，在说明中均标明了该肥料由氮、磷、钾组成。众所周知，磷酸二氢钾只含磷钾，并不含氮，国家标准中磷酸二氢钾没有Ⅰ、Ⅱ型之分。以上几种情况均属欺骗行为，希望农民朋友在购买化肥时千万小心，谨防上当！

二是“三看法”。即一看包装。正规企业生产的肥料，外包装规范、结实，标注有产品名称、养分含量、产品执行标准、批号或生产日期、生产许可证号（以XK开头）、商标、净重、生产企业名称、厂址、电话等。假冒伪劣肥料的包装袋上一般标识不清，包装较粗糙、质量差、易破漏、有二次封口现象。二看粒度。氮肥和钾肥多为结晶体；磷肥多为块状或粉状的非晶体，如钙镁磷肥为粉末状，过磷酸钙为疏松粉状物、带细小的气孔块状；优质肥料粒度大小一致、表面光滑、不易吸湿和结块。而假劣肥料恰恰相反，肥料颗粒大小不均、粗糙、湿度大、易结块。三看颜色。不同肥料有其特有的颜色。常用的氮肥呈白色晶体，有些略带黄色。钾肥中氯化钾为白色或浅黄色结晶；硫酸钾为白色结晶或粉末。磷肥多为灰色，如过磷酸钙、钙镁磷肥为灰色或灰白色粉料，磷酸二铵为灰白色或深灰色等。掺混肥料（BB肥）是由尿素、磷酸二铵和氯化钾（或硫酸钾）混合而成，大都可以看到它们的颗粒颜色。

三是手摸法。即把肥料放在手心中，握着压着转动。

四是嗅味法。通过肥料的特殊气味进行判断。如碳酸氢铵有强烈氨味，硫酸铵略有酸味，过磷酸钙有酸味等。而假冒伪劣肥料则气味不明显或异常，如劣质过磷酸钙有很刺激的怪味。

五是燃烧法。将化肥的样品加热或者燃烧，从火焰的颜色，烟味、残留物可以判断真假。碳铵烧了会冒白烟，有氨臭味，磷肥在燃烧了以后就没有什么变化，钾肥烧了以后就会有噼噼啪啪的响声，复合肥烧了以后，跟原来肥料的品种有关。

六是水溶法。也就是放在水中溶解，大多数肥料放在水中，可以很好地溶解，但是近年来有一些缓控释肥料因为有特殊的包裹膜不容易溶解，但是将肥料破开以后，除外壁以外，里面的包裹的肥料很容易溶解。常用的氮肥和钾肥一般溶于水，常用磷肥部分溶于水。方法是取少量化肥样品放在白瓷碗内，加 3～5 倍清水，充分搅动后，稍停，观察溶解情况：全部溶解，多为硫酸铵、氯化铵、硝酸铵、尿素、碳酸氢铵、磷酸铵、氯化钾、硫酸钾等；部分溶解、部分沉于碗底部的为过磷酸钙、重过磷酸钙等；复合肥颗粒会溶解、发散或有少许残留物；而假劣肥料溶解性很差或根本不溶解。

② 购买化肥注意事项。购买化肥要坚持“四看四不要”，只有这样，才能避免失误和减少损失。一是“四看”。即一看化肥经营者的经营资格，是否有经营化肥的营业执照等合法手续。尽量选择手续合法、有规模和有信誉的商店或企业厂家购买；二看产品合格证，肥料检验单，并索取购销凭证；三看肥料标识，分清肥料类别和性质；了解肥料的养分含量、用途、用法、注意事项。国家标准 GB18382—2001（肥料标识内容要求）规定，肥料必须标明总养分（仅指 $N+P_2O_5+K_2O$）的含量，不得将中、微量元素或有机质加到总养分中。但检查时发现，仍有企业将中、微量元素或有机质加入到总养分中，欺骗消费者。对这种情况要留意。还要注意，复混肥料上标明含有氯或氯离子时，在烟草等忌氯作物上不用或慎用，在幼苗上使用要适当远离根部，以免烧苗。

标有含硝态氮的肥料，在水田种慎用，以免硝态氮的损失。四看肥料企业是否办理了有关手续。例如，叶面肥、微生物肥要办理农业部肥料登记证；复混肥料、有机肥料等要办理省级肥料登记证，复混肥料还要办理生产许可证等。二是“四不要”。即一不要贪图小便宜，不顾质量，购买假劣肥料，以免造成不必要的损失。目前，磷肥、复混肥质量合格率相对较低，特别是磷酸二氢钾，标识混乱、假冒产品较多，购买时要多留神。二要看“大”不看“小”。有些产品为炫耀卖点在包装上用名牌大字标出，而为应付监督部门检查，将实质内容用小字标出。如用大字在显著位置标出“俄罗斯”，用小字标出“采用”、“原料”等，使人误认进口产品；还有的在显著位置标出“硫酸钾型”，在不显眼处标出“含氯”，以达到扰乱视听的目的。三不要被新概念迷惑。有些产品打着高科技的幌子。在包装上大做文章，标以“生物”、“活化”，“绿色”等高科技名称，实际是一般产品。四不要自认“倒霉”。发现假化肥或使用中出现肥害等现象，应向当地农业主管部门、技术监督部门、工商部门和消费协会等及时反映举报。

2. 农用地膜的选择与购买

（1）地膜的主要种类及特点

地膜种类按功能分主要有：普通地膜、黑白双色地膜和除草膜等。

① 普通地膜。如图 5-4 所示，用于地面覆盖栽培农作物，可提高地温，具有保墒、保肥和改良土壤的作用，促进作物早熟和高产，并提高品质。

② 除草膜。如图 5-5 所示。它是薄膜加工过程中添加了除草剂，因此除具有普通地膜的增温和保墒等作用外，其缓释的除草

剂还能够有效地杀灭膜下杂草，防止杂草生长。但覆膜时，要注意膜的正反面，要使含除草剂的一面朝下。另外，还需特别注意其适用的作物，因所添加的除草剂种类的不同，有的除草膜适合双子叶作物，有的适合单子叶作物。除草地膜可分为以下两种。即含除草剂的地膜，含阳光屏蔽剂的除草地膜。

图 5-4　普通地膜

图 5-5　除草膜

对于含除草剂的除草地膜，一是双面含药的单层除草地膜这种地膜是把除草剂、助剂和树脂预混合好，或做成母粒，再在普通地膜挤出机上经吹塑成膜。这种地膜生产工艺简单，设备投资少，生产普通地膜的设备均可生产。这种地膜分为（0.14±0.003）纳米的普通地膜和（0.006±0.002）纳米的微膜两种规格，国内主要生产该种除草地膜。二是单面含药的双层除草地膜这种地膜由含有除草剂的A树脂层和防止除草剂扩散的B树脂保护层的双层复合除草地膜。这种除草地膜单面有药。应用是药面贴地，国外这种地膜较多。该地膜每层厚为 0.1 毫米，双层总厚为 0.2 毫米，膜厚便于回收，药效能充分发挥，但成本高，国内难以推广。三是单面涂刷除草剂的除草地膜这种膜是在普通地膜的一面，用涂刷、干燥工艺，将除草剂涂于膜上，膜单面有药，但部分也能扩散到外层。国内有少量生产，工艺较为复杂。

对于含阳光屏蔽剂的除草地膜，以低密度聚乙烯树脂、线型低密度聚乙烯树脂为基料，加入黑色母粒和助剂，经吹塑成膜，其厚度国内控制在（0.008±0.002）毫米，国外也有较大量生产，但这种地膜影响地温升高。

③ 黑白双色地膜。特点是：使用时黑色面向下，白色或银色面向上，在盛夏期间与常用地膜相比较，可降低地温4～6℃，兼有保湿、护根和控制草害的作用。银黑地膜因反光性强，还能驱避蚜虫，减少病毒传播，降低作物发病率。因此，双色地膜可为夏秋季蔬菜防热栽培，提供良好生长环境，提高作物的品质，对生菜、芹菜、番茄、胡萝卜、青椒等栽培效果良好。

④ 黑色膜。是在聚乙烯树脂中加入2%～3%炭黑制成的。这种膜太阳光的透光率较少，热量不容易传给土壤，因而防止土壤水分蒸发的性能比无色透明膜强，能显著地抑制杂草生长。

⑤ 防虫膜。如图5-6所示。日本成功地研制出一种用于预防草莓、蔬菜病虫害的地膜。这种薄膜在制造时，没有添加任何农药成分。这种膜以透明或黑色膜为底基，沿着纵长方向均匀排列银色宽条。它是利用昆虫对色彩的反应原理而设计制造的。由于银色对菜蚜有着刺激的作用，使有翅蚜不飞向草莓田，因而可以预防蚜虫传播草莓病毒病。除了蚜虫外，这种膜对其他害虫也有预防效果。这种带有银条的薄膜，对提高地温和抑制杂草等效果与一般透明或黑色地膜相同。

图5-6 防虫膜

⑥ 蓝色膜。如图5-7所示。其特点是：保温性能好。在弱光照射条件下，透光率高于普通膜，在强光照射条件下，透光率低于普通膜。用于水稻育苗，苗壮、根多、成苗率高。用于蔬菜、花生

和草莓等作物，都具有明显的增产和提高品质的作用。

⑦ 银灰色膜。如图5-8所示。具有反射紫外线、驱避蚜虫的作用。对由蚜虫迁飞传染病毒有积极的防治作用，还有保持水土和除草的作用。其对土壤的增温效果介于透明膜和黑色膜之间，主要适用于春季或夏季防病、抗热栽培。

图5-7 蓝色膜

图5-8 防虫膜

⑧ 红色膜。美国农业科研人员研究了彩色地膜对草莓和番茄及其他作物的增产效果，经研究发现，红色地膜比黑色地膜更能刺激作物生长，植物会利用更多的能量进行地上部分的光合作用。

⑨ 红外膜。这种膜是由日本研制而成的。在聚乙烯树脂中加入透红外线助剂，使薄膜能透过更多的红外线，增温效果可以提高20%左右。

⑩ 光降解膜。这种膜使用到一定时期就会自行粉碎，与土壤溶为一起，可以避免废旧的薄膜对土壤的污染。

（2）购买地膜技术要点

① 一看合格证和生产日期。购买地膜时，不仅要看产品合格证，而且还要看清保质期，农用薄膜有效质量保证期为1年。所以农民朋友在选购地膜时，要尽量选购离生产日期较近的地膜。因为农用薄膜库存时间久了会老化，会缩短使用寿命甚至失

去应有的防护作用。

② 二看外观质量。市场上有些地膜由于生产设备老化，原材料不合格、技术不过关等原因，导致地膜出现厚薄不均匀现象，在使用过程中薄的地方容易出现破损，影响保温效果；有的地膜在生产中会出现水纹或云雾状斑纹现象，甚至有气泡、穿孔、破裂等破损，而地膜的这些瑕疵，严重影响地膜的保温效果。因此选购地膜时，应检查其厚薄是否均匀，是否存在起褶破损现象。质量好的地膜整卷匀实，呈银白色，透明度一致，外观平整、明亮，厚度均匀，横向和纵向的拉力都较好。

③ 三看地膜的宽度。购买地膜时首先要量一下地膜的宽度。因为不同的作物，不同的覆盖方式需要不同宽度的地膜，过宽会造成浪费，过窄则无法使用。

④ 四看厚度。用于地膜栽培的薄膜应选用薄的地膜。因为地膜的厚薄与增产效果关系不大，选择厚的地膜会增加投资成本，为降低投资成本应选用薄的地膜。

⑤ 五听地膜用户的反映。在购买地膜时，应选择购买用户普遍反映使用效果良好、名牌厂家有质量保证的品牌的地膜。购买地膜时，应索要发票，并保存好，以防发生意外时好维权。

⑥ 六算用量。一些农民朋友购买地膜时，靠经验估算，但由于地膜的规格不一样，同时不同农作物的覆盖率不同，因此，往往难以正确估算出该买多少地膜。为避免盲目购买，需根据地膜的密度、厚度、土地面积和覆盖率等因素来计算用量。

计算公式是：$G=phsk$。

公式中：G 为地膜用量（千克）；p 为地膜密度（千克/米^3）；h 为地膜厚度（米）；s 为土地面积（米^2）；k 为地膜覆盖率（%），即为地膜实际覆盖面积与土地面积之比。

例如覆盖两亩西瓜，用的地膜是聚乙烯料薄膜，其地膜的密度为每米^3 91 千克，若所用的地膜厚度是 0.000 08 毫米，覆盖率为 80%。那么这两亩西瓜地的地膜用量就是：$G=phsk$=91×666.7×2×0.000 08×80%=7.76（千克）。

（3）地膜的保养——通常采用地窖储存法

① 农膜土埋保管方法。一是清洗育秧或其他用途结束后，必须要及时清理干净。首先将薄膜放在河边、井坑里、沟汊等有水的地方，浸泡数小时，然后用抹布擦净膜上污泥。二是晾干将清洗好的薄膜挂在阴凉通风处晾干，因膜上留有水分，贮存时易老化。三是卷筒晾干后的薄膜用木板卷成筒，板宽 20 厘米左右，卷好后抽木板。卷筒时有条件的农户最好能放入少量的滑石粉，防止粘连。

② 挖窖贮存。一是挖地窖选择在层内，窖的大小以存放薄膜多少而定。如地下水位高的地方可挖 70～80 厘米，一般窖深度以 1 米为宜，太深易进水。二是贮膜窖的底部以四周用废薄膜垫好，然后将卷好的薄膜筒平放入窖，上面再用废薄膜盖好，防止泥土混入。三是覆盖盖土前先在膜上铺一层砖头，以免取膜时耙钉钩破薄膜。然后盖土 20～30 厘米，表土应夯实密封，上面不要压重物。

③ 埋藏法把用过的农膜洗净、晾干，用木棒做芯卷或捆，埋在深 1～2 米的坑内，压上 30～50 厘米的湿土，第二年取出，与新膜一样柔软透明。

④ 温室存放夏、秋两季室内气温适宜，把薄膜放进温室，可避免其冻硬破碎。

⑤ 库藏法把清洗过的地膜整齐的放置在农资库房中储藏。此法非常省事，效果甚好。

3. 农药的选择与购买

（1）农药的概念及作用

农药是指用于预防、消灭或者控制危害农业、林业的病、虫、草和其他有害生物以及有目的地调节植物、昆虫生长的化学合成或者来源于生物、其他天然物质的一种物质或者几种物质的混合物及其制剂。农药是重要的农业生产资料之一，是常备的救灾性物质。在防治病原物、害虫、杂草、鼠类等引起的农业生物灾害，促进农业增产方面发挥着重要的作用。根据目前我国经营和使用的情况，农药主要作用有以下5个方面：

① 杀死或控制危害农作物、林果、蔬菜、仓储农产品的害虫及城市卫生害虫等。我国农药在这方面的应用最广、用量最大，居世界第一。

② 杀死、抑制或预防引起植物病害的病原物。目前我国用于这方面的农药品种和销量正在不断扩大。

③ 防除农田杂草。在国外化学除草剂占农药的比重较大，如今我国除草剂的发展也较快。

④ 杀死鼠类等有害生物，防止或减少疫病的发生。目前杀鼠剂和杀软体动物剂的生产和应用在我国仍然具有较大的市场。

⑤ 控制调节植物或昆虫的生长、成熟、繁殖等。植物生长调节剂的应用，已成为我国科学种植、促进增产增收不可缺少的农业技术措施。

（2）农药的种类及剂型

① 农药的种类。根据原料来源可分为有机农药、无机农药、植物性农药、微生物农药。此外，还有昆虫激素。根据防治对象，可分为杀虫剂、杀菌剂、杀螨剂、杀线虫剂、杀鼠剂、除草剂、脱叶剂、植物生长调节剂等。

② 农药的剂型。根据加工剂型可分为粉剂、可湿性粉剂、可溶性粉剂、乳剂、乳油、浓乳剂、乳膏、糊剂、胶体剂、熏烟剂、熏蒸剂、烟雾剂、油剂、颗粒剂和微粒剂等。大多数是液体或固体，少数是气体。

（3）农药的施用技术

科学的施药技术是防治效果的保障，只有严格按照操作规程使用农药，才能达到理想的防治效果。一要选择适宜的器械，如，喷杀菌剂要选择雾滴较小的喷头；喷杀虫剂可选稍大的喷头；喷除草剂最好选用扇形喷头。二要看天气施药，刮大风、下雨不能喷药；下雨前不能喷药；有露水不能喷药；高温烈日下不能喷药。有的农民认为气温越高，农药的杀虫效果会越好，其实不然。夏季在高温强光时喷药，绝大部分害虫停止表面活动，躲于阴凉背光处，药剂不易喷施到位。而且在高温下农药挥发损失大，药性分解快，因此，此时喷药药效反而降低。在高温下，药剂挥发性强，药物通过呼吸、皮肤气孔进入人体内，很容易导致操作人员中毒。要尽量选择晴天无风条件下作业，一般上午 8～10 时（露水干后），下午 5～7 时（日落前后），选择害虫活动旺盛时间喷药。三要根据不同的防治对象采取相应的施药技术。如，防治病害时，由于病菌一般在作物叶片的背面，施药时一定要将叶片背面喷施均匀；果树蚜虫一般发生在嫩梢上；山楂叶螨多在果树的内膛老叶片背面，喷药就要求具有针对性。四要注意周围作物，避免产生药害。

（4）打药的时间

不同农作物在不同季节的最佳打药时间是有些差别的，例如对于大棚里的黄瓜来说，一般来说，在夏、秋高温季节，农药施用的最佳时间应选在晴天上午 9 时左右和下午 4 时以后。上午 9

时左右，一般露水已干，温度还不太高，同时又是病虫活动最旺盛的时间，此时用药效果好；下午4时以后，光线渐弱，温度渐低，夜出性害虫（粉虱、蓟马）开始活跃，在这个时候喷药，同样有较高的杀菌灭虫效果。实践证明，夏季喷农药，无论是对粮食作物、蔬菜作物、经济作物，还是果树等，都应在上午8～10时、下午5时前后为最佳时间。

（5）全面禁止及限制使用的农药

全面禁止使用的农药（23种）。它们是：六六六（HCH），滴滴涕（DDT），毒杀芬，二溴氯丙烷，杀虫脒，二溴乙烷（EDB），除草醚，艾氏剂，狄氏剂，汞制剂，砷类，铅类，敌枯双，氟乙酰胺，甘氟，毒鼠强，氟乙酸钠，毒鼠硅，甲胺磷，对硫磷，甲基对硫磷，久效磷，磷胺。

限制使用的农药（18种）：禁止氧乐果在甘蓝上使用；禁止三氯杀螨醇和氰戊菊酯在茶树上使用；禁止丁酰肼（比久）在花生上使用；禁止特丁硫磷在甘蔗上使用；禁止甲拌磷，甲基异柳磷，特丁硫磷，甲基硫环磷，治螟磷，内吸磷，克百威，涕灭威，灭线磷，硫环磷，蝇毒磷，地虫硫磷，氯唑磷，苯线磷在蔬菜、果树、茶叶、中草药材上使用。

（6）农药的选购

首先要查看农药产品标签的标注，注意标签上的农药登记证号、产品标准号、生产许可证号和核准登记的适用范围及防治对象。此外，标签上还应标注有效成分、含量、产品性能、毒性、使用方法、生产日期、有效期、注意事项、生产企业名称、地址和邮政编码等。缺少上述任何一项内容，则应注意，以免购买到假冒伪劣农药。

① 看证照是否齐全。在购买农资时一定看证照是否齐全。

《营业执照》、《经营许可证》。购买农资时一定要注意查看包装是否规范、标签是否完整、有无合格证、不要购买拆开包装的散种子、农药、化肥，不要贪图便宜，购买农资时交易方式要正当，别轻信走街串户的推销者。

② 索要发票。在购买时，索要有经营单位公章的信誉卡及有效购物凭证，要求清楚地标明购买时间、产品名称、数量、等级、规格、型号、价格等信息，不要接收个人签名的字据或收条，注意留存种子、农药、化肥的外包装和少量原品。

③ 发现质量问题，要及时收集和携带相关收据。向工商、质检、农业部门或消协投诉，这样可尽快为自己挽回损失，又可避免更多农民上当受骗。

另外，在产品外观上，粉剂应疏松、外观均匀、不结块，可湿性粉剂用手指捏搓无颗粒感，如有结块或有较多颗粒感或色泽不均匀都可能存在质量问题；乳油、水剂等液态农药应透明均匀、无沉淀或漂浮物，乳油如有分层、沉淀或混浊，可能存在质量问题，乳油加水稀释后如乳液不均匀或有浮油、沉淀，其质量都可能有问题；颗粒剂应色泽均匀，除包衣颗粒剂外，应不易破碎，如色泽不均匀，其质量可能存在问题；悬浮剂、胶悬剂存放后允许有分层现象，但下层农药应轻易摇起，并呈均一的悬浮液。悬浮剂振摇后仍有结块现象，其质量可能存在问题。而一旦农药产品包装破损、渗漏或包装表面残旧、字体模糊，都应对其产品质量表示怀疑。

（7）杀菌剂的安全使用

① 杀菌剂是用来防治因病原菌引起的植物病害的药剂。按其作用方式可分三类。一是保护剂。在植物尚未发病前，把药剂喷洒在植物体表面，以保护作物免受病菌传染危害。如波尔多液、

代森锌、百菌清等。二是治疗剂。药剂喷洒在植物体上，通过内渗和内吸作用，使药剂存留在植物体内或产生有毒代谢物，以消除病原菌和其产生的危害。如三唑酮、三唑醇、粉锈宁等。三是防腐剂。是保护动、植物体及其产品不受真菌、细菌或其他腐生物侵染而造成腐坏的药剂。如甲醛、噻菌灵、五氯酚等。

② 可安全使用的杀菌剂。一是无机杀菌剂。碱式硫酸铜、王铜、氢氧化铜、氧化亚铜、石硫合剂等。二是合成杀菌剂。代森锌、代森锰锌、福美双、乙膦铝、多菌灵、甲基硫菌灵、噻菌灵、百菌清、三唑酮、三唑醇、烯唑醇、戊唑醇、腈菌唑、乙霉威·硫菌灵、腐霉利、异菌脲、霜霉威、烯酰玛啉·锰锌、霜脲氰·锰锌、邻烯丙基苯酚、嘧霉胺、氟吗啉、盐酸吗啉胍、恶霉灵、噻菌铜、咪鲜胺、咪鲜胺锰盐、抑霉唑、氨基寡糖素、甲霜灵·锰锌、亚胺唑、春·王铜、恶唑烷酮·锰锌、脂肪酸铜、松脂酸铜、腈嘧菌酯。三是生物制剂。井冈霉素、农抗120、菇类蛋白多糖、春雷霉素、多抗霉素、宁南霉素、木霉菌、农用链霉素。

（8）除草剂的选择与购买

① 什么是除草剂？实际上，用以消灭或控制杂草生长的农药被称为除草剂。除草的目的是除去田间杂草，不使与种苗争夺水分、养分和阳光。杂草往往还是病虫害的寄主。因此一定要彻底清除，以保证苗木的健康。除草要除早除净，不要等到成灾时再动手，特别要在结子前除清，以免造成草荒，除草方式有多种，可用手锄和机械耕等。近年多施用化学除草剂，如使用得当，可省工、省时。但要注意安全，根据苗木的种类正确使用适合的除草剂，对使用的浓度、方法和用药量，要根据说明书。

② 除草剂的特性。一是灭生性。对所有植物不加区别，全部杀死。如五氯酚钠、百草枯等。二是选择性。对杂草作有选择

的杀死，对作物的影响则也不尽相同，如2,4-D等。三是内吸性。这种除草剂可通过草的茎、叶或通过根部吸收到植物体内，起到破坏内部结构、破坏生理平衡的作用，从而使植物死亡。由茎、叶吸收的，如草甘膦等。通过根部吸收的，如西马津等。四是触杀性。除草剂只杀死直接接触的植物部分，对未接触的部分无效。如除草醚等。

③ 常见的化学除草剂。一是除草醚。可湿性粉剂。灭生性触杀除草剂，在有阳光、温度高、土壤湿润的条件下，效果显著；在20℃以下的温度中，药效差。杀死种子繁殖的幼草效果好，对长大成苗的草，药效很小。残效期20～40天。二是草枯醚。20%乳剂，灭生性触杀除草剂。在阳光下，药效反应迅速，受温度影响小。可杀死多种初萌发杂草，但对长大的杂草药效差，常在杂草萌发前或萌发期作土壤处理，残效期 20～30 天。三是五氯酚钠。分粉剂与颗粒剂。灭生性触杀除草剂。杀死初萌发的杂草效果大，对宿根性和已长大的杂草效果差，残效期 3～7 天。四是扑草净。50%可湿性粉剂。高效内吸除草剂。杀草范围广，药效持续期长。常在种植前作土壤处理，在幼苗出土期使用也可以。春季盆栽地区在摆盆前使用，有效期长达 60 天以上。五是灭草隆。25%可湿性粉剂。灭生性内吸除草剂，也有一定的触杀作用，杀草范围广，除1年生草外，对多年生深根性草也有效，一般作土壤处理。六是敌草隆。25%可湿性粉剂。根部内吸除草剂。茎时吸收少，杀草范围广，在杂草萌发期作上壤处理。残效期50～70天。七是绿麦隆。25%可湿性粉剂。根部内吸除草剂，也有时面触杀作用，用药后不影响发芽，但杂草长到一定的时候，因光合作用被破坏而死亡。八是2，4-D。右高度选择性的内吸除草剂。在杂草萌发时做土壤处理，效果最好，做茎叶喷射理也能收到较好的效果。杀死双子叶植物的作用强，对单子叶植物无效。适于

在种植单子时植物的草坪上使用。九是草甘膦，又名镇草宁。为10%～16%的黑褐色液体，灭生性内吸广谱除草剂，可杀死多年生杂草。使用时喷射茎叶。十是百草枯。5%～20%水溶液剂。灭生性触杀除草剂。对杀死1年生植物的效果好，对多年生深根性的杂草，只能杀死其绿色部分，抑制其生长。十一是茅草枯。又名达拉朋。87%可湿性粉剂。内吸性除草剂，可作土壤处理，也可作茎、叶喷雾。对单于时植物效果好，对双子叶植物效果差。与扑草净、除草醚等混合使用，可扩大杀草范围，提高杀草效果，延长药效持续时间。十二是西玛津。50%可湿性粉剂。高度选择性的内吸除草剂，宜作土壤处理，药效反应慢，杀草范围广。对杀1年生杂草效果好，对多年生深根性杂草效果差，但使用药剂量大时，也能使之死亡。残效期很长。

④ 除草剂的使用。首先，严格掌握作物对除草剂的敏感性。不同的作物对除草剂的敏感程度各异，如果不根据作物对除草剂的敏感性选用药剂，即便使用的是对农作物安全的除草剂，有时也易产生药害。一般防除阔叶杂草的除草剂对双子叶作物敏感，防除禾本科杂草的除草剂对禾本科作物敏感。例如，2,4-D、二甲四氯等对阔叶杂草效果好，但对阔叶农作物如棉花、油菜、瓜类、豆类、花生、马铃薯、烟草等很敏感，容易产生药害。乙草胺适用于玉米、花生、棉花、大豆等阔叶类作物，但对小麦却易产生药害。盖草能、稳杀得、禾草克等防除阔叶农作物田间的禾本科杂草效果好，但对禾本科农作物如小麦、水稻、谷子、玉米等药害严重。其次，严格掌握作物敏感期和施药时期。农作物在不同的生长发育时期对杀虫剂、杀菌剂的敏感程度不一样，对除草剂的敏感度更不一样。在正常情况下，农作物在发芽、3叶前及扬花灌浆期对除草剂特别敏感，这几个时期容易产生药害。芽前除草剂只能通过杂草的胚根、芽鞘或下胚轴吸收，而杀死杂草，在

杂草出苗后使用，一般无除草效果或除草效果很低。芽后除草剂也要在杂草或作物的某一生育阶段使用才能安全有效。如盖草能在杂草 3～5 叶期使用对禾本科杂草防除效果通常在 90%～100%，但在 5 叶期以后使用效果较低。第三，严格选用除草剂的种类。除草剂有以下几种类型，应“因草制宜”选用。一是选择性除草剂：此类除草剂在一定剂量范围内使用，可以有选择地杀灭某些有害植物，而作物安全。在作物地里正确使用，可以达到只杀灭杂草而不伤害作物的目的。二是灭生性除草剂：此类除草剂对所有植物均有灭杀作用，如克无踪、五氯酚钠、草甘膦等。此类除草剂限于休闲田、空闲地的灭草。三是触杀型除草剂：此类除草剂只伤害植株接触到药剂的部位，对没有接触到药剂的部位无影响，如克无踪、敌稗、除草醚等。四是内吸传导型除草型：此类除草剂的有效成分可被植物的根、茎、叶吸收，并迅速传导到全株，从而杀灭有害植物，如草甘膦、盖草能、稳杀醚等。第四，严格掌握除草剂的用量和浓度。除草剂的选择性是在一定用药量范围内的选择性，故即使是有选择性的除草剂，超出了规定的用量范围对作物也会产生药害。如 60%丁草胺乳油在水稻秧田用量超过每 666.7 米^2 0.15 千克，棉花苗床 48%氟乐灵用量超过为每 666.7 米^2 0.1 千克，10%恶草灵在水稻秧田用量超过每 666.7 米^2 0.3 千克，在水稻移栽后 10 天内 50%威罗生用量超过每 666.7 米^2 0.3 千克等都会造成农作物药害。2,4-D 对小麦具有一定选择性，但用量过大时，则同样会杀死小麦或使小麦植株严重畸形，影响产量。此外，除草剂的用量是否适当还受到作物种类、土壤质地、气候条件和施药方法等因素的影响。如高浓度使用除草剂时，切不可重喷，否则易造成局部施药浓度过大，而发生局部药害。第五，严格除草剂的使用方法。除草剂的使用方法有茎叶处理法、土壤处理法和杀草膜除草法。目前最常用的方法是生育期茎叶处理和播后苗前土壤处理。生育期茎叶处理，就是在作物出苗后的某一生育阶段，喷洒除草剂于杂草茎叶的方法。这种方法，除草剂不仅接触到杂草，也可能接触到作物，故要求除草剂具有较高选择性或定向喷雾，以达到安全施药的目的。播后苗前土壤处理，是在作物播种后尚未出苗前喷洒除草剂于土壤表面的方法。大多数土壤处理剂是以这种方法使用的。茎叶处理除草剂通常落入土壤后即被很快钝化或被微生物分解失去杀草活性，而土壤处理除草剂一般对出苗后的杂草无效。因此，使用时只有根据除草剂特点选择使用方法，才能达到充分发挥其效果，规避负面影响。第六，严格遵循除草剂的混用原则。在生产中，有时要灭杀多种杂草时，需将几种除草剂混合使用，但并非所有除草剂都可以混合使用，除草剂混合使用必须严格遵循以下原则：一是混用的除草剂必须灭杀草谱不同；二是混用的除草剂，其使用适期与方法必须相同；三是除草剂混合后，不能发生沉淀、分层现象；四是除草剂混合后，其用量为单一量的 1/3～1/2。此外，对于不能互相混用的忌混的除草剂，采用分期配合使用的方法，也可以达到杀灭杂草的目的。其配施方法：对同块土壤，交替使用除草剂。如先用氟乐灵灭杀禾草，再用扑杀净杀灭阔叶杂草；土壤处理与苗后茎叶处理配合。

（四）农用机具准备

1. 家庭农场常用农机具

家庭农场常用农机具有：拖拉机、小型拖拉机、农用运输车、播种机、旋耕机、脱粒机、收割机、喷粉喷雾机等。

2. 常用农机具的选购

（1）农机具的选购原则

在确定了所要完成的作业任务之后，选购何种型号的机具；如何着手是每一个农机用户首先要遇到的问题。一般来说，选购农机具可以按下述的原则进行考虑。

① 适用性原则。农机具品种繁多，性能各异，在购机之前首先要尽量多的收集不同机具资料，如使用说明书、有关宣传资料等，以便进行初步的比较。并着重从以下几个方面考查：一是机具的适用范围。包括作业对象和适用环境条件，应选取环境条件符合当地使用要求、能保证完成所要求的作业内容的机型。二是机具的配套动力。选购作业机具时尤其要注意其对动力的要求，如配套动力是否相近，挂接装置能否保证有效连接，作业速度容量等是否与使用条件相当等。三是作业性能。机具的作业性能要与当地的农艺要求相适应，不同地区，耕作习惯不同，对机具的要求也不一样。此外，还有作业质量的要求。为了保证作业质量达到要求，一般在选购机具时，应使其性能指标略高于作业对象所要求的性能指标，这是因为农机具在一定的使用时间内，由于机件的磨损，其性能指标是在一定范围内变化的，特别是农田作业，受作物及田间条件的影响很大，偶然性因素很多，往往都会使机具的性能指标降低。四是能源消耗和人力占用量。能源消耗是指工作过程中所消耗的燃料、电力、水等；人力占用量是指完成作业所需要的人数及劳动强度的高低。能源消耗应以完成相同的作业耗能低的为好，人力占用应根据自身的条件考虑。

② 经济性原则。经济性，通俗点讲就是“值不值”。一般从两方面来讲，首先是现实效益也就是直接效益，其次是潜在能

力。第一，购机要着重从现实生产规模、经济条件考虑，不要片面地追求自动化程度和多功能。大多数情况下，自动化程度和功能齐全往往与机具的价格和繁杂程度有密切的关系。就目前机具生产水平和用户使用水平来看，机具的功能越多，发生故障的机会就越大，可靠性也就越低，其作业成本也就越高。第二，机具的潜在能力是指进一步扩大再生产的能力。从生产能力的角度看，选购机具时要在满足当时生产规模要求的基础上，留有一定的余地，以便进一步扩大生产规模。第三，作业质量也应作为经济性原则的一个方面来考虑，特别是对于农副产品加工机械来说，意义就更大了。购机时，应选择加工出的成品品质尽可能高、损失率尽可能低的机械。因为损失率越低、品质越高其浪费就越少，经济收入就越多。

③ 配套性原则。在选购新的机具时，要考虑的另一个方面是准备购置的机具与已有的机具的配套性，要搭配合理，相互适应，特别要注意以下几点：一是生产能力要大体上一致或相容（成倍数关系），减少不必要的浪费；二是作业程序上要尽可能不交叉，不互相干扰；三是相互间的连接要恰当，便于装卸，特别是与拖拉机配套的农田作业机具，要注意挂接方式、挂接点位置等要能满足作业要求，并且要有一定的调整范围；四是动力配套要留有一定的余地，动力输出部位要与农具一致，功率大小要协调。

④ 标准化原则。标准化是指机具的结构参数、动力参数及零配件的标准化、通用化程度。这一点对农机用户来说很重要。通用性好，标准化程度高的机具，维修方便，配件易购，相对维修成本降低，有效利用时间多，经济效益高。

⑤ 安全性原则。安全性一般指作业的安全性和对人身健康的安全性两个方面。作业安全性是机具具有维持正常生产的属

性，此为机器的内部属性。如工作中不能有过热现象的热保护，有害物质的外漏、对加工对象的损坏的防止措施等。人身安全主要是指有碍人体安全的缺陷。如是否有必要的安全防护措施，环境噪声、安全警示标志是否合格、齐全等。

⑥ 企业信誉原则。机具的型号、规格确定之后，购机时还要看企业的信誉程度、实力和用户服务情况。应尽可能购买信誉高、实力强、用户服务好的企业的产品，这对维护购机者自身的利益是有好处的。

（2）农机具的技术指标

农机具的使用说明书中，一般都注明了该机具的特性和所能达到的技术要求，常见的有机具的生产能力、配套动力、能源消耗率、工作速度、转速、扭矩及作业质量等指标，下面介绍常用的几个指标的含义，供选购农机时参考。

① 机具的生产率。单位时间内机具所完成的作业量。常用的有小时生产率和班次生产率，对于连续作业的机械，也可用日生产率来表述机具的生产能力。

② 能源消耗率。完成单位数量的作业所消耗的能源。如每666.7 米^{2}的耗油量、每吨原料的耗电量、烘干机械中烘干1 吨成品的煤耗等。

③ 功率。功率分为输出功率和输入功率，对于原动机械，输出功率是指单位时间内原动机对外所发出的效能；输入功率是指从动机单位时间内所吸收的能耗。功率的单位常用千瓦或马力表示，两者之间的换算关系为：1 千瓦约合1.36 马力。农用柴油机的输出功率是指净输出功率，按不同的作业用途和使用用特点分为 4 种功率标准：一是 15 分钟功率。发动机允许连续运转 15 分钟的最大有效功率。适用于需要有短时良好的负荷和加速性能

的汽车、摩托车等。二是1小时功率。发动机允许连续运转1小时的最大有效功率。适用于需要有一定功率储备以克服突增负荷的轮式拖拉机、机车、船舶等。三是 12 小时功率。发动机允许连续运转12小时的最大有效功率。适用于需要在12小时内连续运转又需要充分发挥功率的拖拉机、排灌机械、工程机械等。四是持续功率。发动机允许长期连续运转的最天有效功率。适用于需要长期持续运转的农业排灌机械、船舶、电站等。

④ 工作速度。单位时间内机具所走过的距离。常用的单位为公里 / 小时、米 / 秒等。

⑤ 转速。单位时间内旋旋转部件所转过的圈数。常用转/每分钟来表示。

⑥ 扭矩。力和力臂的乘积就是扭矩。对于旋转部件来说，扭矩标志着在一定转速下所能克服的阻力矩的大小。

（3）小型拖拉机的选购

随着农村经济的发展，小型拖拉机，如图 5-9 所示，不断地进入农村家庭，成为农民致富的好帮手。要想购买到一台称心如意的小型拖拉机，在选购时要注意做到：

图 5-9　小型拖拉机

① 根据情况，选择好机型。在选择机型时要考虑自身条件、

经济能力，应充分分析自己所处的地理位置、客观环境、经济状况及用途要求。小型拖拉机型号较多，根据操作方式的不同，可分为手扶式拖拉机和小四轮式拖拉机两种。由于型号不同，操作性能与工作适应性就有所不同。

② 充分调查，货比三家。购机前，要充分调查，请有经验的技术人员作参谋，向同行作调查，询问该型号的拖拉机性能，不能只凭广告宣传，这样极易上当受骗或买得不合适。要货比三家，要对同一型号的拖拉机性能、价格以及农机具的配套情况、售后服务情况进行比较，应选择声誉好、质量高、有良好售后服务的小型拖拉机厂。

③ 外观检查。表面光洁，零件完整，螺母紧固，开口销及保险装置合乎要求，油底壳及底盘部分有足量的润滑油，各铸造件、加工件表面无砂眼、N孔和裂纹。摇动曲轴，有压缩力，减压机构工作正常，无异常声音，机油压力指示器升起。

④ 启动检查。启动容易，空转时柴油机各部分无异常声音，油门和发动机转速变化明显，拖拉机无三漏（漏油、漏水、漏气）现象，发电机工作正常，照明、喇叭良好。

⑤ 起步检查。低挡起步行车，各挡挂挡顺利，底盘无杂音，操作转向机构灵活，离合器灵敏，制动器工作可靠，驱动旋耕机工作正常。

⑥ 检查连接件。各连接件连接可靠，插销到位，螺母应拧紧，销钉到位。

⑦ 检查附件。检查随车工具、配套件、配件。

（4）选购拖拉机的检查事项

① 外观检查。查看操纵杆件、油箱及水箱盖等零部件有无破裂、损伤，焊缝有无开焊、漏焊或烧穿等缺陷，铸铁件表面有

无砂眼和裂纹。查看停车地点有否油污、水迹，以判别漏油、漏水，再查看各部位有否渗漏，有否碰伤、变形或油漆、电镀层脱落现象。了解轮胎是否存在漏气情况。

② 发动机技术状态检查。注意启动性能是否良好，一般新拖拉机启动及时，若多次不能启动应找出具体原因。启动后，着火声响应柔和、均匀，运转平稳无杂音，无漏油、漏水、漏气现象，排烟无色或淡灰色，不得严重排黑烟或蓝烟。观察各仪表指针读数是否在规定范围。

③ 底盘运行状态检查。拖拉机起步时，离合器分离应该彻底，挂挡容易，不可出现“喀喀”等杂音。前进或后退过程中，变速箱、后桥、最终启动以及行走机构不应有异常声响。转向机构轻便、准确，液压机构升降灵活、稳妥，刹车装置可靠，并巨左右一致。

④ 电器设备检查。观察照明、喇叭、转向灯、预热装置，以及蓄电池、发电机、调节器等工作状态是否正常。查看上述装置及其连接线路是否牢固稳定。

⑤ 随车备品、备件检查。查看有关备品、备件及工具是否齐全。查看产品说明书，出厂一合格证及其他技术资料是否相对应和完整。

（5）农用运输车的选购

农用运输车，如图 5-10 所示，其选购与其他农业机械的选购一样，要从适用性、可靠性、安全性、经济性及通用性等几个方面考虑。由于目前购买农用运输车主要用于营业性运输及田间运输，所以在选购时还要着重注意以下原则：

① 动力性能要好。对于道路运输而言，动力性能指标的好坏直接影响车辆的道路运行的能力。选购时要从三个方面考虑。

其一，最低稳定车速应尽可能低些，加速时应平顺，不灭车，传动系不产生颤动。其二，加速时间要短。其三，爬坡能力要强，特别对于丘陵山区更是如此。

图 5-10　农用运输车

② 配套发动机功率。为了适应不同使用条件下车辆的正常工作，农用运输车同等载重量时其配套功率有所区别。一般情况下，配套的功率越大，其功率储备也就越大，爬坡能力、加速性能等就好一些，但其百公里使用油耗也相对较高，经济性就相对差一些。因此，在选购农用运输车时应综合考虑，要结合当地的情况选购。对于平原地区，可选择功偏低一些的，而对于山区则应选择配套功率偏高一些的。

③ 要符合交通管理部门的要求。由于农用运输车主要用于运输，因此应符合交通管理部门的规定。一般来说，农用运输车的性能指标等，生产厂家在设计时已经考虑了，但由于不同生产企业的条件不同，性能指标及外观要求等还是有些差别的。特别是制动性能、灯光照明、警示标志等一定要符合尾舷。

④ 倒车联结可靠。倒车时，倒车钩（或销）是否联结可靠，应保证托架与轴管联结牢固，防止滑脱上翘。

⑤ 操纵灵活。可靠用手操作，操纵变挡（或变距）手柄及舵柄，看有无卡阻现象，操纵应灵活可靠。

⑥ 外观质量好。应平整光滑，无花脸、气泡、磕碰、划伤。

（6）脱粒机的选购

① 确定购买对象。用户需根据自己的经济状况和服务对象，首先确定是购买“简易式”还是“半复式”脱粒机。一般来讲，简易式脱粒机属旧机型，其结构很不完善，安全设施极差，有些机型已公布为淘汰产品；半复式脱粒机，如图 5-11 所示，它是我国目前生产的一种结构较完善的机型，安全、可靠，清选机构使脱出的籽粒分离较干净，大大减轻了农民的劳动强度，属推广机型。

图 5-11 半复式脱粒机

② 整机检查。外观应整齐，油漆色泽均匀一致，焊缝光滑。

③ 开机前，用手多次转动主轴，当停转时，主轴上的任意标记点应停在不同位置，否则说明静、动不平衡。

④ 滚筒与机架侧壁的间隙检查。应均匀，其最小间隙应大于 3 毫米。用手轻轻转动滚筒，应转动自如，无阻滞、卡、擦、碰撞等现象。待滚筒停止转动后，用粉笔做一个记号，如此反复多次，以滚筒不停止在同一位置为好。用手抓住滚筒，沿轴向推拉几下，不应有过大的轴向窜动。

⑤ 将机具放在平坦的地面上试运转，应平稳、无杂音、无强烈振动和跳动现象。运转 5～10 分钟停机后，用手摸轴承壳，

以不发热为好。有条件的可进行超速试运转，超转速15%运转3～5分钟，无异常现象为合格。

⑥ 机器空运转时，无异常响声，转动平稳，振动不大。

⑦ 看脱粒机喂入口是吸风还是排风，吸风为正常。另外，喂入板长度不小于800毫米，喂入口护罩长不小于400毫米。

⑧ 看旋转外露件有无防护罩和安全警示标志，安全警示标志是否醒目，有无旋转方向标志。

（7）小型割晒机的选购

在选用割晒机（图5-12）时，要考虑作物的种植习惯、播种机的播幅、配套动力，以减少工时和燃料的耗费。要按照使用说明书的要求，检查与拖拉机组装配时的各有关部件是否齐全，如升降架、连接螺栓、升降拉杆等。还要检查易损件是否齐全，如刀片等。然后按下列要求检查外观质量。

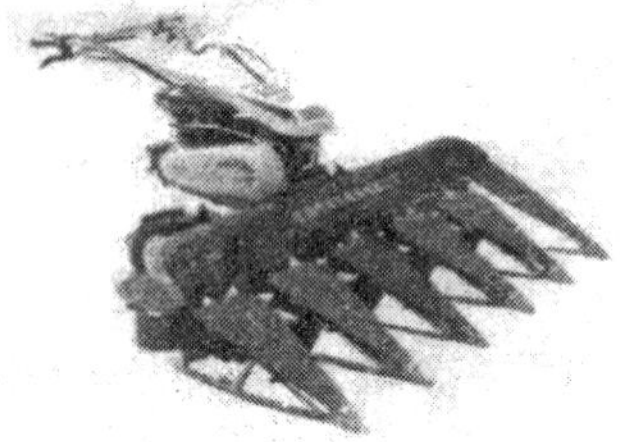

图5-12　小型割晒机

① 表面的油漆色泽应均匀，平整光滑无露底，尤其是主要装饰表面。

② 检查各焊接部位有无烧穿、漏焊和脱焊现象，凡是影响强度的焊缝，都应进行检查。

③ 各铆接、螺栓连接部位是否牢固可靠，松动的应拧紧。

④ 各润滑点应加足润滑油，润滑点应有明显的标记。

⑤ 检查铭牌是否正确，有无农业机械推广许可证。空运转30分钟检查，机器应运转平稳，不得有阻卡和异常响声；各主要紧固件不得松动；用手触摸轴承和齿轮箱，温升不能过高；链条和三条输送带不许脱轨，不能跑偏。

（8）旋耕机的选购

在选购旋耕机（图5-13）时，应注意以下问题：

图5-13　旋耕机

① 根据当地的农艺要求决定是否采用旋耕机耕翻整地。

② 根据自己所拥有或欲购买的拖拉机动力来确定要购买的旋耕机幅宽。旋耕机幅宽过小浪费拖拉机动力，幅宽过宽会造成拖拉机带不动旋耕机，因此要根据动力选旋耕机。选购时还要注意旋耕机和拖拉机的连接装置是否配套。

③ 选择贴有“农业机械推广许可证”的产品。

④ 选择生产批量大、备件供应及时、其他使用者反映较好的企业生产的产品。

⑤ 在选购具体的某一旋耕机时要注意以下几点：一是旋耕机的动力输入轴是否碰伤，碰伤严重会影响旋耕机与拖拉机的连接；二是检查万向节是否配套，配不同的拖拉机旋耕机所配的万向节不同，特别要注意花键套的齿数和直径；三是手转动刀轴转动是否平稳，合格产品应转动平稳，无异响；四是检查刀座焊缝

有无漏焊情况；五是检查有无出厂合格证（合格证须有检验员盖章）、使用说明书、质量“三包”说明，根据说明书检查配件是否齐全。

（9）播种机的选购

① 熟悉播种机械类型。仅就小麦、玉米播种机而言，常用的就有小麦播种机（图5-14）、小麦玉米两用播种机、精量穴播、单粒、双粒可调玉米播种机、单双行玉米施肥穴播机、免耕播种机等很多种。

图5-14 小麦播种机

② 找准合适的播种机型。不仅要考虑机型适宜的播种品种，还要考虑播种地块的大小、土质、土壤肥力地力、新品种对播种技术的要求以及农民习惯等。

③ 考虑所购播种机与拥有动力机械相配套。选择时要根据说明书或标牌，选择与自己现有的拖拉机功率相匹配和挂接方式相同的播种机。

④ 选购信誉好、使用效果好、售后服务好的正规企业生产的产品。最好是上国家农机补贴目录的产品，不仅能保证所购产品质量，还能享受到国家补贴带来的实惠。

⑤ 在本地有一定销售历史和规模的商家购买，以得到企业信誉和服务能力的保证。

⑥ 精挑细选。查看所购产品是否具有产品合格证、使用说明书、“三包凭证”及有关技术文件，尤其要注意整机“三包”有效期、主要部件“三包”有效期等；注意检查排种、排肥器的材质，如为回收塑料制作，则产品不耐磨，使用寿命短、容易损坏；根据当地土壤特点，挑选合适的播种机开沟器形式。合适的开沟器材质要由硬且有一定刚度的材料制成；进行试运转，既要注意机具性能，又要观察外观质量。

⑦ 要向经销商索要正式购机发票。因发票是要求“三包“服务的重要凭证之一。

（10）联合收割机的选购

随着农村经济的发展，农民的收入水平有了很大的提高，使农业生产从传统的手工劳动中解放出来，向农业机械化的目标前进。农民对联合收割机（图 5-15）的需求逐渐增加，而且对产品的性能要求也在不断提高。为了适应这一发展趋势，联合收割机，尤其是中小型联合收割机近几年发展很快。产品的研制、试制已经真正走向了市场，并为广大农民所接受。但中小型联合收割机的生产厂家较多，机型也多，产品质量差异较大，因此，选购中小型联合收割机应考虑以下几个方面：

图 5-15　联合收割机

① 应选择通过国家或省、市级以上质量鉴定合格的产品这

类产品结构设计一合理、性能指标达到国家有关标准的要求，使用可靠性较高，安全性、操纵性好。

② 选购时要考虑零配件供应和售后服务问题应选择当地产或在当地拥有量较多的机型的机器。这样，农忙时能及时得到生产厂家的技术服务和配件供应。

③ 要根据自己的生产规模、地块大小、用途和经济状况来决策特别应该提醒的是，在购买联合收割机时，最好先到当地农机推广、供销部门进行咨询，选择经当地农机推广部门试验认可的机型。

（11）背负式喷雾喷粉机（图 5-16）的选购

图 5-16　背负式喷雾喷粉机

① 机型选择购机时应根据防治作物及班次生产率要求确定所购机具的型号。具体参阅各机型技术参数。

② 机具牌号选择选定机型后，可按下列原则选择机具牌号。一是选择获省级以上奖的产品，优质产品或近几年国家产品质量抽检合格的产品。二是选择有厂名、地址，产品销后服务完善的产品。三是主要技术参数基本相同的情况下，应选择整机重量轻、

零部件强度高、耐腐蚀性好、发动机工作可靠、油耗低的机具。

③ 机具挑选方法。一是外观检查。金属油漆件应无明显的油漆脱落、露底、流挂、锈迹、碰瘪、毛刺等缺陷。塑料件颜色应鲜亮不得渗有回料，且不应有碰裂、碰瘪现象。二是装配质量检查。拆下火花塞，检查各旋转部件有无卡死、擦碰等现象；检查操纵机构的灵活性、可靠性。三是整机完整性检查。按装箱清单清点随机工具、备件。四是看几何尺寸有无变形。将轴类零件沿玻璃板滚动一圈，根据零件与玻璃板贴合处有无漏光来判断是否弯曲；选购离合器从动盘钢片或摩擦片时，可将钢片、摩擦片举在眼前观察其是否翘曲；在选购油封时，带骨架的油封端面应呈圆形，能与平板玻璃贴合无翘曲；无骨架油封外缘应端正，用手握使其变形，松手后应能恢复原状。五是看结合部位是否平整。有无毛刺、压痕、破损或裂纹。六是看零件表面有无锈蚀。发现零件有锈蚀斑点、霉变斑点或橡胶件龟裂、失去弹性，或轴颈表面有明显车刀纹路，应予调换。七是看防护表层是否完好。活塞销、轴一瓦应有石蜡保护；活塞环、缸套表面涂防锈油并用包装纸包裹；柱塞副、出油阀副、针阀副等浸防锈油并用塑料套压缩密封；气门、活塞等浸防锈油后用塑料袋封装。八是看胶接零件有无松动。由多个零件组成的配件，不允许有松动现象，如油泵柱塞与调节臂是通过压装组合的；离合器从动毂与钢片是铆接结合的；摩擦片与钢片是铆接或胶接的；纸质滤清器滤芯骨架与滤纸是胶接而成的；电器设备的线头是焊接而成的。若有松动，应予调换。九是看转动部件是否灵活。选购机油泵、液压泵总成时，用手转动泵轴，应感到灵活无卡滞；选购喷油泵总成，在拨动调节臂时，柱塞应能在柱塞套中灵活转动，推压滚轮时，柱塞应能在弹簧作用下自动回位。十是总成部件有无缺件。喷油器总成应

检查回油接头密封铜垫、挺杆内小钢球等小零件有无漏装；选购喷油泵总成时，应查看柱塞套定位螺钉密封垫、滚轮体定位销钉等有无遗漏等。十一是看装配记号是否清晰。一些零件表面刻有装配记号，若没有，常导致装错。十二是看配合表面有无磨损。若零件配合表面有磨损痕迹，或涂漆配件拨开表层油漆后发现旧漆，则多为废旧件伪装。十三是看表面硬度是否达标。配合件表面硬度都有规定的要求，在确定购买并与商家商妥后，可用钢锯条的断茬试划，划时打滑无痕迹的硬度高；划后稍有浅痕的硬度较高；划后有明显痕迹的硬度低。

3. 农机具的正确使用与维修

随着农村经济不断发展壮大和国家农机购置补贴惠农政策的激励，农机行业也得到了很大的发展，农民在购买、使用农机具的积极性空前高涨，农机具的品种和数量越来越多。但是由于大部分农民缺乏正确使用常识和常规维护经验，加之平时保养不善，造成农机具零部件损坏多和人为使用故障多，不但在经济上给农机户造成不必要的损失，也贻误农时和农业生产。常见农机具的正确使用与维护保养技术要点如下。

（1）操作规范

① 操作前的培训。农机具在使用前，操作人员必须经过严格的技术培训。通过技术培训，使农机具操作人员达到“四懂”、“四会”，即懂农机具的使用范围、懂农机具的工作原理、懂农机具性能结构、懂交通法律法规；会正确使用操作农机具、会合理安装调整农机具、会维护保养农机具、会排除农机具的故障。并熟悉农机具的使用说明书，做到正确安装、合理调整，以达到农机具的设计要求，使农机具经常处于良好的技术状态。

② 按照操作规范操作。在操作过程中，农机具操作人员应该严格遵守操作规程，正确使用，合理操作，保证农机具经常处于良好的技术状态；严禁农机具超负荷作业，一般农机具操作人员为了追求经济效益，经常在超负荷情况下使用农机具，追求超载超速，这样势必缩短农机具的使用寿命，埋下安全隐患，甚至造成严重的机械事故和人身伤害事故，致使农机户造成经济损失。

③ 合理配置。近几年，各种大型联合农业机械的出现，使得我们必须考虑各种农机具之间的合理配置问题。一是选择配套机具要与拖拉机的功率要合理，避免功率大的拖拉机配置小型机具，形成人们俗称的“大马拉小车”，同时，也要避免中国钢锹交易网小功率拖拉机配置较大的机具而造成“小马拉大车”。二是各种农机具之间的加工精度要统一，否则就不能达到作业质量要求。三是大型联合农业机械的一些配套设备（设施）一定要齐全，否则也不能发挥其应有的作业质量和效率。

（2）保养技巧

① 正确保养农机具。除了平时注意农机具的技术状态外，在每班作业后或作业结束后，都应做好农机具的保养工作。具体做法：一是清除污垢、泥土和缠绕在工作部件上的杂草等；二是检查工作部件的状态和各部分安装调整的正确性；三是检查农机具各零部件有无丢失，检查并紧固所有螺帽；四是对需要的部位按要求添加润滑油（脂）；五是更换失效的易损零部件。

② 正确保管农机具。由于农业生产季节性强，有些农机具，农忙时参加农业生产作业，农闲时就要停歇保管，有的农机具夏季水中泡，冬季雪里埋，春秋作业之余是风吹、雨淋、日晒，不能妥善保管，也无具体措施，乱拆乱卸，损失十分严重，使得整台农机具状态变坏，更甚者中国钢锹交易网是缺少零部件，不能

进行正常作业。要避免上述现象发生，应采取以下措施：一是保管农机具的场所应经常保持清洁，无积水、无油污、无杂草等，在冬季应及时清除积雪；二是室内农机具库房要保持通风、透光，避免潮湿；三是农机具保管之前应进行彻底清洗，除掉泥土、杂草和油污，并向各润滑点加注润滑油（脂）；四是农机具容易腐蚀的部位和生锈后对工作有直接影响的部件，应涂抹防腐油漆；五是露天停放的农机具应用砖石垫起，使其不与地面接触；六是容易腐蚀变形的零部件，应拆下清洗，存放室内妥善保管。

总之，有了农机具并不等于实现了农业机械化，关键是如何管好、用好，使之充分发挥其应有的效率，为农业增产增收服务，为农民脱贫致富服务。当前，我们应在普及农机具应用常识的基础上，进一步加强对农机户进行农机具的合理使用与维护保养知识的培训，使广大的农机具操作人员达到“四懂”、“四会”，使农机具经常处于良好的技术状态。

（3）相关标准

① 保养标准。农机的保养标准：杜绝“三漏”，即做到不漏油、不漏水、不漏气，各部分管接头油封和水封良好，联接紧固。达到"四净"：即油净、水净、空气净、机具净。做到五“良好”：即调整良好，各部间隙、压力、行程正常；润滑良好，各部规定油面符合要求，油路畅通，黄油注够；紧固良好，各部螺纹联接扭矩符合规定，防止过松或过紧；仪表良好，读数正常；电路良好，线路完好，布置规范，无断路或短路。农具（犁、耙、播）保养的标准。要达到安装与调整正确；不变形；紧固件应固定牢靠；润滑可靠，无干摩擦；零件齐全，技术状态良好。

② 操作标准。应做到“专、二准、三慢、四禁”。“一专”即专心作业，田间作业时要走正、走直，调整起落农具及时、准

确。“二准”，即各种仪表读数正确，手脚动作中国钢锹交易网配合准确；“三慢”，指挂接农具的拖车起步要慢，上下坡、弯路行驶要慢，过村镇、桥梁要慢；“四禁”，指禁止长时间超负荷作业，禁止拖带农具高速行驶，禁止乱拆、乱卸、乱调整，禁止未经专门培训或考核不合格者上岗操作。

③ 保管标准。农机具应有专门库房或专用停车场，较长时间停放要有专人保管，停放场所应无杂草和积水，保管达到“洁、齐、涂、垫、全”，即内外清洁，无油污杂物；机具停放排列整齐；工作部件应涂废机油，机架应喷漆或涂漆，以防机具被腐蚀；机具应支垫，使之离开地面；零部件完好齐全不变形，长期停放时贵重零部件应拆卸入库。另外，柴油应实行三级过滤、两次沉淀、一次密封，即柴油从拉油车装入油罐要过滤，从油罐注入油桶要过滤，从油桶加入机车油箱要过滤；油罐沉淀 96 小时，油桶沉淀 48 小时；机车应采用密封加油。

六、生产管理

【引导性案例】

人误地一时　地误人一年

农谚“人误地一时，地误人一年”是我国劳动人民在长期生产实践中的经验总结。它向人们提示了农业生产中的一个基本原则：农业生产具有强烈的季节性，必须因时制宜，不违农时。否则，必然会导致减产，甚至颗粒无收。这句农谚包含了深刻的科学道理。

农业生产的实质是农作物对太阳光能的利用。农业生产的目的是为了获得优质而量高的农产品。然而农作物的产量是在田间条件下，通过作物生长发育的生命活动形式制造出来的。作物的生长发育不仅受遗传特性所决定，而且受复杂多变的环境条件的强烈影响。因此，农业生产的一切措施，都必须围绕着如何创造最有利于作物生长发育的环境条件，使之不断合成最大数量的优质光合作用产品。农作物生长发育的环境条件，主要由光、温、水、气、营养等诸因素构成。当前人类除了用施肥、灌水、耕作等措施来调节和促控作物对水、肥、气的需求外，对光照、温度的季节性变化还没有很有效的控制措施，只能顺应自然季节的变化。因此，不违农时，是农业生产中至关重要的一条原则。其原因有以下三方面：

一、遗传特性的不同

由于长期的自然选择和人工选择，使各种作物在系统发育过程中形成了各自的遗传特性，使它们在各个生育时期对气候及栽培条件的要求有所差异；而且作物的各个生长发育时期对环境的要求是不可逆的，即虽然作物有一定的调节和补偿能力，但后期栽培条件的改善，基本上不能改变前期不良栽培条件的影响，不能获得理想的产量。因此，必须根据作物的生育规律，循序地及时做好每一个生育时期的管理工作。特别是播种期的适时，更为重要，切莫耽误。

二、对温度、积温要求不同

温度是影响作物生长、发育的重要因素之一，因为它直接影响作物体内酶的活性强度，它与各种；生理现象有关。各种作物或同一作物的不同品种，它们在不同的生育时期要求不同的温度和积温。在适温范围内，温度愈高愈有利于作物生长发育；超过适温则又不利于生长发育的进行。温度过高或过低，达到一定临界温度后，都会使生长发育停止。如秋播作物都要求一定的低温条件，以通过春化阶段的要求，才能正常开花结实，而春播作物都有程度不同的感温性，达到一定的积温要求以后，才能正常进行生长发育。因此，掌握作物的适宜播种期，是满足作物一生中对温度要求的最为有效的措施。

三、对日照时数和日照强度要求不同

作物生长发育期中每天的日照时数和日照强度，直接影响光合产物积累与生长量大小。光照强度不足时，就会发生徒长或叶色变黄，特别是每天日照时数的长短，还影响作物的生长发育速度，各种作物都是在一定的光、暗交替状态下，才能正常开花结实（光周期现象）。所以各种作物都只能在一定的时期播种，才能适应作物生长发育对日照长度的要求。麦类、豌豆、油菜、蚕豆、胡麻、甜菜等，其光周期反应就要求长日照，在12～14小时才能开花结实。玉米、水稻、高粱、大豆、棉花、烟草、大麻等，光周期反应则要求短日照，每天连续黑暗时数在12～14

小时才能开花。但如果在每天日照时数很短或连续黑暗下，由于光合作用微弱或停止，就会造成营养不足，短日照作物也不能开花。

以上充分说明了不违农时的重要性。尤其在春季播种时期，应根据各种作物的生长发育特性，各地的气候变化规律，合理安排各作物的播种时期。抓紧时间，适期早播，不误农时，以使作物在有利的环境中生育，满足兑水、肥、光、温、气的需要，发挥生产潜力，获取稳产、高产。

（资料来源：新疆农垦科技，1987/02）

（一）农业生产过程组织与调控

1. 农业生产过程的概念与内涵

农业生产过程是指围绕完成农产品生产的一系列有组织的生产活动的运行过程。农业生产管理对农业生产系统来说，就是对农业生产过程进行计划、组织、指挥、协调、控制和考核等一系列管理活动的总称。

农业生产过程有狭义和广义的理解。狭义的农业生产过程是指农产品生产过程，是对农业原材料进行加工，使之转化为农成品的一系列生产活动的运行过程。广义农业生产过程是指农业企业生产过程。农业生产过程包含基本生产、辅助生产、生产技术准备和生产服务等农业范围内各项生产活动协调配合的运行过程。

2. 农业生产过程的构成

农产品生产过程是由一系列生产环节组成的，一般包含生产过程、检验过程、运输过程和加工过程、储藏销售过程等。有一些农产品的生产过程中还包含自然过程，所谓自然过程，是指借助自然力的作用，使劳动对象完成所需的某种物理、化学变化的过程，如酿酒生产中的发酵过程，以及自然冷却、自然干燥、自然时效等自然处理过程。

农业生产过程主要有如下生产过程：作物选种→移栽→田间管理→收割。种植业主的利益最大化始终是其追求的重要目标。图 6-1 显示了农业生产过程模块之间的关系。

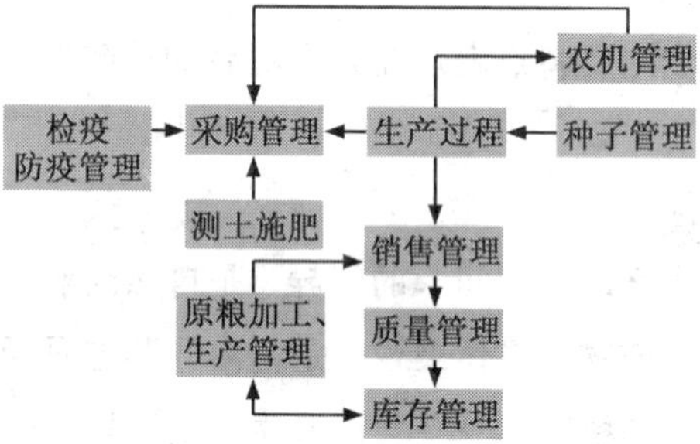

图 6-1　绿色食品

图 6-2 给出了较为详细的农业生产管理系统各模块间的关系。

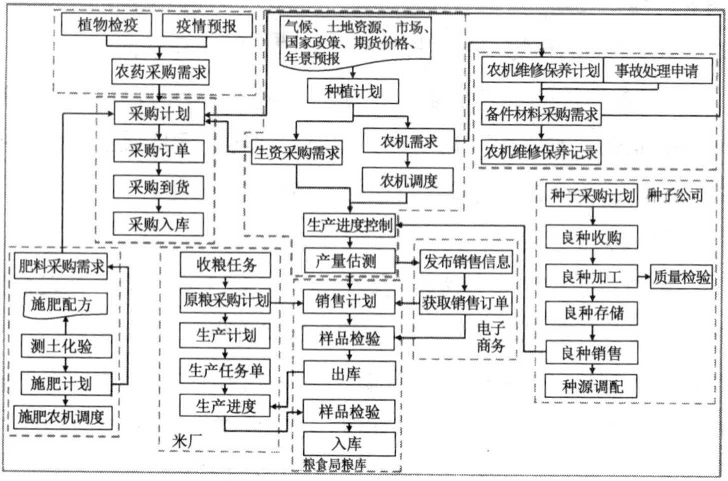

图 6-2　农业生产管理系统

3. 农业生产的特点

农业生产活动是指人类利用土地的自然生产力，栽培植物或饲养动物，以获得所需产品的过程。农业是利用动植物的生长繁殖来获得产品的物质生产部门。农业的生产对象是动植物，农业生产必须依靠土地来进行。

农业生产的主要特点表现在具有明显的地域性、季节性与周期性。

（1）地域性

是指农业生产地域空间上的差异，是自然因素与社会经济因素共同作用下的产物。具体来说，是由内外两方面因素造成的。内部因素主要指动植物本身有自己的生长发育规律；外部因素主要是指不同的自然条件与社会经济条件，为动植物的生长发育提供不同的外部环境；内外因素共同形成了各地农业生产所具有的明显的地域性。

① 不同的作物，对生长发育要求的自然条件不同。

② 各地不同的自然条件、经济技术条件不同。这就要求在发展农业生产时，要因地制宜，适地适作物、适地适品种。不同的农业地域类型就是地域性特征的具体体现。

（2）季节性

是指农业生产受自然因素影响较大。由于农作物生长发育受热量、水分、光照等自然因素影响，这些自然因素随春、夏、秋、冬季节而变化，并有一定的周期性。一种作物在一年中的何时播种、何时收获有其自然周期规律性。这就要求在进行农业生产时，不误农时，及时的播种与收割。播种与收割需要按不同作物生长季节顺序来安排。

（3）周期性

捕鱼、造林、畜牧等农业生产活动具有周期性的特点，有农忙与农闲之分。针对这个特点，发展农业生产时应不违农时，合理安排生产，使农业生产活动有序而高效。

4. 农业生产管理的内容与方法

（1）农业生产管理的内容

① 做好年生产计划。包括生产作物的种类及品种、面积、地块位置。新品种的引进及改良。

② 农资机具的采购。包括肥料、农药、农具、地膜等采购及使用。

③ 适时播种与收获。及时播种，不误农时。

④ 病虫害的防控。不同的作物有不同的病虫害，家庭农场业主要及时对作物的病虫害进行预测预报，采取生物防治、物理防治、化学防治等综合防控措施，促进增产。

⑤ 自然灾害的预防。农业生产与气候因子密切相关，受气候影响很大。家庭农场业主要及时观测、收看天气预报，尤其要注意灾害性气象（如冰雹、早春寒、暴雨、大风等）的发生及预防。

⑥ 农机具的维修与保养。对家庭农场的农机具要及时检修，以保证正常使用。

（2）农业生产管理的方法

家庭农场生产管理主要是在家庭农场主的带领下，组织、协调与实施农业生产。具有相当独立性。方法有：一是人工记账式管理。即把家庭农场生产各环节各要素按照记账式的方法由农场主或农场管理者记录在册。二是计算机电子管理。即按照专门开发的“家庭农场生产电子管理系统”管理生产。只需要操作人员把家庭农场生产要素（土地处理、施肥、播种、灌溉、病虫害防治、杂草控制，农资采购，农产品收获、储藏及销售等）相关信息输入到“家庭农场生产电子管理系统”即可。

（二）土地耕作

1. 土壤耕作的概念与特点

土壤耕作，就是通过机械的物理作用，调节土壤松紧度、土壤表面状态和耕层内部土壤的位置，创造适宜作物生长的土壤水、肥、气、热状况的技术措施。

土壤耕作的特点：一是一种措施可以同时起几种作用；二是一项任务可以由几种措施来完成。

2. 土壤耕作的作用与实质

（1）土壤耕作的作用

① 松碎土壤。每隔一定时期，通过土壤耕作，将耕层切割破碎，使之疏松而多孔隙，以增强土壤通透性。

② 翻转耕层。改变土层位置，改善耕层理化及生物学性状；翻埋肥料、残茬、秸秆和绿肥，调整耕层养分的垂直分布；消灭杂草和病虫害，消除土壤有毒物质。

③ 混拌土壤。使土肥相融，改善土壤的养分状况；使肥土与瘦土混合，使耕层形成均匀一致的营养环

④ 平整地面。整平地面，减少土壤水分的蒸发，以利于保墒。便于播种机作业，提高播种质量，对于水浇地，地面平整更为重要。

⑤ 压紧土壤将耕层土壤压紧，使大孔隙减小，增加毛细管孔隙，抑制气态水的扩散，减少水分蒸发（镇压）。

⑥ 开沟培垄、挖坑堆土、打埂作畦。

（2）土壤耕作的实质

土壤耕作措施与其他技术措施不同，它并不是对土壤中的水、肥、气、热各肥力因素有什么增减作用，而是以机械的作用改善了土壤与外界环境条件的关系，首先是直接改善了土壤的物理状况，调节了土壤三相比例关系，进而调整了土壤肥力因素之间的关系，所以土壤耕作的实质就是通过机械作用，创造良好的耕层构造和孔隙度，调节土壤中水分与空气的状况，从而调节了土壤肥力因素之间的矛盾，为形成高产土壤奠定基础。

3. 土壤耕作的依据

（1）土壤耕作与气候条件

① 根据降水与蒸发条件进行土壤耕作。基本要求：土壤水分保持动态平衡。通过土壤耕作调节水分状况：易旱农田：蓄水保墒，减少蒸发。易涝农田：开沟排水，促进蒸发。我国西北和内蒙古雨养农业地区，雨季集中在夏、秋季节，早春干旱少雨，在雨季之前深耕晒垡（伏耕），能增强耕层保蓄水分的能力，冬、春旱季，耙、耱、镇压防蒸发，即使在年降雨量 400～500 毫米的地区，仍能获得作物高产。

此外，通过土壤耕作可调节土壤水分蒸发。土壤水分蒸发既损失了水分，又助长了土壤盐渍化。通过土壤耕作，切断毛细管，或降低上层土壤非毛管孔隙量均能有效地防止土壤蒸发。

② 根据干湿交替与冻融交替状况进行土壤耕作干湿交替和冻融交替对提高土壤耕作质量有辅助作用。

③ 土壤耕作应有效地防止水蚀与风蚀。土壤耕作应创造紧密的表土层，减少耕作次数，保持良好的表土结构。此外，等高耕作、残茬覆盖耕作，有助于农田水蚀的控制；地面留茬、覆盖、少（免）耕、开沟起垄，增大地表粗糙度等，均有助于防治农田风蚀。

（2）土壤耕作与土壤特性

土壤耕作要与土壤特性相适应，因土制宜。

① 表土层。一是土壤特性。0～10 厘米，经常受气候和耕作栽培措施的影响，变化较大。二是耕作目标。表土耕作要围绕维护表土结构，促进通气透水，防止水分蒸发，控制表土发生不利于保证播种质量、种子发芽出苗和幼苗生育的情况进行。

② 稳定层。一是土壤特性。土壤 10～30 厘米内称根际层，为根系活动层次，依耕层深度而变，该层受机具、人、畜及气温影响较小，土壤容重也较表土层小，其理化、生物性状都比较稳定，是根系集中的地区，对作物发育有决定作用。二是耕作目标。处理好这层土壤的保水保肥性能，对作物抗旱、提高水分利用效率极为有利，尤其对干旱地区更加突出。

③ 犁底层。一是土壤特性。对于薄层土、沙砾底易漏土壤来说，犁底层有保水、保肥、减少渗漏的作用。但对土层深厚的农田，则不利于将水分深贮在心土层，并有造成耕层渍水的危险。这对盐碱土壤更为不利。二是耕作目标。土壤耕作要重视防止犁底层的形成和消除已有的犁底层。

④ 心土层。一是土壤特性。犁底层以下的土壤一般称为心土层。该层土壤结构紧密，毛管孔隙占绝对优势，是保水蓄水的重要层次。二是耕作目标。作好深层贮水，消除犁底层，防止耕层土壤水分蒸发，提高渗透性，稳定贮水效果。

（3）土壤耕作要与作物相适应

不同作物对土壤环境的要求不同，因此，土壤耕作必须与作物相适应。如：根茎类：起垄培土；小粒种子作物：要求种床平整细碎。

（4）土壤耕作要配合有关农业措施

① 施肥数量、时期和肥料种类不同，耕作方法和耕作深度

应不同。有机粪肥和绿肥施用量大，必须深翻；化肥施用量较少，可结合播种、中耕施入。

② 茬口特性不同，耕作方法和耕作深度应不同。豆类作物茬口较好，为肥茬或软茬，收后可以不翻耕，而采用耙茬即可；高粱、谷子耗地较重，其茬口为硬茬或瘦茬，使土壤板结、贫瘠，所以高粱茬、谷子茬应进行翻耕。

4. 土壤宜耕性和耕作质量

（1）土壤宜耕性

① 什么是土壤宜耕性？土壤宜耕性又叫土壤耕性，即影响土壤耕作难易和耕作质量的土壤属性，是土壤物理机械特性（包括结持力、黏着性和可塑性等）在耕作时的综合表现。

② 主要影响因素。一是土壤水分含量；二是土壤质地；三是土壤有机质含量；四是土壤含盐量。

③ 确定耕作的先后顺序。应根据土壤宜耕期的长短确定耕作的先后顺序。如黏土、洼地宜耕期短，应优先安排耕作；而宜耕期长的土壤可安排在宜耕期短的土壤前或后进行耕作。

（2）土壤耕作质量检查的内容

① 耕深及有无重耕或漏耕。耕深是检查耕作质量的重要指标。

② 地面平整度。不能有高包、洼坑、脊沟存在。尤其对灌溉农区，盐碱土壤和水田，平整度更是重要的质量指标。

③ 碎土程度。绵而不细。其土壤团块的大小应该是既没有比 0.5～1.0 毫米小得多的土块，也没有比 5～6 毫米大得多的土块。

④ 疏松度。耕层有无中层板结；播前耕层是否过于松软。

⑤ 地头地边的耕作情况。

5. 土壤耕作的方法

(1) 初级耕作措施

初级耕作措施又叫基本耕作措施，是指入土深、作用强烈、能显著改变耕层物理性状、后效较长的土壤耕作措施。一般在种植作物播种之前进行。

① 翻耕。翻耕是应用最广的土壤耕作措施，消耗的动力也最多。耕太浅起不到应有的作用，耕太深翻上来过多的生土，不利于作物生长。

A. 作用：是翻土、松土、碎土。

B. 优点：土壤松碎，利于翻埋有机肥和秸秆残茬，杂草、病菌。

C. 缺点：跑墒，耗能高，成本高，容易造成水土流失。

D. 方法：全翻垡；半翻垡；分层翻垡。

E. 时期：伏耕优于秋耕，早秋耕优于晚秋耕，秋耕优于春耕。

F. 深度：黏质土、盐碱土，翻耕可深些；沙质土、心土层较薄或有石砾的土壤不宜深耕；在干旱、多风、高湿地区不宜深耕，否则会造成失墒严重。

G. 后效：旱作农田2～3年；灌溉农田1～2年。

② 深松耕。它是用深松铲或凿形犁等松土农具疏松土壤而不翻转土层的一种深耕方法。

A. 优点：可间隔深松，虚实结合；作用深度大，可打破犁底层；不乱土层，减少跑墒和因耕作造成的土壤侵蚀，特别适合旱地、丘陵、土层薄和白浆土地区；耗能少，成本低；可分散在不同时期进行，不必集中作业；盐碱地深松可保持脱盐位置不动，减轻盐碱危害。

B. 缺点：不能翻埋有机肥和秸秆残茬，杂草、病菌。

C. 技术要点：掌握宜耕期；可以分层深松。

D．方法：只松不翻、不乱土层。

E．时期：可以分散在各个适当时期进行，做到耕种结合和耕管结合。

F．深度：耕深可达25～30厘米，最深为50厘米。

③ 旋耕。它是使用旋耕机具松碎耕层土壤的耕作方法。

A．作用：利用犁片的转动松碎土壤，同时切碎残茬、秸秆和杂草。

B．优点：既能松土又能碎土，地面也相当平整，集犁、耙、平三次作业于一体。节省动力，作业效率高，成本较低，完成后地面松碎平整。

C．缺点：作用深度浅，一般在10～15厘米。

D．技术要点：掌握宜耕期。

（2）次级耕作措施

次级耕作或称表土耕作，是配合基本耕作措施使用的入土较浅、作用强度较小，旨在破碎土块、平整土地、消灭杂草的一类土壤耕作措施。

① 耙地。是收获后、翻耕前甚至播后出苗前、幼苗期的一类表土耕作措施，深度一般为5厘米左右。

② 耱地。是指耙地之后的平土、碎土作业。一般作用于表土，深度为3厘米。多用于半干旱地区的旱地上和干旱地区灌溉土地上，多雨地区或土壤潮湿时不能采用。

③ 中耕。是在作物的生长过程中所进行的表土耕作措施。能使土壤表层疏松，能保持土壤水分，减少地面蒸发。在湿润地区或土壤水分过多的地区还有蒸散水分的作用。中耕还可以调节地温，尤其是气温高于地温时，能起到提高地温的作用。因为中耕改变了土壤的水分、温度和空气状况，从而改变了土壤的养分状况。消灭杂草是中耕的一个重要任务。

④ 镇压。具有压紧耕层、压碎土块、平整地面的作用。一般作用深度为3～4厘米，重型镇压器可达到9～10厘米。播种前如遇土块较多，镇压可提高播种质量。播种后的镇压使种子与土壤密接，引墒返润，及早发芽。冬小麦越冬前镇压，防止漏风，引墒固根，提高越冬率。镇压时，应注意土壤水分含量是否适宜，过湿则会使土壤过于紧实，干后形成结块或表层形成结皮。根据经验，以镇压后表面不生结皮，同时表面有一层薄的干土层为宜。

⑤ 起垄。我国东北地区与各地山区盛行垄作，目的是为了排水，提高局部的地温。山区垄作主要是为了保持水土。起垄是垄作的一项主要作业，用犁开沟培土而成。垄宽50～70厘米不等，视当地的耕作习惯、种植作物及工具而定。近年来南方稻区在排水不良的浸水稻田实行垄作栽培水稻，起到一定的增产作用。

⑥ 作畦。我国有两种作畦方法。北方水浇地上种小麦作平畦，畦长10～50米不等，畦宽2～4米，为播种机宽度的倍数。四周作宽约20厘米、高15厘米的畦埂。灌水时由畦的一端开口，水流至畦长的80%位置即关水闭口，让余水流到畦的另一端。南方种小麦、棉花、油菜、大豆、蔬菜等作物时常筑高畦，畦宽2～3米，长10～20米，四面开沟排水，防止雨天受涝。

（三）科学播种

1. 良种选购

【典型案例】

几起坑农害农的假种子案例

目前，国家工商行政管理总局公布了“2005红盾护农行动”中查处的20起违法典型案例。其中有九起涉及种子。

1. 云南腾冲县曲石乡农业技术推广站经营劣质玉米种案

曲石乡农业技术推广站于去年1月20日从云南足丰种业公司购进“保玉七号”玉米种子（包衣种）1万千克，销售给农民。农户播种后反映该批种子出芽率低。同年3月23日，腾冲县工商局对该批种子进行抽检，结果显示该批种子的正常幼苗率为61%，为不合格种子。腾冲县工商局依法对当事人做出责令停止违法经营行为、没收劣质玉米种子、罚款3万元的处罚决定。

2. 新疆阜康市滋泥泉子镇农业服务中心经营假小麦种子案

2004年底，阜康市滋泥泉子镇农业服务中心从该镇农民家中收购65.4吨商品小麦，经加工后，用新阜农科有限责任公司提供的种子包装袋和种子标签进行包装，并将其中61.8吨小麦作为种子销售给该镇220户农民。2005年5月8日，阜康市工商局依法对阜康市滋泥泉子镇农业服务中心做出没收违法所得3.1万元、没收假种子1.9吨的处罚。

3. 青海西宁市上十里铺村村民李某、柳某等人加工销售假种子案

2005年3月，当事人李某、柳某等5人从互助县台子乡购进油菜籽15 075千克，在西宁金雅彩印包装厂印制假冒青海春油菜研究开发中心生产的青杂二号（303）高产优质甘蓝型春油菜杂交种子包装袋3.5万个后，在家中加工假冒青杂二号（303）油菜籽种子3.4万袋（每袋400克）向外销售，被西宁市工商局查获。5月，西宁市工商局依法对其做出没收尚未销售的假冒油菜籽种子58件（每件100袋）、没收违法所得31.91万元、罚款164.56万元的行政处罚。

4. 辽宁大连农丰高新技术开发有限公司柳家分公司销售假冒大豆种子案

2005年1月15日，大连农丰高新技术开发有限公司柳家分公司购进岫岩县哨子河农科站销售的丹304（丹豆11号）大豆种400袋，其包装袋上标明的是“丹玉”注册商标，企业名称是“丹东农科院种子公司”。经鉴定，该大豆种为假冒产品。大连普兰店市工商局依法没收了其尚未售出的大豆种子9 675千克及违法所得，并处罚款2.5万元。

（资料来源：种业315,2005/10）

（1）小麦种子的选购

① 因地选种。种子的生态区化很严格，每个品种都有自己适宜的区域范围，选种时要明确当地的区域特点和小麦的生态类型，选择适宜本区域的品种。

② 根据耕地肥水情况。在选种上也要明确当地耕地的肥水情况，根据麦田肥沃与否、能否浇灌、是套种还是轮作等情况选取适宜的品种；还应明确良种的特征特性，不同类型小麦品种的丰产性、稳产性各不相同，成熟期也不一样，抗倒性、抗旱性、抗病性及适应区域都有很大的差异，在种植时必须详细了解各小麦品种的特点和习性，以便选择最适宜的地块，最适宜的良种种植，达到预期的高产目的。

③ 遵循试验示范的原则。除了一些统供统繁的种子外，也可以少量选购一些其他品种，做示范性种植，以便为本地区选育出更适宜种植的种子来，但是必须严格依照“一切经过试验”的原则，按照经销商的介绍少量购买，这样如果失败也不会有太大的损失，如成功也算是给来年提供科学依据。

④ “五注意”原则。当前，秋收在即，农民朋友在选购小麦良种时一定要做到五注意：一要注意选择合法种子经营单位的种子。二要注意选择已经国家或省级审定或经过我省同意引进种植的且适宜本地种植的品种。三要注意品种的综合性能，做到良

种对路、良法配套。切不可盲目选种。四要注意查看种子质量及种子质量检验报告，选择高质量的种子。五要注意索要购种凭证。购种凭证上一定要详细写明品种名称（绝对不能简写）、数量、购种时间等内容，并加盖销种单位公章，而且公章要与经营许可证或营业执照上的名称完全一致。另外，统供种子还应是统一发票或统一格式。

（2）玉米良种的选购

① 根据热量资源条件选种。一般生长期长的玉米品种丰产性能好、增产潜力大。但是，过于追求高产而采用生长期过长的玉米品种，则会导致玉米不能充分成熟，籽粒不够饱满，影响玉米的营养和品质。所以，选择玉米品种，既要保证玉米正常成熟，又不能影响下茬作物适时播种。地势高低与地温有关，岗地温度高，宜选择生育期长的晚熟品种或者中晚熟品种；平地生育期适宜选择中晚熟品种；洼地宜选择中早熟品种。

② 根据当地生产管理条件选种。玉米品种的丰产潜力与生产管理条件有关，产量潜力高的品种需要好的生产管理条件，生产潜力较低的品种，需要的生产管理条件也相对较低。因此，在生产管理水平较高，且土壤肥沃、水源充足的地区，可选择产量潜力高、增产潜力大的玉米品种。反之，应选择生产潜力稍低，但稳定性能较好地品种。

③ 根据前茬种植选种。玉米品种的增产增收与前茬种植有直接关系。若前茬种植的是大豆，土壤肥力则较好，宜选择高产品种；若前茬种植的是玉米，且生长良好、丰产，可继续选种这一品种；若前茬玉米感染某种病害，选种时应避开易染此病的品种。

另外，同一个品种不能在同一地块连续种植三四年，否则会出现土地贫瘠、品种退化现象。

④ 根据病害选种。病害是玉米生产的大敌，主要与土壤有关。土壤养分不平衡，地温不正常，选种时应避开不适宜此条件生长的品种。如“登海9号”玉米，只适宜在土壤养分均衡、熟化程度高的地块生长。

⑤ 根据种子外观选种。玉米品种纯度的高低和质量的好坏直接影响到玉米产量的高低，玉米一级种子（纯度98%）的纯度每下降1%，其产量就会下降0.61%。选用高质量品种是实现玉米高产的有利保证。优质的种子包装袋为一次封口，有种子公司的名称和详细的地址、电话；种子标签注明的生产日期、纯度净度、水分、芽率明确；种子的形状、大小和色泽整齐一致。

⑥ 根据当地降水和积温选种。根据经验，上年冬季降雪量小，冬季不冷，第二年夏季降雨会比较多，积温不会高，种生长期过长的品种，积温不够，往往影响成熟。反之，上年冬季降雪量大，冬季很冷，翌年夏季降雨一般偏少，积温偏高，宜选择抗旱性能强的品种，洼地可以适当种些中晚熟品种。

（3）大豆良种的选购

① 依据当地有效积温、无霜期选择品种。积温带应选择有效积温在 2 300～2 100℃之间的品种为宜，积温带应选择有效积温在 2 100～1 900℃之间的品种，第六积温带应选择有效积温在 1 900℃以下的品种为宜。

② 根据地势、土壤和水肥条件选用品种平川地、排水良好的河套地、二洼地，在施入较多的肥料时，就要选用耐肥、秆强、抗倒伏的高产品种。而在瘠薄干旱及施肥量不足的条件下，就要选择生长繁茂、适应性强而且耐贫瘠的品种。

③ 根据栽培技术和方法选用品种。采用窄行栽培技术密植要选择矮秆或半矮秆、秆强、抗倒伏的品种，如第四积温带选用

黑河 36 号等。采用机械收获要选用秆强不倒、株型收敛、底荚较高、不易炸荚及自立不易破碎的品种。采用"垄三"播法则选用喜肥水、抗逆性强、秆强不倒、高产的品种，如第四积温带选用黑河38号、哈北46等。大豆行间覆膜选择适合本生态区种植的优质高产抗病、抗倒伏的晚熟品种，如在第四积温带选用垦鉴豆25号等。

④ 根据用户要求和市场需求选用品种。大豆是黑龙江省大宗农产品商品性最强的作物，近年的国内外大豆市场，对大豆的品质要求越来越高。优质品种的产量不能太低，产量的高低是种植者十分关心的，它是评价大豆品质的重要依据，如果优质品种产量过低，单位面积的脂肪或蛋白质总量都不高，优质加价难以弥补减产的损失，达不到优质高效的目的。高油品种主要用于国内油脂加工，需求量很大，高蛋白品种主要用于出口和国内豆奶加工、豆制品生产等，所以高油品种生产和高蛋白品种生产应分别进行。

适时早播有利于大豆脂肪含量的提高，高油生产应特别强调不能晚播，如拌根瘤菌可明显提高大豆蛋白质含量，但脂肪含量则明显降低，多年重茬地大豆脂肪含量明显降低。因此，高油大豆生产应合理轮作、选择抗性强的品种，不能种多年重茬豆。另外，适当增加磷、钾肥用量，降低氮肥用量可相应增加油脂含量，但必须保证有一定的氮素水平，因为，要充分满足氮肥水平，才会有一定的生物量。适当干旱、光照充足的条件也有利于油分的形成，但适当降水或人工灌溉是保证一定生物产量的需要，也是高产优质的保证。增加有机质和氮肥用量可相应增加蛋白质含量。

⑤ 根据订单农业选用品种。小粒豆适宜用来制作豆芽，主要销往南方市场，国外市场也有需求，价格要比商品豆高点，但

产量比较低，特色豆市场用量小，所以应按订单种植。一般品种百粒重约 20 克，大粒豆百粒重在 22 克以上，如黑河 27 号，小粒豆百粒重在 16 克以下，如黑河 17 号，还有纳豆是特小粒豆，百粒重在 9 克以下，出口日本。大粒豆主要用于毛豆和食品加工，具有良好的发展前景，大豆富含蛋白质和油脂，具有较高的营养价值，人们长期以来保持着食用大豆及其制品的膳食传统，人们偏爱食用大粒豆，因此，大粒豆消费在相当长的时间内将保持持续稳步增长的趋势。在选择良种的基础上还必须进行种子包衣、土壤耕松、增施肥料，病虫草害防治，喷施重迎茬肥及叶面肥等多项技术措施，才能达到优质、高产、高效的目的。

（4）油菜良种的选购

① 选择优质油菜良种。与普通油菜相比，优质油菜具有“三高、两低”的（含油量高、油酸及亚油酸含量高、蛋白质含量高，芥酸及亚麻酸含量低、硫苷含量低）突出优势。农户种植优质油菜，产量与普通油菜基本持平，但因出油多、油品质好，加之饼粕可做饲料、菜薹可做蔬菜，不仅直接经济效益较高，综合效益更是明显高于普通油菜，一般每亩（1 亩=667 米^2）增值可达 300 元以上。

② 选用已试种过的适宜品种。一般农户，最好选择本地已试种过且表现优良的油菜品种，或选择经当地农业主管部门试验示范、审定（或认定）推广的油菜品种。未经过试种的新品种，可先少量试种后再稳步扩大面积，切不可盲目大面积种植。农户在购买油菜种时，有的追“新”求“异”，有的贪图便宜，有的则认为价格越高的种子质量越好，买种时就“高”不就“低”，这些观念都是十分错误的。

③ 根据当地气候条件选择适宜品种山区由于海拔不同，气

候条件差异较大，因此在选择优质油菜品种时应特别注意。生育期较长的油菜品种，只能在海拔较低、积温较高的区域种植；生育期较短的油菜品种，虽然可以在海拔较低的区域种植，但因成熟过早、产量较低，所以最好在海拔较高的区域种植。

④ 根据茬口与种植方式选择适宜品种如果前茬腾地早，采取育苗移栽方式种植，宜选择生育期长、分枝部位低、单株增产潜力大、产量高的油菜品种；相反，如果前茬腾地迟、采取直播栽培，宜选择生育期短、株型紧凑、靠群体增产的较早熟品种。另外，水田油菜如果春夏之交水源紧张，需要早腾茬、早插秧，也应选择成熟较早的油菜品种。需要特别注意的是，春性较强的油菜品种，秋季不宜播种过早，否则会导致油菜年前起薹开花，冬季严重受冻。

⑤ 根据种植目的选择对路品种。如果只是为了收获菜籽，选择一般油菜良种即可。若要采收菜薹，应选择秋季长势旺、起薹早、薹粗壮，打薹后从基部萌发分枝能力较强的品种。另外，为减少年前施药，保证菜薹品质，做“一菜两用”栽培的优质油菜，还应注意选择抗病虫能力较强、秋季病虫较少的品种。

⑥ 根据栽培条件与病虫害发生情况选择适宜品种优质油菜病虫害发生相对较重，对种植环境与栽培技术要求较高，因此农户在选择优质油菜良种时，应注意具体条件与品种特性相适应。例如兑水肥条件要求较高的高产品种，在水肥条件较差的田块就不宜种植；抗菌核病能力较差的优质油菜品种，在常年菌核病发生较重的低洼、潮湿、重茬地就不宜种植；对缺硼敏感的优质油菜品种，就不宜在土壤严重缺硼或易发生缺硼现象的旱坡地种植。

（5）水稻良种的选购

① 看有没有稻种说明书或品种简介。如果没有说明书的最好不要购买，防止上当受骗。

② 看包装是否规范。一般水稻种子在外包装上都比较规范，所装的数量、质量指标、生产商、经营许可证号码、产地及联系电话号码标示都非常明确。

③ 要询问种子的纯度。稻种的纯度是衡量质量的最重要一项指标，常规稻种的纯度不能低于98%，杂交稻种纯度不能低于96%，否则为劣质种，不宜购买。

④ 查看粒色。杂交稻种子多数颜色呈灰白色，谷壳上少数带有褐色斑点稃尖紫色，而常规种子的颜色鲜净、黄亮、无斑点，稃尖为2个闭合的顶端没有颜色。

⑤ 种子的净度。优质稻种一般都经过多道工序风选和筛选，去除空瘪、泥土、沙子等杂质，净度不能低于98%，即肉眼直观判断如杂质太多就不是优良的种子。

⑥ 选择适合的品种。在选择品种上，一定要详细询问，仔细查看，了解所购买品种的特征特性和种植栽培技术，适合当地种植的品种。不能盲目地相信广告和宣传资料。

⑦ 索要发票。在购买后一定要保存好种子包装和购种发票，以便在以后万一发生种子质量纠纷时，以此为依据进行索赔。

2. 适时播种

抓好以播后镇压为重点的播种关。要根据病虫发生情况，科学调剂包衣剂种类，必要时，选择添加高效农药。

（1）小麦的适宜播期。

以10月5～15日为宜，最佳播期在10月7～12日。小麦出苗的适宜土壤湿度为田间持水量的70%～80%。秋种时若墒情适宜，要在秋作物收获后及时耕翻，并整地播种；墒情不足的地块，要注意造墒播种。要加大半精播技术的宣传和推广力度，坚决制止大播量现象。实行宽幅精量播种，改传统小行距（15～20厘米）密集条播为等行距（22～26厘米）宽幅播种，改传统密集条播籽粒拥挤一条线为宽播幅（8厘米）种子分散式粒播，有利于种子分布均匀，减少缺苗断垄、疙瘩苗现象，克服了传统播种机密集条播，籽粒拥挤，争肥，争水，争营养，根少、苗弱的生长状况。要选用带镇压装置的小麦播种机械，在小麦播种时随种随压，确保播种质量。尤其是对于秸秆还田地块，如果土壤墒情较好不需要浇水造墒时，要将粉碎的玉米秸秆耕翻或旋耕之后，用镇压器多遍镇压，小麦播种后再镇压，才能保证小麦出苗后根系正常生长，提高抗旱抗冻能力。

（2）水稻适时播种及育秧

泡稻。为了提高种子的发芽率和发芽势，播种前要将种子薄薄地摊开，在地上晾晒1～2天，要勤翻动，使种子干燥度一致。用强氯精300倍液浸种，具体方法为先用清水预浸12小时，后用药水浸12小时，然后用清水洗净，再用清水浸至吸水达饱和。

催芽。催芽过程中应注意防止高温烧芽，发芽最低温度10～20℃，最适温度为30～32℃，最高为40℃。可用塑料的薄膜包上，长时间超过42℃，会抑制胚芽和胚根生长，种子破胸前不宜补水，破胸要翻种，使种子发芽均匀，破胸后适当补水，但要注意通气增氧，即可催出茁壮的好芽，要掌握“高温破胸，适温催芽，低温晾芽”的原则。

适时播种。播种期要求适期早播　播种过早温度低，出苗慢，出苗率低，生长慢，苗生长弱，容易烂秧；播种过晚成秧率虽高，但影响适时栽秧。应根据气温变化、育秧方式等确定播期。无论早晚播种都要求下种均匀。根据信阳市的气候特点，一般在清明以后即可浸种。

播种量。薄膜湿润育秧，每667米^{2}播量在100～125千克。而旱育苗的播量在350～400千克。播量大小和育秧方法、移栽苗龄有关，一般小龄苗移栽播量大些，大龄苗移栽播量小些。

及时防止烂秧和死苗、烂种、烂芽、秧苗死亡等，及时预防立枯病的发生。

3. 播种技术

抢时、灭茬、宽窄行、用测土配方肥、三位施肥（条深松免耕多层施肥）、密植播种。

（1）抢时

“春争日、夏争时”，在6月12～13日两天内完成播种。要求在6月15日前播种完毕。

（2）灭茬（贴茬）

小麦收割后及时用灭茬机械进行灭茬，减少了病虫害的发生。在超高产攻关中要灭茬播种，在高产高效大面积推广模式中用贴茬播种。

（3）窄行种植

播种时采用宽窄行播种，一般大行80厘米，小行40厘米，采用宽窄行种植，利于玉米生长期间透风透光，利于田间农事管理。

（4）测土配肥

进行取土化验，根据化验结果和产量目标进行配肥，做到平衡施肥、科学施肥。遵循测土配方平衡施肥原则。肥料种类与施肥量：每亩需施优质有机肥3米^3、纯氮28～30千克（尿素

60～65千克）、五氧化二磷18～20千克（标准过磷酸钙125～150千克）、氧化钾28～30千克（硫酸钾57～60千克）、硫酸锌1.5千克。

对于种肥，选择控释配方肥（20-10-15）40千克+硅钙钾镁等中微量元素肥料20千克+硫酸锌2千克做种肥，播种时一定要种肥隔离，避免种子肥害。

对于追肥，在玉米小喇叭口期亩追施控释配方肥（20-10-15）40千克+硫酸钾7.5千克，在玉米花粒期（抽雄后）亩追施尿素15千克。

（5）三位施肥（条深松免耕多层施肥）

三位一体施肥就是在播种时，在种子的左、右和下方各5厘米施肥，同时完成播种施肥。条深松多层施肥就是在种子下方分三层，每隔5厘米施肥。保障玉米多方位多层次吸收肥料，条深松可打破犁底层，利于根系下扎，不需增加肥料，肥效高周期长。播种机采用"三位一体施肥播种机或条深松多层施肥播种机"进行播种，一次性完成播种、施肥两项工作。要求播后及时浇蒙头水，确保一播全苗。超高产攻关田，每亩增施一袋有机肥，每亩可增收50～100千克。

（6）适度密植

科学增加密度，攻关田密度在6 500株，展示田密度在5 500株以上，为玉米高产打下坚实的基础。对于种植密度6 500株/亩的地块要求株距14.5厘米，亩理论株数7 076株；对于种植密度5 500株/亩的地块要求株距17厘米，亩理论株数6 036株；对于种植密度4 500株/亩的地块要求株距20厘米，亩理论株数5 130株。每亩可增收150～200千克。

（四）田间管理

【小知识】

几种水稻节水灌溉技术

一、“薄、浅、湿、晒”灌溉技术

“薄、浅、湿、晒”灌溉技术是保证农作物高产稳产所采用的适时适量的灌水方法，即薄水插秧，浅水返青，分蘖前期湿润，分蘖后期晒田，抽穗开花保持薄水，乳熟湿润，黄熟湿润、落干。研究表明:水稻采用“薄、浅、湿、晒”灌溉技术比当地传统的灌溉方法节水40%～50%。桦川县星火灌区通过应用水稻“薄、浅、湿、晒”灌溉模式，达到了节水、增产、增收的目的，灌区灌溉定额由原来的12 000米^3/公顷降至现在6 700米^3/公顷，增产750千克/公顷，增加收入近1 500元/公顷。

二、“浅湿”灌溉技术

“浅湿”灌溉即田间建立浅水层后，待其自然渗降至一定地下水埋深时进行灌水，这样周而复始地进行。黑龙江省勤得利农场1997～2001年累计推广应用水稻浅湿节水灌溉面积达53万公顷。结果证明：应用浅湿灌溉技术比常规灌溉一般可实现节水35%～45%，增产10%～20%。

三、“浅湿间歇”灌溉技术

水稻“浅湿间歇”灌溉技术是按水稻需水规律，把浅水灌、湿润灌、间歇灌科学地结合在一起，返青期保持薄水层及分蘖后期苗足烤田，灌浆后期干湿交替，其他时期“浅湿间歇”。淠史杭灌区试验总站、肥西县高店乡和霍邱县姚李镇的试验研究结果表明:水稻“浅湿间歇”灌溉对降雨的利用率均比常规灌溉的高10%左右，同时灌溉定额显著降低，不同年份节水幅度在32.0～

107.5 毫米。六安市金安区水利局在五里桥村示范点的研究结果表明:示范田可实现节水855 米^3/公顷，节水率11.4%。

四、“薄露灌溉”技术

“薄露灌溉”是一种水稻灌溉薄水层、适时落干露田的灌溉技术，其中“薄”就是灌溉水层要薄，一般为20毫米以下；“露”是指田面表土要经常露出来，表层土面不要长期淹灌着一层水。水稻薄露灌溉技术是曾列入国家科技成果重点推广计划指南的一项先进成熟的增产、节水、省电、省工、减轻病虫害的灌溉技术，在宁波、奉化、余姚、宁海等地都已应用。江西省奉新县赤岸乡沿里村示范研究结表明:水稻薄露灌溉技术可实现每年增产1 296 千克/公顷，增幅 0.8%，节水 540 米^3/公顷，社会、经济效益显著。奉化江口的试验示范结果表明:水稻薄露灌溉可比常规灌溉增产 420～525 千克/公顷，节水 1 035～1 380 米^3/公顷。浙江省乔司农场 1996 年、1997 年采用水稻薄露灌溉技术，比常规灌溉减少 2～3 次灌水，实现节水 1 050 米^3/公顷左右。

五、“控制灌溉”技术

水稻控制灌溉技术简称控灌，是指稻苗（秧苗）本田移栽后，田面保持5～25 毫米薄水层返青，在返青后的各个生育阶段田面不再建立灌溉水层（根据农业和气象部门的通报，如分蘖前期和拔节孕穗初期遇有延迟型或障碍型低温冷害，可蓄深水 15～20 厘米以抗低温，低温过后按照控灌水分指标排水到田面无水层），以根层土壤水分作为控制指标，确定灌水时间和灌水定额。土壤水分控制上限为饱和含水率，下限则视水稻不同生育阶段，分别取土壤饱和含水率的 60%～80%适宜组合。这是根据水稻在不同生育阶段兑水分需求的敏感程度和节水灌溉条件下水稻新的需水规律，在发挥水稻自身调节机能和适应能力的基础上，进行适时适量科学供水的灌水新技术。研究表明:水稻控制灌溉技术可以实现节水 1 650 米^3/公顷，节水率 38.2%；提高地温 0.7℃；增产 8.5%；降低生产成本 343.85 元/公顷。

（资料来源：现代化农业，2008/11）

1. 农田灌溉与排水管理

（1）节水灌溉技术

① 渠道防渗。在很长时间以来，国内农田浇灌程序中大多使用渠道送水，这种送水形式因为沟渠渗水和挥发致使水使用效率不高，造成水源浪费。因此使用沟渠浇灌必须要搞好沟渠的渗水手段，进而提升沟渠使用水的效率。现在国内节约水浇灌的最关键手段就是沟渠防止渗漏措施，不光送水快，并且针对农业急需用水时间非常有利，还在很大程度上节省了占地面积。所以现在很多区域对付当前沟渠开展防止渗漏加强稳固建筑，进而提升水使用效率，能够解决现在水源紧缺的现状，并且非常有助于农业生产，不过沟渠防止渗漏措施适合在地形平坦的位置使用，能够全面推行。

② 管道灌溉。管道灌溉措施在经济发达区域使用非常普遍，其使用管道把水直接运送到农田开展浇灌，在很大程度上防止了水在沟渠中形成渗水和挥发造成的损耗，这种措施在国内北方推行广泛，现在北方许多区域在开展田地浇灌时经常使用金属管、塑料管以及砼管，能够让水在最短的时间内通过管道运送到农田，不再占地，在很大程度上提升了浇灌功效，充分的使用水源，对农业的制造有着很大的推动用途，保证了农业产量。不过使用管道送水开展农田浇灌，节约水的效果并不是很明显，想要完成水源的高效率使用，必须和喷灌、滴灌等一起运用互相配合。

③ 滴灌。滴灌针对国内极度缺水区域有着十分优异的成效，

其使用塑料材质的管道把水经过大小在 10 毫米毛管的孔洞抑或滴头运送到植物的根系，完成局部浇灌，并且还能够协助施肥同时开展，能够有用的提升肥效，不仅完成了节省目的，是极度缺水区域最有用的浇灌形式，提升了水运用效率，完成了植物节约用水增加产量的成果。这种浇灌形式对果树、经济农作物、蔬菜和大棚最适宜，如果在农田使用只适合在极度缺水区域开展。针对极度缺水区域在使用滴灌开展农田植物浇灌程序中，要利用水窖的存水性能进行协助。这种区域下雨较多的时间把降水和江河水引到存水池中存储，等到旱季再从存水池中使用滴灌的手段浇灌到农田中，进而解决干旱，完成农田丰收的宗旨。

④ 膜上灌。用地膜覆盖田间的垄沟底部，引入的灌溉水从地膜上面流过，并通过膜上小孔渗入作物根部附近的土壤中进行灌溉，这种方法称作膜上灌。膜上灌是我国新疆科研人员在覆膜种植基础探索出的一种灌水新方法。其突出特点是可通过调整腊膜首尾的渗水孔数及孔的大小来调整畦（沟）首尾的灌水量，以获得较普通地面灌溉方法相对高的灌水均匀度，实现节水、增产之目的。

⑤ 膜下灌。在干旱地区可将滴灌管放在膜下，或利用毛管通过膜上小孔进行灌溉，这称作膜下灌。这种灌溉方式既具有滴灌的优点，又具有地膜覆盖的优点，节水增产效果更好。此法在苹果浇灌方面得到了很好的应用，在每棵苹果树根部周围覆盖塑料薄膜，既能有效地防止水分的蒸发，又能防止杂草的生长，一举两得。

（2）排水

排除农田里多余的地表水和地下水，控制地表径流以消除内涝，控制地下水位以防治渍害和土壤沼泽化、盐碱化，为改善农业生产条件和保证高产稳产创造良好条件，这就是农田排水的根本任务。

由于自然条件和农业生产情况存在差别，各地区农田排水的具体任务不尽相同。在湿润和半湿润气候带，特别是平原和低洼地区，汛期降雨量大、过于集中或持续时间长，往往容易形成内涝，雨后地下水位升高，使土壤过湿而产生渍害。在这些地区，需要通过排水设施，排走多余的地表水和地下水，减少土壤中的水分，增加通透性，提高地温，以消除涝渍。在半旱、半干旱和半湿润气候带，土壤含盐量大或地下水矿化度高的地区，需要利用排水系统来控制（降低）地下水位，结合灌溉和降雨淋洗盐分，通过排水系统排走，以淡化土壤和地下水，保持良好的水盐平衡状况，防治土壤盐渍化。

家庭农场排水方法目前生产上应用的排水方式主要有三种：

① 明沟排水。它是目前我国大量应用的传统方法，是在地表面挖沟排水，主要排除地表径流。在较大的种植园区可设主排、干排、支排和毛排渠4级，组成网状排水系统，排水效果较好。但明沟排水工程量大，占地面积大，易塌方堵水，养护维修任务重。

② 暗沟排水。其多使用在不易开沟的栽植区，一般通过地下埋藏暗管来排水，形成地下排水系统。暗沟排水不占地，不妨碍生产操作，排盐效果好，养护任务轻，但设备成本高，根系和泥沙易进入管道引起管道堵塞。目前国内应用较少，多应用在城市绿化方面。

③ 竖井排水。其简称井排。对于内涝积水地排水效果好，黏土层的积水可通过大井内的压力向土壤深处的沙积层扩散。此外，机械抽水、排水和输水管系统排水方法是目前比较先进的排水方式，但由于技术要求较高且不完善，所以应用较少。

2. 施肥管理

（1）基肥的施用技术

① 基肥的重要性。基肥一般是在作物播种前或定植前结合土壤深耕而施用的肥料。施用基肥一方面能为作物全发育期生长提供养分，另一方面又具有培肥和改良土壤的作用，为作物的生长发育创造良好的土壤环境。

② 基肥施用技术。一般地，基肥施用量占作物全生育期施肥量的绝大部分，为了达到培肥和改良土壤的目的，基肥应以有机肥为主，结合配施缓效性和速效性肥料，结合深耕撒施，集中施、条施、穴施。

另外，根据土壤和作物情况，还应在基肥中添加微量元素肥料，如油菜、棉花基施硼肥能起到良好增产作用。

（2）种肥的施用技术

① 种肥的重要性。种肥是为满足作物苗期养分的需要，在播种或定植时施在种子或幼苗附近的肥料。其目的就是供给作物生长发育初期所需要的养分。

种肥的施用效果决定于土壤、施肥水平及栽培技术等因素。因为肥料与种子相距较近，故对肥料种类、用量要把握好，否则易引起烧种、烂种，造成缺苗断垄。

② 种肥施用技术。过酸、过碱、吸湿性强、含有毒副成分的肥料均不宜作种肥。氮肥以硫酸铵作种肥效果最好，磷肥以过磷酸钙作种肥为宜。微量元素肥料中的硫酸锌、硫酸锰、钼酸铵等一般都可以作种肥，但要严格控制用量；硼酸、硼砂均不宜作种肥。主要的施用方法主要有拌种，浸种，沾秧根，穴施等。

（3）追肥的施用技术

① 追肥的重要性。追肥是在作物生长发育期间，为满足作物

不同生育期对养分的特殊要求，以补充基肥不足而施用的肥料。

② 追肥方法。宜作追肥的肥料有速效性化肥及腐熟的人粪尿等，如氮肥有尿素、硝酸铵、硝酸钙、碳酸氢铵等；磷肥有过磷酸钙；以及速效性的复合肥如磷酸二铵等。追肥的方法有条施（沟施）、穴施、深施覆土和结合灌水表层撒施等。追施速效性氮肥时，在旱地上宜采用条施（沟施）或穴施，然后覆土压盖；在水田上宜深施，同时避免大水漫灌。一些密植的作物，如小麦、水稻、谷子及部分蔬菜封垄后，可将肥料撒于作物间并进行灌水；在旱作区，常在下雨时或雨前把尿素等性质稳定的化肥撒在作物行间，也是一种有效的追肥方法。

（4）叶面肥喷施技术

为了提高叶面喷施的效果，可以在喷施时混合少量的"湿润剂"，如中性肥皂或洗涤剂，浓度一般为 0.1%～0.2%；尿素也是易渗入叶内的肥料，可以将尿素与其他肥料混合喷施，能提高叶面喷施效果。叶面喷施一般选在晴天、无风天的早晨或傍晚。尽管叶面喷施有许多优点，但在应用上有一定的局限性，尤其是作物对氮、磷、钾的需要量大，单靠叶面喷施是难以满足需要的。因此，叶面喷施只是根部施肥的补充。叶面喷施的适宜浓度，如表 6-1。

表 6-1　叶面喷施的适宜浓度　　%

肥料名称	喷施浓度	肥料名称	喷施浓度
尿素	0.2～0.5	过磷酸钙	0.5～2.0
硫酸钾	0.3～0.5	磷酸二氢钾	0.1～0.3
硝酸钙	0.3～0.5	氯化钙	0.1～0.5
硫酸镁	1.0～2.0	硫酸亚铁	0.2～0.5
硫酸锰	0.1～0.3	硫酸锌	0.05～0.2
硼酸、硼砂	0.1～0.2	钼酸铵	0.01～0.03

3. 病虫害防治

（1）小麦主要病虫害防治

① 小麦田病害。一是小麦白粉病。小麦白粉病是由于真菌引起的病害，它的病原菌是禾谷类白粉菌，受害的小麦初期在叶片形成灰色小霉点，后期变成绒絮状霉斑，小麦无法再进行光合作用，抗旱性减弱，造成小麦麦穗干瘪，受害的小麦造成减产5%～10%，严重的将达到20%～70%。二是小麦锈病。小麦锈病又叫“黄疸”，多发生在小麦的叶片和叶鞘上，如果小麦早期发病，减产最多可达70%～80%。三是小麦赤霉病。小麦赤霉病又叫“烂麦头”，是小麦生长中后期最重要的病害之一，小麦在抽穗扬花后期受到病菌感染，在个别小穗上发病，然后向株上下扩展，直到邻近小麦。空气干燥时病部和病部以上枯死，形成死穗，受害严重时可造成小麦减产30%～50%。四是小麦纹枯病。此病是一种以土壤传播为主的真菌病害，感染纹枯病的小麦一般在叶鞘形成灰色边缘为褐色的病斑，小麦受害后根部会变黑、腐烂，是小麦后期死株的主要原因。五是小麦全蚀病。小麦全蚀病又叫小麦立枯病、小麦黑脚病，也是一种真菌性病害。茎秆基部及叶鞘变为黑脚症状，根部变黑腐烂，根表可见病菌着生的葡萄菌丝。到抽穗灌浆期，茎基部明显变黑腐烂，形成典型的“黑脚”症状。

② 小麦虫害。一是麦蚜，属同翅目，蚜科。我国为害麦类作物的蚜虫主要有麦二叉蚜、麦长管蚜、禾谷缢管蚜、无网长管蚜等，麦蚜1年发生10～20代。麦二叉蚜触角短于体长，腹管长过腹末，额瘤明显，有翅型前翅中脉2叉，二叉蚜多在小麦苗期为害。麦长管蚜触角长于体长，腹管长过腹末，额瘤明显，有翅型前翅中脉3叉。黍缢管蚜触角短于体长，腹管短不过腹末，额瘤不明显。有翅型前翅中脉3叉。二是黏虫，属鳞翅目，夜蛾

科，我国除新疆和西藏尚无报道外，全国其他地区均有分布。主要为害麦类、谷子、玉米、水稻、糜子等，发生严重年份，也能为害豆类、棉花和蔬菜等，属杂食性害虫。幼虫咬食叶片，一二龄幼虫仅食叶肉形成小孔，3 龄后才形成缺刻，五六龄达暴食期，严重时将叶片吃光成为光秆，造成严重减产，甚至绝收。三是吸浆虫（红、黄）、麦叶蜂（大、小）等。四是地下害虫。蝼蛄、蛴螬、金针虫等。

（2）玉米主要病虫害防治

① 地下害虫。如地老虎、蛴螬、金针虫、蝼蛄等。施用高控 3 号玉米专用拌种剂，还可杀灭地下害虫、小麦蚜虫、有效预防玉米粗缩病。

② 食叶害虫。如玉米螟、玉米蚜、蓟马、红蜘蛛、大垫尖翅蝗、亚洲飞蝗、宽须蚁蝗、小翅雏蝗、狭翅雏蝗、西伯利亚蝗、苜蓿夜蛾、小麦皮蓟马、赤须盲蝽、叶蝉类、粟茎跳甲、粟灰螟、甜菜夜蛾。

③ 防治。一是播种期防治，以防治地下害虫及种子传播的病害为主。实行轮作倒茬，避免连作；清洁田园，减少初侵染源；选用抗逆性强的品种；采用高控 3 号拌种，每套拌玉米种 3 千克左右，搅拌均匀，晾干备播，防治地下害虫。二是苗期防治，以防治玉米蚜、蛀茎夜蛾、旋心虫、缺锌症为主。结合间定苗拔除田间杂草，及时将杂草、病株集中烧毁，减少虫源。加强水肥管理，促进幼苗早发；用闲 3 周（1 袋 1 桶水）、飞虫网（每 10～20 毫升兑一桶水）、蚜归西（每 15～30 毫升兑 1 桶水）等，均匀喷雾，防治玉米蚜兼治灰飞虱；局部发生蛀茎夜蛾、旋心虫的地块，高控 7 号喷施；用碘硼钾锌叶面肥在玉米，3～5 叶期叶面喷雾防治缺锌症，增强植株抗病能力。三是心叶期和穗期防治，

以防治玉米螟、黏虫、纹枯病、叶斑病为主，兼治条螟、玉米蚜、蓟马。加强田间管理，及时中耕除草，合理施肥，增施磷、钾肥，以提高植株的抗逆性；大喇叭口期高控5号防治玉米螟等。四是灌浆成熟期防治，以防治青枯病、全蚀病和早衰为主。主要通过选用抗逆性强的品种，保证单株营养面积，加强田间管理，改善玉米群体的通风透光条件等农业栽培措施来防止。

（3）水稻主要病虫害防治

稻瘟病。稻瘟病是水稻主要病害之一，在水稻整个生育期均可发生，可危害水稻各个部位，是一种发病时间长、危害严重的病害。稻瘟病在某些稻区每年都有不同程度的发生，近几年发生严重的稻田几乎颗粒无收。防治措施：

① 选用抗病品种，确定几个抗病良种作为当地主栽品种，及时更新换代。

② 实行科学水肥管理，特别是水稻生产中后期，应做到干湿交替换水，切忌深水灌溉；配方施肥，根据水稻长势，缺什么补什么，切忌氮肥过多、过重，要控氮补磷增钾，配合施用硅肥及微量元素。

③ 做好预测预报，病害发生初期用40%富士一号乳油或20%三环唑可湿性粉剂1 125～1 500毫升/公顷，兑水750～1 100千克/公顷喷雾。在水稻无病的情况下，出穗前和齐穗后也要各喷1次40%富士一号乳油防治水稻穗颈瘟。

水稻纹枯病。水稻纹枯病因受害部位（高度）不同，对产量影响也不同，重者可减产40%～60%，如果引起倒伏、茎叶腐烂，损失会更大。水稻纹枯病菌主要以菌核在土壤中越冬。氮肥施用过多、过重，提早封垄会加重病害发生。防治措施：

① 在泡田插秧前，要全面认真打捞菌核，把打捞的菌核深

埋或烧掉。

② 加强田间管理，实行浅湿干间歇灌溉，氮磷钾合理利用，配施硅钙肥与微量元素。

③ 抓住防治时期，水稻分蘖后期病穴率达15%即施药防治，用5%井冈霉素1.5 千克/公顷兑水750～900 千克/公顷喷雾或用稻丰灵防治，既防治纹枯病又可防二化螟。施药时要保持浅水层，把药喷到水稻茎秆下部，严重时喷2 次，孕穗前用喷雾法，孕穗后用泼浇或毒土法。

水稻白叶枯病。水稻白叶枯病是一种侵染性强、传播速度快的细菌性病害，凡适合其发病的气候与环境条件均易发病，一般造成减产10%～30%，重者可达50%以上。防治措施：

① 选用抗病品种，做好检疫，禁止从病区调入种子。

② 处理病稻草、稻壳，及时烧掉。

③ 在水稻孕穗至抽穗期发现中心病株，及时用药，用 20%叶枯宁（叶青双）可湿性粉剂1.5 千克/公顷兑水750 千克/公顷喷雾2～3 次或用45%代森铵水剂1 000 倍液喷雾，每隔10 天喷1 次。

稻水象甲。稻水象甲近年来普遍发生，其幼虫密集于稻株根部取食水稻根系。由于造成水稻根系破坏，使稻株生长受阻，变得矮小，分蘖率降低，成穗率和穗粒数明显减少，抽穗期和成熟期推迟，最终导致严重减产，一般地块减产10%～20%，严重地块减产可达50%～70%。防治措施：

① 坚持壮秧下地，注意氮磷钾合理配合，特别是后期氮肥要减少。一旦发生虫害，可排干水层7～10 天再正常灌溉，以减少害虫产卵量。

② 用三唑磷、阿维·三唑磷、苦参碱等防治有良好的效果。

水稻二化螟。水稻二化螟又称钻心虫，在盘山地区每年发生两代，第一代幼虫于6月下旬危害，第二代幼虫8月上旬出现，钻蛀茎秆危害，造成水稻白穗，可减产10%～30%。防治措施：

① 清除田间稻根，集中消灭越冬幼虫。灌水灭蛹，在二化螟盛期先灌浅水，后进行深层灌水。把防治重点放在6月下旬出现第一代幼虫时期。

② 在6月下旬至7月上旬用杀虫双、丰灵等药剂防治。

稻曲病。水稻稻曲病的主要发病时期在水稻孕穗初期至齐穗期。其病菌主要在稻田中越冬，存活期可达5年以上，翌年水稻稻曲球上的厚垣孢子萌发侵染导致发病，可造成减产10%～20%。防治措施：

① 因地制宜选用抗病品种和比较抗病的品种，淘汰感病品种。在拔节至齐穗期少施氮肥。

② 在水稻破口前5～7天将15%三唑酮乳油1 500毫升/公顷与20%井冈霉素混用，或20%瘟曲克绝2.25千克/公顷兑水750～900千克/公顷喷雾防治。

稻飞虱。稻飞虱以刺吸口器在稻株茎部吸食叶液，严重时致全株枯死倒伏，造成减产10%～30%。稻飞虱在盘山地区每年发生三代，6月下旬至7月上旬为第一代，7月下旬为第二代，8月为第三代，其中以第三代为严重。防治措施：

① 在水稻插秧后加强水肥管理，促进水稻健壮生长，使稻苗青绿不过旺，够苗晒田，增强稻株抗性，保持稻田湿润通风，以减轻稻飞虱危害。

② 水稻生长中后期要加强田间观察调查，一旦发现个别点片危害，要抓紧在危害初期施药，用药有虱蚊灵、扑虱灵等，对稻飞虱较有效。

③ 及时拔除田间杂草，以利于控制稻飞虱的发生和发展。

④ 加强水稻孕穗期的稻飞虱预防，用吡虫啉类纯农药 45～60 千克/公顷，降低稻飞虱的迁入基数。

⑤ 在稻飞虱重发生的情况下，可用 80%敌敌畏 4.5 千克/公顷加吡虫啉类纯农药 45～60 千克/公顷，兑水 750～900 千克/公顷喷雾。喷药时一定要将药液喷到水稻基部。

⑥ 在稻飞虱危害严重的情况下，将稻田水排干，用 80%敌敌畏 6 千克/公顷拌干细土 750 千克/公顷撒施，1 天以后覆水，视情况再进行喷雾防治。

4. 清除杂草

（1）农田杂草的含义

农田杂草指农田中非栽培的植物:如灰藜、野燕麦等，还有种植作物以外的其他作物：如麦田的油菜等作物，也称自生苗。

（2）农田杂草的危害

① 与农作物争水、肥、光能等。杂草根系庞大，吸收水肥能力极强。如生产每 1 千克小麦干物质需水 513 千克，而藜和猪殃殃形成 1 千克干物质分别需耗水 658 千克和 912 千克。大量田间测定表明，每米^{2}有一年生杂草 100～200 株时，收获时每亩可使谷物减产 50～100 千克，即每亩田损失氮 4～9 千克、磷 1.2～2 千克，相当于多施 8～20 千克尿素和 2～5 千克三料磷肥。

② 侵占地上和地下空间，影响作物光合作用，干扰作物生长。如水稻中的稗草、小麦田中的藜、蓟、葎草等常高出作物，影响作物的光合作用杂草的地下根系对作物生长危害甚大，特别是作物苗期杂草，其根系对作物根系的生长威胁很大，若不防治将严重影响作物的产量。另外，有些杂草还能分泌某些化合物，

如匍匐冰草根系分泌物抑制小麦发芽生长。

③ 杂草是作物病、虫害的中间寄主。由于杂草的抗逆性强，不少是越年生或多年生的植物，其生长发育期较长，所以病菌和害虫常常是先在杂草上寄生或越冬，在作物长出后，则逐渐迁移到作物上进行为害。如棉蚜，先在多年生的刺儿菜、苦苣菜、紫花地丁及越年生的荠菜、夏至草等杂草上寄生越冬，当棉花出苗后再迁移到棉苗上为害。

④ 增加管理用工和生产成本。杂草越多需要花费在防治杂草上的用工量也越多。我国农村大田除草用工量约占田间劳动量的 1/3～1/2，草多的稻秧田和蔬菜苗床，其除草用工量往往超过 10 个工/亩。按平均每公顷除草用工 30 个计，全国 1.3 亿公顷播种面积，每年用于除草的用工量就需 40 亿个工日。

⑤ 降低作物的产量和质量。由于杂草在土壤养分、水分、作物生长空间和病虫害传播等方面直接和间接危害作物，因此最终将影响作物的产量和质量。据统计：全国平均每年损失粮食 175×10^9 千克、棉花 2.5×10^9 千克，损失率分别为粮食和棉花总产的 13.4%和 14.8%。另据联合国统计，全世界每年因杂草危害使农产品平均减产 10%。

（3）农田杂草的种类

农田发生数量较多的主要杂草有藜科的藜、小藜、灰绿藜、中亚滨藜、野滨藜、灰绿碱蓬和地肤；菊科的花花柴、刺儿菜、苦苣菜；蓼科的卷茎蓼、萹蓄，旋花科的田旋花、小旋花；茜草科的猪殃殃；苋科的反枝苋、凹头苋；锦葵科的野西瓜苗、苘麻；石竹科的薄蒴草、王不留行、繁缕；豆科的苦豆子、天蓝苜蓿，禾本科的稗草、狗尾草、野燕麦和芦苇，苍耳等：其中在全疆分布最广、数量最多的杂草为藜科杂草。

（4）农田杂草的防除

① 农业防除。一是杜绝杂草种子传入；二是成熟前及时清除田间地头杂草；三是合理轮作，水旱轮作可消灭水生和旱生杂草等。

② 化学防除。一是双子叶杂草。防除麦田双子叶杂草可选用2,4-D丁酯、2甲4氯、百草敌、苯达松和阔叶散等除草剂。防除麦田双子叶杂草的施药时期，在小麦4叶期至分蘖末期最适宜。在这个时期施药，一是麦田双子叶杂草部分已出苗，叶片展开，杂草苗高一般不超过5～10厘米，容易受药致死，二是麦苗抗药性强，不易引起药害。新疆冬麦化学除草的最佳时期是小麦起身后到拔节前。注意麦田四周若有油葵、瓜菜等双子叶作物禁止使用2，4-D以免引起药害。二是单子叶杂草。野燕麦。播种前，用燕麦畏2 250～3 000毫升/公顷，加水450升对地面喷雾；随即浅耙1～2遍，晾24～48小时后即可播种。出苗后茎叶处理。野燕麦3叶期，用6.9%膘马750～1 050毫升/公顷，或40%野燕枯3 450毫升/公顷兑水450升进行茎叶喷雾。

（五）适时收获

1. 小麦适时收获

成熟的小麦籽粒从田间收回，直到进仓贮藏的过程，包括收割、脱粒、清粮、干燥、贮藏等环节。根据小麦成熟程度、品种特性、生产条件、当地农事安排的天气特点等来确定适宜的收获时间，采取适当的收获方法。

① 收获期的确定。小麦成熟程度是决定收获期的主要依据。熟期分为乳熟期、蜡熟期和完熟期。乳熟、蜡熟期又分为初、中、末三个阶段，根据植株和籽粒的色泽、含水量等来确定。乳熟期

的茎叶由绿逐渐变黄绿，籽粒有乳汁状内含物。乳熟末期籽粒的体积与鲜重都达到最大值，粒色转淡黄、腹沟呈绿色，籽粒含水率45%～50%，茎秆含水率65%～75%；蜡熟期籽粒的内含物呈蜡状，硬度随熟期进程由软变硬。蜡熟初期叶片黄而未干，籽粒呈浅黄色，腹沟褪绿，粒内无浆，籽粒含水量30%～35%，茎秆含水量40%～60%。蜡熟中期下部叶片干黄，茎秆有弹性，籽粒转黄色，饱满而湿润，种子含水量25%～30%，茎秆含水量35%～55%。蜡熟末期，全株变黄，茎秆仍有弹性，籽粒黄色稍硬，含水量20%～25%，茎秆含水量30%～50%。完熟期叶片枯黄，籽粒变硬，呈品种本色，含水量在20%以下，茎秆含水量20%～30%。

最适宜的收获阶段。是蜡熟末期到完熟期。适期收获产量高、质量好、发芽率高。但是种植小麦面积大时，不可能全部在最适期收完，必须适当早收，这样可使大部分小麦在适期内收获。过早收获，籽粒不饱满，产量低，品质差。收获过晚，籽粒因呼吸及雨水淋溶作用使蛋白质含量降低，碳水化合物减少，千粒重、容重、出粉率降低，在田间易落粒，遇雨易穗上发芽，有些品种还易折秆、掉穗。人工收割和机械分段收获宜在蜡熟中期到末期进行；使用联合收获机直接收获时，宜在蜡熟末至完熟期进行。留种用的麦田在完熟期收获。若由于雨季迫近，或急需抢种下茬作物，或品种易落粒、折秆、折穗、穗发芽等原因，则应适当提前收获。

中国小麦收获期由南向北逐渐推迟；华南冬麦区收获期在3月中旬至5月上旬；西南冬麦区在4月底至6月上旬；长江中下游冬麦区在5月中旬至6月上旬；黄淮冬麦区在5月底至6月中旬，北部冬麦区在6月中旬至6月下旬；东北春麦区在7月中旬至8月中旬；北方春麦区在7月上中旬，部分地区迟至8月；西北春麦区在7月中旬至8月中旬前后；新疆冬春麦区的冬小麦在6月底至7月初，北疆春小麦在8月上旬，南疆春小麦在7月中旬；青藏高原的成熟期一般迟到8月下旬至9月中旬。

② 收获方法。分为分别收获法、分段收获法、直接联合收获法。分别收获法是用人力、畜力或机具分别进行割倒、捆禾、集堆、运输、脱粒、清选等各项作业；此法可根据各自生产条件灵活运用，投资也较少，但功效低，进度慢，且一般损失较大。分段收获法是利用在蜡熟中期至末期割倒的小麦茎秆仍能向籽粒输送养分的道理，把收割、脱粒分两个阶段进行。第一阶段用割晒机或经改装的联合收获机将小麦植株割倒铺放成带状，进行晾晒，使其后熟；第二阶段用装有拾禾器的联合收获机进行脱粒、初步清选。分段收获的优点是，能比直接联合收获提早5～7天开始；能提高作业效率与机械利用串，加快收获进度；能提高千粒重、品质和发芽率；可减少落粒、掉穗及破碎率等损失；减少晒场及烘干机作业量；便于提前翻地整地；减少草籽落地。分段收获不但产量较高，质量好，而且成本低。分段收获的技术要求，除应注意割倒的适期外，还需掌握割茬高度16～22厘米，放铺宽度1.2～1.5米，麦铺厚度6～15厘米，放铺角度10°～20°，割后晾干2～5天内及时拾禾脱粒等。

直接联合收获法是用联合收获机在田间一次完成割刈、脱粒、初清。此法也具有作业效率高、损失少、收割质量好的优点。直接联合收获的技术要求，剖茬高度适宜，籽粒总损失率及破碎率低，清洁率高，作业进度快。为了更好地适应农业技术要求，谷物联合收获机的发展趋势是大马力自走式，增大割刀行程和转速，加大滚筒直径及宽度，增加逐秆分离面积，改进清选装置，对割台高度、喂入量、转速等进行自动控制和监视；有的收获机还装有麦秆切割、撒施设备，利于秸秆还田。

③ 贮藏方法。清粮和干燥是在脱粒后迅速把籽粒的夹杂物清除干净，降低籽粒含水量。小麦籽粒贮存的安全水分标准为1.4%以下，在此范围内，高温多湿地区水分要低，大气干燥、气温较低地区水分可稍高；长期储存要低，短期储存可稍高；种用要低，粮用可稍高。中国传统清粮用手簸风扬，现在大的生产单位已采用扬场机或大型清粮机。干燥的方法有自然干燥与人工干燥两种；中国自古采用日晒干燥，现在还是主要的干燥方法，但已发展到有能容纳数百吨小麦的大型机械化晒麦场。人工干燥是根据谷物平衡水分原理，将具有适当温度、相对湿度低的空气通过粮层或散落流动的籽粒，带走籽粒中的水分，以降低含水量，往复循环数次，使达到要求的标准。现已制造出大、中、小不同型号的干燥机在推广使用。太阳能、远红外线干燥机等也在试制和试用。

进仓贮藏是小麦收获最后的一个重要环节。主要任务是尽量保持原有品质，麦种还要保持高发芽率，防止不应有的损失。贮藏时必须控制籽粒水分与温度，做到防霉、防虫、防鼠、防雀、防火；种子还要防混杂。

2. 玉米收获

① 收获期的确定。玉米只有在完全成熟的情况下，粒重最大，产量最高。收获偏早，成熟度差，粒重低，产量下降。有些地方有早收的习惯，常在果穗苞叶刚变白时收获，此时千粒重仅为完熟期的90%左右，一般减产10%左右，应予以纠正。

玉米晚收必须以延长活秆绿叶时间为前提，青枝绿叶活棵成熟才能实现玉米高产。玉米生长中后期要加强肥水管理，延长叶片的光合时间，防止早衰，同时要杜绝成熟前削尖、打叶现象。

玉米籽粒生理成熟的主要标志有两个，一是籽粒基部黑色层形成，二是籽粒乳线消失。玉米成熟时是否形成黑色层，不同品种之间差别很大。有的品种成熟以后再过一定时间才能看到明显的黑色层。玉米籽粒黑色层形成受水分影响极大，不管是否正常成熟，籽粒水分降低到32%时都能形成黑色层，所以黑色层形成并不完全是玉米正常成熟的可靠标志。玉米籽粒乳线的形成、下移、消失是一个连续的过程。生育期 100 天左右的品种授粉 26 天前后，籽粒顶部淀粉沉积、失水，成为固体，形成了籽粒顶部为固体、中下部为乳液的固液界面，这个界面就是乳线，此时称为乳线形成期。有时从籽粒外表看乳线不太明显，过 1～2 天以后才明显可见。乳线形成期籽粒含水量 51%～55%，粒干重为最大值的65%左右。随着淀粉沉积量的增加，乳线向下推移，至授粉后 40 天左右下移至籽粒中部，此期称为乳线中期。当籽粒含水量下降到40%左右时，粒重达最大值的90%左右，乳线上方坚硬，下方较硬，有弹性，此时为蜡熟期。授粉后 50 天左右乳线消失，籽粒含水量30%左右，此时籽粒干重最大，有的品种出现明显黑色层，苞叶变白而松散。也就是说玉米果穗下部籽粒乳线消失，籽粒含水量30%左右，果穗苞叶变白而松散时收获粒重最高，玉米的产量最高，可以作为玉米适期收获的主要标志。

② 收获方法。食用玉米一般于苞叶干枯变白，籽粒硬的完熟期收获，收获过早，籽粒不饱满，影响产量；收获过晚，果穗易发霉。玉米收获后籽粒成熟的生理化反应并未结束，有此物质的转化过程还在进行，所以一般收获的玉米果穗待晾晒干后再进行脱粒，以利籽粒后熟。饲用的青贮玉米宜在乳熟末期至蜡熟期收获，此时茎叶青绿，籽粒基本充实，植株含水分适中，不仅青

饲产量高，而且饲用品质好，收获过早，不量降低，植株含水分过多，青贮后酸度高，饲用品质差；收获过迟，植株含水量少，品质也较差。

③ 贮藏方法。玉米籽粒含水量在 13%以下，粮温不超过30℃，即可安全贮藏，食用玉米贮藏要求仓库干燥，通风凉爽，又便于密闭，防潮隔热性能良好，入库前将仓清洁，保证无虫；籽粒在库内应按品种、质量等分类进行散装堆放或包装堆放，贮藏过程发现籽粒发热时，应立即翻仓晾晒；玉米带穗搭架贮藏胚部隐蔽，籽粒的顶部有角质层和果皮掩盖，微生物不易侵染，可以减轻玉米的霉变发热，贮藏性能好。

3. 油菜收获

在油菜收获这一关键环节上，要了解油菜成熟过程，不同收获期对产量和品质的影响，掌握好适宜收获期的标准。

① 收获期的确定。主要依据为油菜成熟程度。菜整株角果的成熟过程与其花芽分化的顺序是一致的，即先主序后分枝。主花序角果的成熟顺序是下部先成熟，然后中部和上部依次成熟。一次分枝上的角果成熟过程和顺序也和主花序是一致的。由于油菜籽具有先开花、先成熟，后开花，后成熟，角果成熟参差不齐的特性，给油菜的收获也带来了困难。因此，科学的确定油菜籽的适宜收获时期是丰产的关键。

油菜的适宜收获时期因品种、种植密度、空气湿度和栽培条件而异。一般株形高大，分枝特别是二次分枝多的品种；全株上下角果籽粒成熟相隔时间较长，有的品种从主序角果成熟到中下部二次分枝角果成熟时间相差 12～15 天；植株紧凑、分枝较少的品种，全株上下角果成熟相间也不过 6～8 天。种植密度较大的，由于单株分枝少，主花序角果占的比重较大，分枝角果占的比重小，所以全株上下角果成熟期相隔时间短。一般在密度在每 666.7 米^2 2 万株的情况下，其间距为 5～6 天。空气湿度大的地区，全株上下角果成熟间距较长，一般相距 7～9 天。丘陵瘠薄地区种植的油菜植株上下部角果的成熟期相距一般为 4～5 天，密度较大的只有 3～4 天。由此可见，油菜的适宜收获期既不能按油菜植株上部角果的成熟期为准，也不能按下部的角果成熟期为准。以上部角果成熟时收获，则下部角果未到成熟时间，影响产量和品质；若以下部角果完全成熟为准，则上部角果大大超过成熟期而裂角落粒，同样会降低产量和品质。油菜的适宜收获期应以取得最高的产量和含油量为准。据测定，油菜主轴籽粒的含油量在终花后 25 天达到高峰，但分枝籽粒的最高含油量则在终花后 35 天。在对油菜的适宜收获期的掌握方面，油菜产区有“八成黄，十成收；十成黄，两成丢”的说法。这些经验都是把油菜成熟度与产量的高低联系起来。此外，也有些经验丰富的群众利用油菜的外部长相、色泽作为判断油菜适宜收获期的标准。如“角果枇杷黄，收割正相当”。也有用油菜角果的颜色，来说明收获的紧迫性，如角果“上白中黄下绿，收割不能过午”等。农民群众对油菜成熟收获的经验，值得各地借鉴。

种子色泽的变化也可以作为适宜收获期的尺度。即摘取主轴中部和上、中部一次分枝中部角果共 10 个，剥开观察籽粒色泽，若褐色粒、半褐半红色粒各半，则为适宜的收获期。由于种植密度不同，分枝数量多少也不相同。在确定油菜的适宜收获期时，各部位摘取角果数的比例也不应相同。密度为每 666.7 米^2 万株时，主轴、上、中部分枝的角果比例为 3∶3∶4；若密度为 1.5 万～2 万株时，摘取角果的比例应为 4∶4∶2；当密度超过 2.5 万株以上时，其比例为 5∶4∶1。实践证明，采用这种不同比例的取角方法，具有一定的准确性。

② 收获方法。一是收割方法。无论是冬油菜产区还是春油菜产区，油菜收获均应在早晨带露水收割，以防主轴和上部分枝角果裂角落粒。收获过程力争做到“四轻”（轻割、轻放、轻捆、轻运），力求在每个环节上把损失降到最低限度。油菜收割时，边收，边捆，边拉，边堆，不宜在田间堆放、晾晒，以防裂角落粒。二是堆垛与成熟。油菜收获后堆垛与否，与成熟度和生产习惯、气候条件有关。由于油菜在八成熟时收获，为促进部分未完全成熟的角果的后熟，应将收获后的油菜及时堆垛后熟。若直接散放田间晾晒，角果皮将会迅速失水变干，茎秆和角果皮中的营养物质不能再向籽粒运输，角果秕粒增多，降低产量和品质。据调查，八成熟的油菜收后，直接晾晒的比堆垛后熟的产量降低 4.9%～6.3%，含油量降低 1.3%～2.1%。堆垛的方法有圆柱形、方形等，无论选择哪种垛形，都要选择在地势较高、不积水的地方。为避免垛下积水，应在垛下垫以捆好的角果向上的油菜捆或废木料等，以利排水、防潮和防止菜籽霉变。为了便于油菜茎秆和角果中的养分继续向种子运输，堆放油菜时，应把角果放在垛内，茎秆朝垛外，以利后熟。三是脱粒。经过堆放 4～6 天的油菜，角果经果胶酶分解，角果皮裂开，菜籽已与角果皮脱离。这时，可选择晴朗的天气，抓紧时间摊晒、碾打、脱粒、扬净，当水分降到 8%～9%时即可入库。

③ 贮藏方法。一是低温贮藏。贮藏期间除了湿度必须加以控制外，种温也是一个重要因素，必须按季节严加控制，在夏季一般不宜超过 28～30℃，春、秋季不宜超过 13～15℃，冬季不宜超过 6～8℃，种温与仓温相差超过 3～5℃就应采取措施通风

降温。二是合理堆放。油菜种子散装的高度应随湿度增减，堆高应不高于2米，油菜种子如采用袋装储藏法，应尽可能堆成各种形式的通风桩，如“工”字形、“井”字形等。

4. 水稻收获

（1）水稻收获技术

水稻的适期收获，是确保稻米品质、提高产量和产品安全的重要环节。稻谷的成熟度、新鲜度、含水量、谷粒的形状与大小、千粒重、容重、米粒强度等因素直接影响出米率，一般未成熟的稻谷、过度成熟的稻谷，含水量高或过低的稻谷、谷壮大、小或形状相差悬殊的稻谷、千粒重低的稻谷，以及米粒强度小的稻谷，在加工中易产生碎米，出米率低。

水稻必须达到完全成熟才能收割，从稻穗外部形态看，谷粒全部变硬，穗轴上干下黄，有70%的穗轴和一二次枝梗呈干黄色，达到上述指标(稻谷含水量为20%～25%)，说明谷壮已充实饱满，植株停止向谷粒输送养分，此时为收获适期未完全成熟时收割，穗下部的弱势花灌浆不足，造成减产，品质下降。据测定，以单季中、晚稻抽穗后55天收割产量为100%计算，则抽穗后50天收割，产量为94.2%；抽穗后45天收割，产量为89.1%；抽穗后40天收割，产量为85.7%。大约每早割1天减产1%。而且青粒米及垩白等不安全的米粒增多，稻米品质下降，适当延迟收获可减少青米的比率，改善米饭的适口性。

一般情况下，优质稻谷要求抢晴收获，边收边脱；用人力机构脱粒或机械收脱。切忌长时间堆垛或在公路上打场暴晒，以免污染和品质下降。贮运时注意单收、单贮、单运、仓库要消毒除虫、灭鼠，进仓后注意检查温度和温度，防霉、防鼠害，运输时不能与其他物质混载。收获过程中禁止在沥青路、场和已被化工、农药、工矿废渣、废液污染过的场地上脱壮、碾压和晾晒。

人工收割时，割倒后必须在固间晒 3～4 天，把茎叶晒蔫，再打捆运回场地。当时若不能脱壮，码垛时要稻穗朝外，以利继续干燥，刚割下的稻株，不能急于打捆堆垛，以防霉烂变质。所调查，刚割倒的稻株打捆堆垛，经过 2 天，千粒重下降 0.2～0.3 克，每 667 米^2 损失稻谷 5 千克左右。稻穗风干不够，稻粒不易脱净。

（2）水稻收获方式

① 人工收割。在水稻已成熟但秸秆水分大、尚不适合机械作业的情况下，首先应选用人工收割，人工收割应首选低洼地和易倒伏地块收割，人工割后，晾几天就可以整地，对整个收获、整地都得到提前，是水稻分段收获首选收获方式。

② 割晒收割。在人工收割的同时，可采取割晒的方式进行收割，割后晒几天在水分下降后进行拾禾。这种收割方式能提高水稻籽粒的容重、品质，又能迅速降低到安全水分，是水稻分段收获的重要方法之一。

③ 半喂入收割。半喂入收割机比机械直收提前几天，但也存在籽粒水分偏大，最好的方式就是二三户交替收获，使于晾晒，又可以不影响水稻收获进度。另外，半喂入收割给整地带来了有利的条件，给整地的质量奠定了好的基础。

④ 机械直收。在水稻完全成熟、枯霜过后，水稻秸秆和籽粒水分适宜，采取机械直收，这时是水稻全面收获的高潮，应抓紧一切可作业时间，晚上没有霜的情况下可以通宵收割，把水稻全面收割完提到第 1 场雪前，以防水稻倒伏给种植户造成损失。

七、标准化与农产品质量安全

【引导性案例】

大力推进农业标准化　确保农产品质量安全

澧县位于湖南省西北部，洞庭湖西岸，澧水中下游。全县辖32个乡镇，总人口92万，总面积2 075平方公里，境内山丘平湖俱有，其中耕地103万亩，山林76万亩，水面22万亩，农业资源十分丰富，是传统农业大县和粮食生产大县，素有“洞庭鱼米之乡”美誉。近年来，我县按照操作有规程、过程有记录、产品有标识、市场有监管、质量可追溯的要求，积极推进农业标准化建设，特别是今年紧抓厅市合作机遇，加大力度、全面推进农业标准化，有力促进了农产品质量安全水平提升。目前，全县已建成60万亩油菜、50万亩优质稻、13.9万亩橘柚、2.7万亩葡萄和1.5万亩优质茶标准化生产基地；创建了2个市级标准化示范园区和3个县级标准化示范园区，建立了4个农业部畜禽水产标准化示范场、13个县级畜禽水产标准化示范场和36个生猪标准化养殖示范规模小区；按照标准化栽培要求生产的复兴苹果柚成为全国“两会”招待用水果，进入了人民大会堂。

一、围绕产业发展狠抓标准化体系

一是突出产业布局形成标准化格局。坚持“优质、高产、高效、生态、安全”的思路，大力发展粮油果蔬标准化生产示范基地和畜禽水产标准化健康养殖小区，不断推动传统农业产业升级；按照区域化布局特点，以平湖区葡萄、水稻，山丘区橘柚、茶叶，湖区养殖等产业为依托，全面实施农业标准化分区创建，稳步推进农业标准化生产。二是突出主导产业进行标准制修订。制定葡萄、水稻、油菜等主导产业技术规范 19 个，其中省级地方标准 1 个、市级技术规范 10 个、县级技术规范 8 个，盈成油脂、加州食品等企业制定企业生产标准 98 个，初步形成与国家标准、行业标准相配套，涵盖生产经营各个环节的农业标准体系。另外，还编印了 15 万张简易操作卡和 9 000 多本标准化实施手册，发放给广大农户。三是突出产品安全推行标准化监管。建立了县、乡、村、组四级联动的农产品质量安全监管网络，出台了系列监管制度，设立了农业投入品专供店，建立了购买档案，严禁高毒违禁农药的销售和使用。加强了检测体系建设，先后建立 3 家县级区域性农产品质量安全检测站，4 个大型批发市场和标准化生产基地检测室，初步形成了以县农产品检测中心和乡镇检测站为骨干，市场、超市、基地检测点为补充的农产品质量检测体系。同时，兑水稻、葡萄标准化示范园区农户实行“五户联保”的质量安全编码，签订《农产品质量安全承诺书》，实行产品统一包装，加贴标识，确保园区产品质量可追溯。

二、围绕平台组建狠抓标准化推行

一是政府引导积极主动。成立县标准化建设领导小组，全面组织、协调农业标准化建设工作，形成了政府牵头、部门联动、齐抓共管的工作格局。县财政配套资金 160 万元，整合国土、农开、水利等涉农项目资金 230 万元，鼓励引导农户自筹资金 2 100 万元，加强示范园区的基础设施建设、生态环境整治、农民教育培训和高效产业发展等。二是合作组织主体推动。按照农民自愿、部门帮扶的原则，成立葡萄、优质稻、生猪等种养专业协会和合作社 109 个，培育市场流通大户 2 100 多户，发展会（社）员 5.4 万人，辐射农户 7.3 万户。合作组织把分散农户组织起来，将生产经营的各个环节连接起来，按照统一品种、统一投入品、统一技术规程、统一品牌、统一包装、统一销售“六统一”的要求实施标准化生产，建立农产品生产记录档案、农业投入品使用档案、农产品出园检测档案，落实各项监管制度和控制制度，充分发挥了合作组织在实施标准化中的主体作用。如农康葡萄专业合作社严格按照“六统一”的要求，实施葡萄标准化生产，吸纳成员 1373 名，发展葡萄生产基地 1.3 万多亩，年产葡萄 2.6 万多吨，产值 2 亿多元。三是龙头企业有效拉动。县内龙头企业采取“企业+基地农户+标准”的形式，建设标准化生产基地75 万亩，形成了从生产加工到流通销售的标准化产业链，有效拉动了我县农业标准化建设。盈成油脂从 2009 年起，强力推行全产业链标准化生产，在原材料生产环节与全县32个乡镇合作，全县 60万亩油菜成为盈成油脂原材料标准化生产基地，油菜品种由原来的 70 多个变到现在的 5 个；在产品加工环节按照绿色食品要求设计、生产，执行标准化操作流程，实行全自动化控制，确保了产品质量安全。四是标准园区示范带动。通过高标准开展标准化示范园区和畜禽水产标准化示范场建设，辐射带动全县 128 万亩优质稻、油菜、葡萄、橘柚、茶叶实行标准化生产，12 万亩养殖水面和 423 个 100 头以上养猪场、300 多个 100 只以上肉羊场、300 多个万羽以上家禽场实行标准化生态健康养殖。

三、围绕品牌创建狠抓标准化提升

一是做优品质。建立 4 个污染源定点监控点，定期采集土壤耕作层样本及大气、水样送检，全面掌握主要农作物产地环境状况。在水稻、茶叶、蔬菜等农产品生产上大力推广测土配方施肥和绿色防控技术，每年实施测土配方施肥面积 130 万亩次，病虫害专业化统防统治面积 15 万亩，病虫无害化综合防治技术 42 万亩。大力推广零排放生态养猪技术和“猪—沼—农”等生态养殖模式，全县发展零排放生态养猪示范户14家，建发酵床3000平方米。压减珍珠养殖面积6 200亩。通过推广生态种养技术，改善产地环境，全县农产品品质进一步优化。二是加强认证。积极实施“从农田到餐桌”的全程质量控制，不断加大产品认证力度。目前认证有机食品7个，绿色食品28个，无公害农产品32个。“双上绿芽”获欧盟和国内有机茶双重认证，“澧县葡萄”获国家地理标志保护产品称号。复兴苹果柚地理标志产品认证申报工作正在进行，申报材料已报农业部。三是打响品牌。通过连续多年举办葡萄节或葡萄新闻发布会、农副产品展示展销会、全国知名专家品评会等节会，不断提高农产品知名度。每年组织参展省、市农博会，大力宣传推介农产品品牌，神州庄园葡萄酒、太青腊肉、光明休闲食品在省农博会上勇夺金奖。聘请专业营销公司进行品牌推介，“生态啤酒”被认定为全国驰名商标，“盈成”被认定为“湖南省著名商标”，福润牌分割肉、张公特色食品、惜春蜂蜜、湘香野生菌油等品牌也在逐步叫响。

（资料来源：http://spzx.foods1.com/show_1248600.htm）

（一）标准化与农产品质量安全概述

1. 农业标准化概述

（1）有关概念

① 标准。为在一定范围内获得最佳秩序，对活动或结果规定共同的和重复使用的规则、指导原则或特性的文件。

② 标准化。为在一定范围内获得最佳秩序，对实际的或潜在的问题制定共同的和重复使用的规则的活动。

③ 农业标准化。以农业科学技术和实践经验为基础，运用

“统一、简化、协调、优选”的标准化原则，把科研成果和先进技术转化成标准，加以实施，并取得最佳的经济、社会、生态效益的可持续过程。

④ 农业综合标准化。运用系统分析方法，从农业标准对象的整体出发，以实现农业标准化对象系统的整体最优为目标的科学的农业标准化方法。

⑤ 农业标准综合体。针对综合标准化对象及其相关要素而建立的，按其内在联系或功能要求所形成的，相关指标协调优化、相互配合的成套标准。

⑥ 强制性农业标准。指与安全、卫生有关的技术要求，重要的涉及技术衔接通用技术语言和国家需要控制的检验方法，种子与重要农产品的国家标准、行业标准，以及法律、行政法规规定强制执行的标准。

⑦ 质量管理。确定质量方针、目标和职责，并在质量体系中通过诸如质量策划、质量控制、质量保证和质量改进，使其实施的全部管理职能活动。

⑧ 质量保证。指为使人们确信某实体能满足质量要求，在质量体系内实施并按需要进行证实的全部有计划的和系统的活动。

⑨ 质量认证。又称合格认证，是由产、需以外的第三方公证。

（2）农业标准化的主要内容

农业标准化的内容十分广泛，主要有以下八项：

① 农业基础标准。是指在一定范围内作为其他标准的基础并普遍使用的标准。主要是指在农业生产技术中所涉及的名词、术语、符号、定义、计量、包装、运输、贮存、科技档案管理及分析测试标准等。

② 种子、种苗标准。主要包括农、林、果、蔬等种子、种

苗、种畜、种禽、鱼苗等品种种性和种子质量分级标准、生产技术操作规程、包装、运输、贮存、标志及检验方法等。

③ 产品标准。是指为保证产品的适用性，对产品必须达到的某些或全部要求制订的标准。主要包括农林牧渔等产品品种、规格。质量分级、试验方法、包装、运输、贮存、农机具标准、农资标准以及农业用分析测试仪器标准等。

④ 方法标准。是指以试验、检查、分析、抽样、统计、计算、测定、作业等各种方法为对象而制订的标准。包括选育、栽培、饲养等技术操作规程、规范、试验设计、病虫害测报、农药使用、动植物检疫等方法或条例。

⑤ 环境保护标准。是指为保护环境和有利于生态平衡、对大气、水质、土壤、噪声等环境质量、污染源检测方法以及其他有关事项制订的标准。例如水质、水土保持、农药安全使用、绿化等方面的标准。

⑥ 卫生标准。是指为了保护人体和其他动物身体健康，对食品饲料及其他方面的卫生要求而制订的农产品卫生标准。主要包括农产品中的农药残留及其他重金属等有害物质残留允许量的标准。

⑦ 农业工程和工程构件标准。是指围绕农业基本建设中各类工程的勘察、规划、设计、施工、安装、验收，以及农业工程构件等方面需要协调统一的事项所制订的标准。如塑料大棚、种子库、沼气池、牧场、畜禽圈舍、鱼塘、人工气候室等。

⑧ 管理标准。是指对农业标准领域中需要协调统一的管理事项所制订的标准。如标准分级管理办法、农产品质量监督检验办法及各种审定办法等。

2. 农产品质量安全的内涵

(1)有关概念及其范围界定

① 农产品。《现代汉语词典》(第 5 版)对“农产品”解释为:农业中生产的物品,如稻子、小麦、高粱、棉花、烟叶、甘蔗等。但这个概念随着世界各国农业的快速发展、农产品自身链条的不断延长,其范围不断向更深和更广的领域延伸。

从其用途上看,农产品不仅包括来源于农业的可食用产品,还包括来源于农业的非食用产品。我国《农产品质量安全法》第二条规定:本法所称“农产品”是指来源于农业的初级产品,即在农业活动中获得的植物、动物、微生物及其产品。从其范围看,农产品不仅包括农业的源性产品,还包括源性产品的加工品和制成品。我国《无公害农产品管理办法》所涉及的农产品,是指未经加工或者初加工的食用农产品。日本《农林产品标准和正确标识法》第二条第一款中所提到的“农林产品”,是指:一是饮料、食物、油料和脂类;二是农产品、林产品、畜产品和水产品,以及用这些产品作为原料或成分的加工产品。

② 食品。《现代汉语词典》(第 5 版)对“食品”解释为:商店出售的经过加工制作的食物。该概念中强调的是食物内在的规律性以及商品属性,突出了经过加工和制作的过程,即包含有经过理化性质所改变的过程。这点在其他文献和法律文本中都有比较明确的描述。加拿大《食品与药品法》第二条第八款将“食品”定义为:包括经过加工、销售及其直接作为食品和饮料为人类消费的物品、口香糖和以任何目的混合在食品中的各种成分及原料。食品法典委员会 193 号法典中的食品主要包括植物源性加工食品、动物源性加工食品、多种成分的加工食品、其他可食用品。

美国《联邦食品药品及化妆品法》第二条将“食品”定义为:人或动物食用或饮用的物品；口香糖；用作以上物品构成的材料。

③ 农产品与食品范围的界定。农产品和食品的概念没有科学意义上的明确界定，两者在许多方面难以划分，但是从食物生产链条上可粗略地划分如下。农产品侧重于生产环节，来源于农业生产活动的动物、植物和微生物产品，属于第一产业的产品。而食品强调经过加工制作的过程，以农产品为原料，由工业化过程生产，改变了原料产品基本理化性质，可供人类直接或间接食用或饮用的产品，属于第二产业的产品。这种范围的界定，可以满足当前我国现行农产品质量安全和食品安全按照“分段监管为主，品种监管为辅”管理的需要，可以避免多年来因客体和主体区分不清而造成的重复执法问题。

（2）质量与安全

① 质量的概念与特性。质量是指反映产品、过程及服务的实体满足明确或隐含的需要能力的全部特性和特征的总和。产品质量就是产品能够满足人们需要所具备的那些使用功能自然属性，也就是产品的使用价值。就农产品而言，其质量特性至少包含功能性、可信性、安全性、适应性、经济性和时间性等六个方面：一是功能性。外观功能包括农产品的状态、造型、光泽、颜色、外观等，使用功能包括农产品的营养、感官、保健功能以及包装物的保藏功能。二是可信性。农产品的可用性、可靠性等，即农产品在保质期内具备规定功能的能力。三是安全性。农产品在生产、储存、运输和消费过程中，能保证对人体和环境的伤害或损害控制在一个可接受的水平。四是适应性。农产品适应外界环境的能力，包括自然环境和社会环境。五是经济性。农产品对生产者和消费者来说经济上都是合算的。经济性是农产品市场竞

争力的关键因素。六是时间性。农产品在数量上、时间上满足消费者的能力。农产品具有季节性强的特点，且生命周期很短。

对产品质量好坏和高低评判的方法，称为产品质量观。在相当长的历史时期内，人们普遍认为质量是否合格，就看是否符合原来的设计标准，被称为符合性质量观。

② 安全的概念。是指防范潜在的危险。所谓危险就是可能造成伤害或破坏的根源，或者是可能导致伤害或破坏的某种状态。在农产品安全的概念中，包括数量供给或者供需保障方面的安全（粮食安全），以及品质、特性要求上的安全，即农产品质量安全。

③ 粮食安全。是指保证任何人在任何时候都能得到为了生存与健康所需要的足够食品，其最终目标应该是确保所有人在任何时候都能买得到又能买得起他们所需要的基本食品。

④ 农产品质量安全的概念。就是指农产品的可靠性、使用性和内在价值，包括在生产、贮存、流通和使用过程中形成、合成留有和残存的营养、危害及外在特征因子，既有等级、规格、品质等特性要求，也有对人、环境的危害等级水平的要求。在不同的学科有不同的表述。从卫生的角度表述为，农产品中不含有导致消费者急性或慢性毒害或疾病感染的因素，或不含有产生危及消费者及其后代健康隐患的有毒有害因素。从管理的角度表述为，农产品的种植、养殖、加工、包装、储藏、运输、销售、消费等活动符合国家强制性标准和要求，不存在损害或威胁消费者及其后代健康的有毒有害物质。从剂量—反应的角度，又可分为绝对安全性与相对安全性两种：绝对安全性是指不可能因食用某种农产品而危及健康或造成伤害，也就是农产品应绝对没有风险；相对安全性被定义为一种食物或成分在合理食用方式和正常

食量的情况下不会对健康造成损害的实际确定性。

3. 影响农产品质量安全的因素

（1）环境污染危害到农产品质量

安全环境的好坏对农产品的质量安全有较大的影响。近年来，随着化工业的不断发展，农业生产经营者为了追求经济利益最大化，往往在生产和经营管理过程中没能科学、合理地按照标准进行农业标准化生产和经营管理，使得农业生产环境遭受了农药、化肥及重金属等污染，在这种环境下生产的农产品很难“出淤泥而不染”，致使农产品存在质量安全问题。

（2）物理、化学、生物因素影响

① 物理性污染。影响因素主要来自农产品生产或收获过程中操作不规范，不慎在农产品中混入有毒有害杂质，导致农产品受到污染。如在收获过程，人工或机械混杂在农产品中混入的有毒有害杂质（小麦中混入毒麦等）或石块沙粒、金属碎屑等杂质；因延长贮藏期需要而进行的核辐照对农产品放射性污染等。物理性污染是可以通过规范操作加以预防的。

② 化学性污染。主要是在农业生产过程中，由于不合理使用化学合成物质而对农产品质量安全产生的危害。如禁用农药的使用，化学肥料、农药、兽药、饲料添加剂等的大量施用，或者未合理使用（包括肥料的不合理搭配，农药、兽药没有安全用药间隔期等），均可能造成有毒有害化学物质在农产品中残留。工业废弃物中的有毒有害化学物质，通过污染农田、水源和大气，也可能最终在农产品中聚集。化学性污染是可以通过标准化生产进行控制的。

如用于催熟水果的植物生长调节剂具有雌激素活性，通过食物链进入人体后，会造成女性性早熟、男性性特征不明显等现象（称内分泌干扰效应）。

③ 生物性污染。主要指自然界中各类生物性污染对农产品质量安全产生的危害。如在流通、贮运、销售过程中的霉烂、变质，运输工具、贮藏设备、销售货栈等带来的致病性细菌、病毒以及某些毒素污染。农业转基因技术可能导致质量安全问题。生物性污染具有较大的不确定性，控制难度大，有些可以通过预防控制，而大多数则需要通过采取综合治理措施。

遭受有害生物入侵的污染。指农产品在种（养）殖过程中遭受致病性细菌、病毒和毒素入侵的污染。几乎所有种类的动植物在生长过程中都会因管理不善而遭受不同种类有害生物入侵的危害，并对农产品自身的生长、品质、品相产生较大的影响。在入侵动植物的有害生物中，多数可以预防和治疗，只有极少数人畜共患的有害生物才威胁人类的身体健康，如禽流感、猪链球菌、口蹄疫、寄生线虫、疯牛病等。有害生物也是造成农产品的因素。

（3）监管保障体系

相关法律法规不健全。监管保障体系存在的问题包括检测依据的标准数量不足、检测配套设施差、监管体系尚未完善、检测人员素质有待进一步提高等。如很多地方缺乏严格的市场准入制度，导致有些不合格农产品没有经过检验检测，就直接进入市场。此外，由于相关法律法规不健全，执法过程缺乏规范化和持续性，执法力度不够，给不法分子以可乘之机，包括生产、出售有毒有害农产品，生产、出售国家禁止使用或限制使用的农药、添加剂、催生素、除草剂等农业投入品。

4. 危害农产品质量安全的特点

（1）危害的隐蔽性

农产品特别是食用农产品，常常需经过辅料搭配、蒸煮、煎炒等烹饪加工才能食用。受物理性、化学性和生物性污染的农产品在这些食用加工过程中，农产品质量安全的真实水平或程度往往得以掩饰，很难凭感官或一般检测设备进行识别。并且，一些参数或指标的检测难度进一步加大，检测时间进一步延长，质量安全状况难以及时准确判断，危害具有较强的隐蔽性。

（2）危害的单一性

农产品的生产环节相对单一，影响质量水平的不安全因素主要来自农业生产过程。土壤、大气、灌溉水等产地环境含有的有毒有害物质，化肥、饲料、农药、兽药等含有的有毒有害成分，均可能在农产品中直接残留，危害环节相对单一，危害因素常以化学性污染物为主。

（3）危害的多发性

化肥、饲料、农药、兽药是农产品生产的重要投入品。当前，我国农药、兽药农业生产资料市场相当混乱，一些农业投入品专业技术人员都难以识别，对科学文化素质还不太高的农民来说，更是难以准确判断，加上农业投入品使用的不规范和工业“三废”排放造成的面源污染，使得农产品质量安全事故呈多发态势。但由于农产品生产规模一般较小，生产周期较长，受影响的农产品数量较少，且由于流通销售半径相对较小，其质量安全的危害一般较小。

（4）管理的复杂性

农产品属于第一产业范畴，生产周期长。产地环境是完全开放的自然地理环境，很难人为控制。生产者以高度分散的、小规模农户为主，规模化、组织化、机械化程度均很低，素质参差不齐，化肥、农药、兽药、饲料等农业投入品的使用情况差异巨大，污染农产品的途径众多，农产品质量安全管理十分复杂。目前，农产品质量安全管理一般以农业部门为主、依据《农产品质量安全法》进行，难度很大。

5. 农产品生产质量管理概述

（1）HACCP 体系与食品安全质量的控制。

HACCP 即是危害分析与关键控制点（Hazard Analysis Critical ControlPoint）的英文缩写。是一种食品安全保证体系，由食品的危害分析（Hazard Analysis，HA）和关键控制点（Critical Control Point，CCP）两部分组成。HACCP 是近年来备受重视并逐渐应用于控制食品安全质量的一种新的保证体系。HACCP 比 GMP 前进了一步，它包括了从原材料到消费者制作食品的整个过程的危害控制。HACCP 食品质量管理体系是在 1959 年美国皮尔斯柏利（Pills-bury）公司与美国航空和航天局纳蒂克实验室在联合开发航天食品时初步形成的。

① HACCP 体系中危害的控制。食品中常见的危害：一是生物性危害：细菌性危害、真菌性危害、病毒和立克次氏体、寄生虫病、昆虫（蝇类、蟑螂和螨类等）造成的危害。二是化学性危害：食品的化学性危害是指有毒的化学物质污染食品而引起的危害，例如一些常见的化学性食物中毒。化学清洗剂、农药（杀虫剂、杀菌剂、除草剂、杀鼠剂、食品保藏剂、工业或家庭卫生消毒剂等）、增塑剂和包装材料、其他化学物质（兽药残留、化学添加剂、有毒金属、亚硝酸盐等）。三是物理性危害：如玻璃、

金属屑、塑料碎片、小石子等。

② 关键控制点和过程控制点的区别。在HACCP系统中，“关键控制点”是指通过控制措施可以防止、消除或减少某一危害，使其安全水平达到可接受程度的一个点、步骤或过程，即关键控制点是指加工工序中一旦失控则有可能对人体健康产生不可忽视的危害的环节。HACCP 系统是围绕关键控制点建立的，除了关键控制点外，HACCP 系统还建立了一些过程控制点来帮助控制整个操作过程的完整和协调。所谓“过程控制点”是指在工序中一旦失控，不一定会对人体健康和食品卫生安全不能忽视的危害的环节。由此可见，确定和区分好“关键控制点”和“过程控制点”，可以将注意力准确地集中在一些必要的控制因素上，确保食品的安全质量。

（2）农产品生产质量管理的措施

① 加强农产品质量认证工作，着力培植知名品牌。加快“三品”认证步伐，努力扩大无公害农产品、绿色食品、有机食品认证的覆盖面，在稳固产品认证步伐、加强认证产品质量管理的基础上，着力推进名牌战略，扩大名牌效应，逐步实现主要农产品达到有商标、有品牌、有认证的要求。

② 进一步做好农产品产地环境普查管理工作。按照无公害农产品产地环境质量标准的要求，对农业生产的大气环境、灌溉用水水质、土壤环境质量及周围污染源排放情况进行检测。

③ 强化农业标准（技术规程）制定与推广应用。加快制（修）订和申报与国际标准接轨的地方农产品质量标准和生产技术规程，检测技术、农业生态环境标准，初步建立农业投入品质量检测体系、农产品质量检测体系、农业标准化信息体系等农产品生产标准体系。结合国家标准行业标准和地方标准，制定农民易懂、

便于操作的生产技术规程，制定地方优势或特色农产品的产品质量标准及生产技术操作规程，并加强培训宣传，着力搞好农产品生产技术规程和产品质量标准的示范推广工作，加强对生产过程中规程执行情况的监督和农产品的检测，指导生产基地和加工企业实施标准化生产技术，实行标准化管理。

④ 加强农业标准化生产示范基地（区）建设。按照建立现代农业特色品牌基地目标，在基础条件好、生产规模大、标准化程度高、产业特色明显、经济效益好的基地，集中人力、物力、财力建立核心示范区，按照标准化生产、产业化经营、规模化发展的基本要求，从无公害农产品、绿色食品及有机食品等优质农产品生产抓起，完善从生产、加工、检测、到包装标牌销售一条龙配套机制，并以此带动面上标准化工作的开展，逐步实现全部农业生产基地化、基地标准化、产品品牌化。

⑤ 完善质量检测体系，提高监测能力。建设重点是仪器设备的添置更新与扩建，加强技术人才培训，进一步提高检测能力和水平，建成具有国内领先水平的检测中心，争取国际多边或双边认证，并逐步与国际接轨；县级农业部门质检站主要侧重于多功能的快速检测以及生产过程中的农业质量自查监控，以日常监督管理为主，在国家和企业检测之间起到纽带作用。除省部级质检机构和区域性综合检测机构所在地外，其他市县将在现有农业部门实验室（检测站）的基础上，建设完善一个农业综合质检站；基地、区域性批发市场、龙头企业检测室（站、点）主要是从源头上加强农产品质量监控，对生产、加工、流通的产品质量进行抽查、自检，确保产品质量和市场信誉；有关基地、市场和企业则根据自身的发展需要建立适度规模的检测室（站、点）。

⑥ 完善例行监测制度，提高农产品质量监控能力。进一步

加强对农业环境、农产品、农业投入品的例行监测，尤其是农产品质量检测，加大对农产品抽检工作力度。进一步明确主管人员，做到责任到人，职责清楚。继续通过电视、报纸、杂志等新闻媒体，及时报道全市农产品质量安全管理过程中的新闻事件，进一步推进我市农产品质量建设。

⑦ 发挥龙头企业和合作经济组织的带动作用，加大农业标准化生产建设力度。大力发展和扶持一批有实力、带动力强的农业龙头企业和合作经济组织，发挥在标准化生产中辐射带动作用；采取各种经营方式，发展订单农业，促进农业龙头企业带动生产者按照市场需求进行生产，形成市场引导企业，企业带动基地，基地连接农户的产业化联动机制；不断提高农民的组织化程度，实现农业生产的规模化、基地化，基地管理的标准化。

⑧ 进一步健全农业质量监督体系。继续加强执法监督工作力度，严厉打击假冒伪劣产品，净化农资市场；建立农产品质量监督检验制度，加强对农产品产地市场农产品质量的抽查检测；探索建立农产品质量安全追溯制度和市场准入制度；充分发挥各级检测机构的作用，加大对农产品抽检频次和数量，对进入农产品市场的非认证产品实行“逢进必检”，对不符合农产品质量要求的农产品坚决不能进入市场销售，建立健全农产品市场准入制度。

（二）无公害农产品生产

1. 无公害农产品的标准与规范

① 什么是无公害农产品？无公害农产品就是指产地环境、生产过程和产品质量符合国家有关标准和规范的要求，经认证合格获得认证证书并允许使用无公害农产品标志的未经加工或者

初加工的食用农产品。无公害农产品是指产地环境符合无公害农产品的生态环境质量，生产过程必须符合规定的农产品质量标准和规范，有毒有害物质残留量控制在安全质量允许范围内，安全质量指标符合《无公害农产品（食品）标准》的农、牧、渔产品（食用类，不包括深加工的食品）经专门机构认定，许可使用无公害农产品标识的产品。广义的无公害农产品包括有机农产品、自然食品、生态食品、绿色食品、无污染食品等。这类产品生产过程中允许限量、限品种、限时间地使用人工合成的安全的化学农药、兽药、肥料、饲料添加剂等，它符合国家食品卫生标准，但比绿色食品标准要宽。无公害农产品是保证人们对食品质量安全最基本的需要，是最基本的市场准入条件，普通食品都应达到这一要求。无公害农产品的质量要求低于绿色食品和有机食品。

② 无公害农产品标准。它是无公害农产品认证和质量监管的基础，其结构主要由环境质量、生产技术、产品质量标准三部分组成，其中产品标准、环境标准和生产资料使用准则为强制性国家及行业标准，生产操作规程为推荐性国家行业标准。截至2007年，农业部共制定无公害食品标准386个，使用277个：产品标准127个，产地环境标准20个，投入品使用标准7个，生产管理技术规程标准117个，认证管理技术规范类标准6个。

一是环境质量。环境质量评价应从调查无公害农产品基地的环境条件（空气、灌溉水、土壤）入手，搜集评价所需信息，按国家或行业标准相关要求，选定评价因子、评价模型、评价标准，对基地环境质量状况进行综合评定，从而正确评价无公害农产品生产环境质量状况，为无公害农产品生产基地的有效开发提供环境质量依据。

二是生产技术。无公害化生产是清洁生产的初级阶段，也是适合我国国情的主要生产方式，包括耕地净化、品种优质高抗、投入品无害化、栽培管理等关键技术和检测与加工等配套技术。只有严格执行关键技术规范，合理运用配套技术，才能生产出真正的无公害农产品。

三是产品质量标准。目前有8项国家标准：《无公害蔬菜安全要求》、《无公害蔬菜产地环境要求》、《无公害水果安全要求》、《无公害水果产地环境要求》、《无公害畜禽肉产品安全要求》、《无公害畜禽肉产品产地环境要求》、《无公害水产品安全要求》、《无公害水产品产地环境要求》。

2. 无公害农产品生产

无公害农产品的技术保障主要体现在以下几方面：

① 无公害农产品生产基地环境控制技术。无公害农产品开发是农业生态环境保护工作适应市场经济发展需要应运而生的，是将农业环保工作的社会效益、生态效益转化为现实经济效益的一种形式和途径。无公害农产品开发也是将生产建设与环境保护于一体的生态农业发展到一定阶段的产物，无公害农产品以生态农业为技术保障，生态农业以无公害农产品为市场载体，从而形成以产品开发带动生态农业，以生态农业建设促产品开发的良性发展机制。因此，无公害农产品开发基地应建立在生态农业建设区域之中，在生态农业建设中强化无公害技术份额。具体地说，其基地在土壤、大气、水上必须符合无公害农产品产地环境标准，其中土壤主要是重金属指标，大气主要是硫化物、氮化物和氟化物等指标，水质主要是重金属、硝态氮、全盐量、氯化物等指标。无公害农产品产地环境评价是选择无公害农产品基地的标尺，只有通过其环境评价，才具有生产无公害农产品的条件和资格，这

是前提条件。

② 无公害农产品生产过程控制技术。无公害农产品的农业生产过程控制主要是农用化学物质使用限量的控制及替代过程。重点生产环节是病虫害防治和肥料施用。病虫害防治要以不用或少用化学农药为原则，强调以预防为主，以生物防治为主。肥料施用强调以有机肥为主，以底肥为主，按土壤养分库动态平衡需求调节肥量和用肥品种。在生产过程中制定相应的无公害生产操作规范，建立相应的文档、备案待查。

③ 无公害农产品质量控制技术。无公农产品最终体现在产品的无公害化。其产品可以是初级产品，也可能是加工产品，其收获、加工、包装、贮藏、运输等后续过程均应制定相应的技术规范和执行标准。

农产品是否无公害要通过检测来确定。无公害农产品首先在营养品质上应是优质，营养品质检测可以依据相应检测机构的结果，而环境品质、卫生品质检测要在指定机构进行。

3. 无公害农产品的申报与认证

无公害农产品认证是为保障农产品生产和消费安全而实施的政府质量安全担保制度，属于政府行为，公益性事业，不收取任何费用。无公害农产品认证采取产地认定与产品认证相结合的方式，产地认定主要解决产地环境和生产过程中的质量安全控制问题，是产品认证的前提和基础，产品认证主要解决产品安全和市场准入问题。无公害农产品产地认定与产品认证审批事项是对申报种植业、畜牧业无公害农产品产地认定与产品认证项目进行审核，审核其产地环境、生产过程、产品质量是否符合农业部无公害农产品相关标准和规范的要求。

凡符合《无公害农产品管理办法》规定，生产产品在《实施无公害农产品认证的产品目录》内，具有无公害农产品产地认定有效证书的单位和个人（以下简称申请人），均可申请无公害农产品认证。

图 7-1 无公害农产品标志

（1）无公害农产品的申报

① 申请人填写《无公害农产品认证申请书》。

② 直接或者通过省级无公害农产品认证归口单位向申请认证产品所属行业分中心提交以下材料（一式两份）：

A.《无公害农产品认证申请书》。

B.《无公害农产品产地认定证书》（复印件）。

C. 产地《环境检验报告》和《环境现状评价报告》（2 年内的）。

D. 产地区域范围和生产规模。

E. 无公害农产品生产计划。

F. 无公害农产品质量控制措施。

G. 无公害农产品生产操作规程。

H. 专业技术人员的资质证明。

I. 保证执行无公害农产品标准和规范的声明。

J. 无公害农产品有关培训情况和计划。

K. 申请认证产品上个生产周期的生产过程记录档案（投入品的使用记录和病虫草鼠害防治记录）。

L. “公司加农户”形式的申请人应当提供公司和农户签订的购销合同范本、农户名单以及管理措施。

M. 要求提交的其他材料（详见种植业、畜牧业、渔业产品认证申请书）。

（2）无公害农产品的认证

① 材料的审查。认证机构收到申请材料之日起，在10个工作日内完成申请材料的审查工作。

② 补充相关材料。申请材料不符合要求的，中心书面通知申请人，本生产周期内不再受理其申请。申请材料不规范的，中心书面通知申请人补充相关材料。申请人在 15 个工作日内按要求完成补充材料并报中心，中心在5个工作日内完成补充材料的审查工作。

③ 现场检查。申请材料符合要求但需要对产地进行现场检查的，中心应当在 10 个工作日内作出现场检查计划并组织有资质的检查员和专家组成检查组，同时通知申请人并请申请人予以确认。检查组在检查计划规定内完成检查工作。

④ 抽样检查。申请材料符合要求（不需要对申请认证产品产地进行现场检查的）或者申请材料和产地现场检查符合要求的，中心书面通知申请人委托有资质的检测机构对其申请认证产品进行抽样检验。

⑤ 颁发证书。认证机构在 5 个工作日内完成对材料审查、现场检查（需要时）和产品检验的审核工作。组织评审委员会专

家进行全面评审，在15个工作日内做出认证结论。符合要求的，认证机构签发《无公害农产品认证证书》，核发无公害农产品认证标志。《无公害农产品认证证书》有效期为 3 年，期满如需继续使用，证书持有人应当在有效期满90日前按本程序重新办理。

（三）绿色农产品生产

1. 绿色农产品的标准与规范

（1）有关概念

① 绿色农产品。是指遵循可持续发展原则，按照特定生产方式生产，经专门机构认定，许可使用绿色食品标志，无污染的安全、优质、营养农产品。“按照特定的生产方式”，是指在生产、加工过程中按照绿色食品的标准，禁用或限制使用化学合成的农药、肥料、添加剂等生产资料及其他有害于人体健康和生态环境的物质，并实施从土地到餐桌的全程质量控制。

② 绿色食品。是指在无污染的条件下种植、养殖，施有机肥料，不用高毒性、高残留农药，在标准环境、生产技术、卫生标准下加工生产，经权威机构认定并使用专门标识的安全、优质、营养类食品的统称。

（2）绿色食品分级

我国绿色农产品分为A 级和AA 级。A 级绿色食品系指在生态环境质量符合规定标准的产地，生产过程中允许限量使用限定的化学合成物质，按特定的生产操作规程生产、加工，产品质量及包装经检测、检查符合特定标准，并经专门机构认定，许可使用 A 级绿色食品标志的产品。AA 级绿色食品（等同有机食品）系指在生态环境质量符合规定标准的产地，生产过程中不使用任何有害化学合成物质，按特定的生产操作规程生产、加工，产品质量及包装经检测、检查符合特定标准，并经专门机构认定，许可使用AA级绿色食品标志的产品。

（3）绿色食品标准

由农业部发布，属强制性国家行业标准，是绿色食品生产中必须遵循，绿色食品质量认证时必须依据的技术文件。绿色食品标准是应用科学技术原理，在结合绿色食品生产实践的基础上，借鉴国内外相关先进标准所制定的。目前，绿色食品标准分为两个技术等级，即AA级绿色食品标准和A级绿色食品标准。AA级绿色食品标准要求：生产地的环境质量符合《绿色食品产地环境质量标准》，生产过程中不使用化学合成的农药、肥料、食品添加剂、饲料添加剂、兽药及有害于环境和人体健康的生产资料，而是通过使用有机肥、种植绿肥、作物轮作、生物或物理方法等技术，培肥土壤、控制病虫草害、保护或提高产品品质，从而保证产品质量符合绿色食品产品标准要求。A级绿色食品标准要求：生产地的环境质量符合《绿色食品产地环境质量标准》，生产过程中严格按绿色食品生产资料使用准则和生产操作规程要求，限量使用限定的化学合成生产资料，并积极采用生物学技术和物理方法，保证产品质量符合绿色食品产品标准要求。

（4）绿色食品生产技术标准

① 绿色食品生产资料使用准则。对生产绿色食品过程中物质投入一个原则性规定，它包括农药、肥料、兽药、水产养殖用药、食品添加剂和饲料添加剂的使用准则，对允许、限制和禁止使用的物资及其使用方法、使用剂量、使用次数、休药期等做出了明确规定。例如，生产绿色食品的农药使用准则规定，在AA级绿色食品生产中禁止使用有机合成的化学农药，但允许使用

生物源农药和矿物源农药中的硫制剂、铜制剂和矿物油乳剂，在 A 级绿色食品生产中对化学合成农药只允许限量使用限定的品种。

② 生产绿色食品的肥料使用准则。规定了生产绿色食品允许使用的肥料有七大类 26 种。根据绿色食品的分级标准，相应规定了肥料的两级使用准则。绿色食品生产操作规程是以上述准则为依据，按作物种类、畜禽种类和不同农业区域的生长特性分别制定的，用于指导绿色食品生产活动，规范绿色食品生产技术的技术规定，包括农产品种植、畜禽饲养、水产养殖和食品加工等操作规程。截至 1997 年，已按华南、华中、华北、华东、东北、西南、西北等七个农业区域分别制定了绿色食品蔬菜、果树、粮食、油料等作物的生产操作规程共 72 个。年底由农业部作为行业标准颁布。

③ 绿色食品其他相关标准。绿色食品相关标准包括《绿色食品推荐肥料标准》、《绿色食品推荐农药标准》、《绿色食品推荐食品添加剂标准》等等。此项标准不是绿色食品质量控制必需标准，而是一项促进质量控制的必要标准，是一项促进质量控制管理工作的辅助性标准。

2. 绿色农产品生产

(1) 环境选择

绿色农产品生产基地的首要条件是环境条件，只有在产地、产品的生产环境符合绿色农产品的生产标准，即农产品产地是无污染的；土壤有害元素含量、当地水质、大气质量必须符合产地环境标准；2km 以内没有排污的工厂、医院、矿山等污染源，才具有生产绿色农产品的条件和资格。其次应是该种作（动）物的主产区、高产区或独特的生态区。

（2）施肥技术

根据作物种类、品种、地块、产量、肥料品种及肥料利用率进行测土配方施肥，保证养分平衡。以底肥为主，增施腐熟好的无害、优质有机肥，配合施用磷肥、钾肥，适当控制氮肥。无论采用任何品种肥料追肥或叶面喷肥，最迟应在作物收获前20d进行施肥，防止对农产品产生污染。

（3）除草技术

① 人工除草是在农田发生草荒时，利用传统人工除草，这样既防除了草害又防止了农田污染、提高地温等作用。缺点是：投入人工量大，容易伤害作物根系。

② 化学除草这一方法是当前推广的也是应用较广泛的除草技术。选用除草药物时应根据田块的主要杂草种类进行灭除，不但除草效果好，还要低毒、无残留或少残留，且残效短的品种。只要达到田块没有杂草或有少量杂草但不影响作物生长即可，防止农药残留污染。

（4）病虫害防治

① 农业防治要选用抗病虫品种；合理轮作、深耕；及时清除田间病虫残株、残体和杂草控制病虫侵染源。

② 物理防治利用黑光灯诱杀害虫，用黄油板诱杀蚜虫和白粉虱、高温闷棚、人工捉虫、清除病源植株、药剂封闭柴草垛等。

③ 生物防治是病虫害防治的重点，利用病虫的天敌消除病虫危害。例如利用赤眼蜂、白僵菌类防治玉米螟、水稻螟虫等。

④ 化学防治要在预测预报的基础上掌握病虫害发生的程度范围和发育进度，及时采取措施达到治准、治早、治好的目的。

有限度的使用有机化学农药，在必要时可以使用高效低毒农药，但要严格执行农药安全使用标准。优化施药方法，实行秧田用药，减少大田用药，早治、挑治、一药多治、病虫兼治，尽量减少污染。

3. 绿色农产品的申报与认证

（1）认证申请

① 申请人向中国绿色食品发展中心及其所在省（自治区、直辖市）绿色食品认证食品办公室、绿色食品发展中心领取填写并向所在省绿办递交《绿色食品标志使用申请书》、《企业及生产情况调查表》及以下材料：一是保证执行绿色食品标准和规范的声明；二是生产操作规程（种植规程、养殖规程、加工规程）；三是公司对“基地+农户”的质量控制体系（包括合同、基地图、基地和农户清单、管理制度）；四是产品执行标准；五是产品注册商标文本（复印件）；六是企业营业执照（复印件）；七是企业质量管理手册；八是要求提供的其他材料（通过体系认证的，附证书复印件）。

（2）受理及文审

省绿色食品办公室收到上述申请材料后，进行登记、编号，5 个工作日内完成对申请认证材料的审查工作，并向申请人发出《文审意见通知单》。

（3）现场检查、产品抽样

省绿色食品办公室在《文审意见通知单》中明确现场检查计划，并在计划得到申请人确认后委派2 名或2 名以上检查员进行现场检查。现场检查合格，需要抽样检测产品。

（四）环境监测

① 绿色食品产地环境质量现状调查由检查员在现场检查时同步完成。

② 经调查确认，产地环境质量符合《绿色食品产地环境质量现状调查技术规范》规定的免测条件，免做环境监测。

③ 根据《绿色食品产地环境质量现状调查技术规范》的有关规定，经调查确认，必要进行环境监测的，省绿办自收到调查报告 2 个工作日内以书面形式通知绿色食品定点环境监测机构进行环境监测，同时将通知单抄送中心认证处。

④ 定点环境监测机构收到通知单后，40 个工作日内出具环境监测报告，连同填写的《绿色食品环境监测情况表》，直接报送中心认证处，同时抄送省绿办。

（五）产品检测

绿色食品定点产品监测机构自收到样品、产品执行标准、《绿色食品产品抽样单》、检测费后，20 个工作日内完成检测工作，出具产品检测报告，连同填写的《绿色食品产品检测情况表》，报送中心认证处，同时抄送省绿办。

（六）认证审核

① 省绿办收到检查员现场检查评估报告和环境质量现状调查报告后，3 个工作日内签署审查意见，并将认证申请材料、检查员现场检查评估报告、环境质量现状调查报告及《省绿办绿色

食品认证情况表》等材料报送中心认证处。

② 中心认证处收到省绿办报送材料、环境监测报告、产品检测报告及申请人直接寄送的《申请绿色食品认证基本情况调查表》后，进行登记、编号，在确认收到最后一份材料后2个工作日内下发受理通知书，书面通知申请人，并抄送省绿办。

③ 中心认证处组织审查人员及有关专家对上述材料进行审核，20个工作日内做出审核结论。

④ 审核结论为“有疑问，需现场检查”的，中心认证处在2个工作日内完成现场检查计划，书面通知申请人，并抄送省绿办。得到申请人确认后，5个工作日内派检查员再次进行现场检查。

⑤ 审核结论为“材料不完整或需要补充说明”的，中心认证处向申请人发送《绿色食品认证审核通知单》，同时抄送省绿办。申请人需在 20 个工作日内将补充材料报送中心认证处，并抄送省绿办。

⑥ 审核结论为“合格”或“不合格”的，中心认证处将认证材料、认证审核意见报送绿色食品评审委员会。

（七）认证评审

① 绿色食品评审委员会自收到认证材料、认证处审核意见后10个工作日内进行全面评审，并做出认证终审结论。

② 认证终审结论分为两种情况：

A. 认证合格。

B. 认证不合格。

③ 结论为“认证合格”，执行第8条。

④ 结论为“认证不合格”，评审委员会秘书处在做出终审结

论2个工作日内，将《认证结论通知单》发送申请人，并抄送省绿办。本生产周期不再受理其申请。

（八）颁证

① 中心在5个工作日内将办证的有关文件寄送“认证合格”申请人，并抄送省绿办。申请人在60个工作日内与中心签定《绿色食品标志商标使用许可合同》。

② 中心主任签发证书（图7-2）。

图7-2　绿色食品标志

（九）有机农产品生产

1．有机农产品的标准与规范

（1）有机农产品的概念

根据有机农业原则和有机产品生产方式及标准生产、加工出来的，并通过有机食品认证机构认证的农产品。有机农业的原则是：在农业能量的封闭循环状态下生产，全部过程都利用农业资源，而不是利用农业以外的能源（化肥、农药、生产调节剂和添加剂等）影响和改变农业的能量循环。有机农业生产方式是利用动物、植物、微生物和土壤4种生产因素的有效循环，不打破生物循环链的生产方式。有机农产品是纯天然、无污染、安居营养的食品，也可称为“生态食品”。

（2）有机（天然）食品生产和加工技术规范

有机（天然）食品生产和加工的技术规范主要包括：一是有机农业生产的环境；二是有机（天然）农产品生产技术规范；三是有机（天然）食品加工技术规范；四是有机（天然）食品贮藏技术规范；五是有机（天然）食品运输技术规范；六是有机（天然）食品销售技术规范；七是有机（天然）食品检测技术规范；八是有机农业转变技术规范。

2. 有机农产品生产

有机农业生产的基本要求：

① 生产基地在作物收获前三年内未使用过农药、化肥等违禁物质。

② 种子或种苗来自于自然界，且未经基因工程技术改造过。

③ 生产单位必须建立长期的土地培肥、植物保护、作物轮作和畜禽养殖以及病虫草害防治计划。

④ 生产基地无明显水土流失、风蚀及其他环境问题。

⑤ 作物在收获、清洁、干燥、贮存和运输中未受化学物质的污染。

⑥ 从常规种植向有机种植转换需要36个月的转换期，且在有机作物收获前至少12个月必须接受由OCIA认可的检查员的首次检查。下列情况可免除首次检查：一是申请者以前接受过颁证；二是正在从另一个OCIA认可的颁证机构（如OFDC认证）转向OCIA认证，且农场的内部质量控制体系符合OCIA标准。

⑦ 有机生产的全过程必须有完整而又详细的记录体系。

3. 有机农产品的申报与认证

（1）有机食品认证证书种类

从事有机食品生产经营的单位或个人，向有机食品认证机构申请下列种类的有机食品认证，取得相应的有机食品认证证书：一是有机食品基地生产认证；二是有机食品加工认证；三是有机食品贸易认证。

（2）认证申请

申请有机食品认证的单位或个人，应向有机食品认证机构提出书面认证申请，并提供营业执照或证明其合法经营的其他资质证明。

① 申请有机食品基地生产认证的，还须提交基地环境质量状况报告及有机食品技术规范中规定的其他相关文件。

② 申请有机食品加工认证的，还须提交加工原料来源为有机食品的证明、产品执行标准、加工工艺（流程、程序）、市（地）级以上环境保护行政主管部门出具的加工企业污染物排放状况和达标证明，及有机食品技术规范中规定的其他相关文件。

③ 申请有机食品贸易认证的，还须提交贸易产品来源为有机食品的证明及有机食品技术规范中规定的其他相关文件。

（3）认证受理

有机食品认证机构应在收到书面认证申请及有关材料后 10 日内提出是否受理的意见。对不予受理的，应说明理由。

（4）颁发证书

有机食品认证机构应在同意受理之日起的 90 日内组织完成认证。经认证合格的，由有机食品认证机构根据其申请及认证的有机食品认证种类，颁发有机食品基地生产证书、有机食品加工证书或有机食品贸易证书（以下统称有机食品认证证书）。

图 7-3　有机食品标志

（5）有机食品认证证书颁发与使用

由有机食品认可委员会统一规定。有机食品认证证书必须在限定的范围内使用。任何单位和个人不得伪造、涂改、转让有机食品认证证书。

（6）有机食品认证证书有效期

为两年。有效期届满后需要继续使用认证证书的，必须在期满前 1 个月内向原有机食品认证机构重新提出申请；其经营的有机食品未获得重新认证的单位或个人，不得继续使用有机食品认证证书。

（十）地理标志农产品生产

1．地理标志农产品的标准与规范

（1）农产品地理标志的概念

农产品地理标志，是指标示农产品来源于特定地域，产品品质和相关特征主要取决于自然生态环境和历史人文因素，并以地域名称冠名的特有农产品标志。根据《农产品地理标志管理办法》规定，农业部负责全国农产品地理标志的登记工作，农业部农产品质量安全中心负责农产品地理标志登记的审查和专家评审工作。省级人民政府农业行政主管部门负责本行政区域内农产品地理标志登记申请的受理和初审工作。农业部设立的农产品地理标志登记专家评审委员会，负责专家评审。

（2）使用范围

农产品地理标志标示农产品来源于特定地域，产品品质和相关特征主要取决于自然生态环境和历史人文因素，并以地域名称冠名的特有农产品标志。此处所称的农产品是指来源于农业的初级产品，即在农业活动中获得的植物、动物、微生物及其产品。

（3）产品地理标志产品品质鉴定规范

为规范农产品地理标志产品品质鉴定工作，保证农产品地理标志产品品质鉴定的科学性、公正性和一致性，依据《农产品地理标志管理办法》和《农产品地理标志登记程序》，农业部制定了农产品地理标志产品品质鉴定规范。主要有：

① 外在感官特征。它是指通过人的感官（视觉、味觉、嗅觉、触觉等）能够感知、感受到的特殊品质及风味特征。

② 内在品质指标。它是指需要通过仪器检测的可量化的独特理化指标。

2. 地理标志农产品的申报与认证

（1）申请人的确定

农产品地理标志登记申请人应当符合农产品地理标志登记证书规定的条件，由县级以上地方人民政府择优确定并出具相应的资格确认文件。申请人应当根据申请登记的农产品产地环境特性和产品品质典型特征，制定相应的质量控制技术规范，包括产地环境条件、生产技术规范和质量安全技术规范。

（2）提交下列材料

申请人应当向省级农业行政主管部门提出登记申请，并提交下列材料一式三份：

① 登记申请书。

② 申请人资质证明。

③ 农产品地理标志产品品质鉴定报告。

④ 质量控制技术规范。

⑤ 地域范围确定性文件和生产地域分布图。

⑥ 产品实物样品或者样品图片。

⑦ 其他必要的说明性或者证明性材料。

（3）申请受理

省级农业行政主管部门自受理农产品地理标志登记申请之日起，应当在 45 个工作日内按规定完成登记申请材料的初审和现场核查工作，并提出初审意见。符合规定条件的，省级农业行政主管部门应当将申请材料和初审意见报农业部农产品质量安全中心。

（4）专家评审

农业部农产品质量安全中心收到申请材料和初审意见后，应当在 20 个工作日内完成申请材料的审查工作，提出审查意见，并组织专家评审。必要时，农业部农产品质量安全中心可以组织实施现场核查。专家评审工作由农产品地理标志登记专家评审委员会承担，并对评审结论负责。

（5）公示

经专家评审通过的，由农业部农产品质量安全中心代表农业部在农民日报、中国农业信息网、中国农产品质量安全网等公共媒体上对登记的产品名称、登记申请人、登记的地域范围和相应的质量控制技术规范等内容进行为期10日的公示。

专家评审没有通过的，由农业部做出不予登记的决定，书面通知申请人和省级农业行政主管部门，并说明理由。

对公示内容有异议的单位和个人，应当自公示之日起 30 日内以书面形式向农业部农产品质量安全中心提出，并说明异议的具体内容和理由。

农业部农产品质量安全中心应当将异议情况转所在地省级农业行政主管部门提出处理建议后，组织农产品地理标志登记专家评审委员会复审。

（6）颁发证书

公示无异议的，由农业部农产品质量安全中心报农业部做出决定。准予登记的，颁发《中华人民共和国农产品地理标志登记证书》（图7-4）并公告，同时公布登记产品的质量控制技术规范。

图7-4　农产品地理标志

（7）有效期

农产品地理标志登记证书长期有效。

【阅读与思考】

北京市“三品”的发展

目前北京市认证的农产品主要有无公害农产品、绿色食品和有机食品（北京市的安全食用农产品自2004年停止），农产品的认证由生产企业提出申请，认证机构按照相关的标准和程序，经审查、检查、认定、检测、评审等几个环节均合格后颁发相应的质量证明标志使用权。

一、无公害农产品现状

自 2004 年起北京市不再从事安全食用农产品的认证，而是统一转换为全国的无公害农产品，并且在全市开展无公害农产品工作。至 2008 年底，除过期失效和放弃使用标志的企业外，有效的无公害农产品生产企业数达到 562 家企业，年产量为 177.7 万吨，占郊区同类别农产品总量的 1/3 左右。其中，种植业企业生产规模为 4.4784 万公顷，占全市耕地面积的 19%左右。

二、绿色食品发展现状

从 1996 年北京市开展绿色食品认证工作，10 多年来获得绿色食品证书的企业有 200 多家，产品总数近 700个，保持了稳步发展的态势，部分生产技术水平高的企业进一步提高质量管理提升为有机食品。到 2008年底，全市共有 45 家企业的 146个产品有效使用绿色食品标志（不包括农垦系统），受监测面积 4.6 万多公顷（含外埠基地，不包括食用菌），产品年产量 100 万吨。绿色食品生产企业的规模相对较大，知名品牌很多。涉及蔬菜、果品、畜禽产品、乳制品、酒类及冷冻饮品等各个类别，其中加工类产品占一半以上。如燕京啤酒 80 万吨、平谷大桃 9 万吨。从行业中所占比例看，取得绿色食品标志使用权的果品规模占全市果园面积的 35%左右，而瓜菜的比例不到 0.05%。

三、有机农产品发展现状

受政府鼓励政策和消费市场的影响，近5年来，北京市有机产品认证进入了快速发展阶段，其中绝大部分是种植业产品。到2008年，有机产品累计生产单位达到了380多家，生产规模累计为1.31万公顷（种植业，不含外埠基地）。相对于绿色食品生产企业，有机产品生产规模小，虽然不乏知名企业，但更多的是零散的小单位，甚至还有0.67的农户。有机果品年产量约为5.2万吨，占果品产量的6.7%；有机瓜菜年产量为3.6万吨，占瓜菜产量的0.8%。

四、“三品”的质量状况

无论是无公害农产品、绿色食品还是有机农产品，都对产地环境质量和产品质量指标做出了具体规定，无公害农产品大部分指标等同于国内普通食品标准；部分指标略高于国内普通食品标准；绿色食品标准参照FAO和CAC标准，达到发达国家水平；有机农产品不使用化学肥料与化学农药。“三品”通过推行标准化生产和全程控制，实施严格的产地认定和产品认证制度，加上证后的有效监督，较好地实现了上市产品生产有记录、流向可追踪、信息可查询、质量可追溯，保证了生产的规范化和产品的安全性。农业部及北京市的监督抽查结果表明，北京市的“三品”合格率均在99.5%以上，产品质量稳定、安全可靠。“三品”基地产品质量的提高也带动了郊区农产品质量安全水平的提升，北京市供奥的农产品基地全部是“三品”生产企业，在2008奥运期间，圆满完成了供应任务，产品合格率达到100%。

（资料来源：中国农业资源与区划，2010/31（6））

思考：家庭农场怎样发展无公害农产品、绿色食品和有机食品？

下篇　经营管理

八、农产品营销

【引导性案例】

随机应变搞营销

四川某酱菜厂有一个拳头产品A，在当地非常畅销。为了扩大销路，他们开始着手开拓浙江市场，在浙江市场实施免费赠送小包装产品的营销战略，并在营销渠道的建设上也给予很多资金支持。但风光了3个月后，A产品开始走下坡路，销量萎缩到只有原来的 1/2。厂家有些着急了，想了许多办法也无济于事，后来他们聘用了一个宁波人做市场部经理，他品尝后惊叫："我的妈，这东西这么辣呀……这怎么吃啊！"一句话提醒了公司老总，于是公司采纳了这位经理的意见，重新调整了产品配料，使之更符合当地消费者的口味。

中国人口味之杂，堪称世界之冠，但也有一定规律可循。有人说南甜北咸、东辣西酸，在一定程度上反映了我国饮食文化的地区差异，同时，也反映了人们的口味与地理环境存在着一定的关系。湖南、湖北、江西、贵州、四川及东北的朝鲜族等居民多喜辣，我国流传有"贵州人不怕辣，湖南人辣不怕，四川人怕不辣"之说，但各地吃辣程度不同，其中四川人对辣度的承受力是最高的，高出其他省份好几倍。

刚才介绍的实例中企业之所以陷入困境，就是因为本地与外地饮食环境有差异，消费者口味偏好不同，在本地叫好的产品才没有得到外地消费者的认同。不同国家、不同民族、不同地区有不同的风俗习惯，它对消费者的消费嗜好、消费模式、消费行为等有重要影响，如：农村喜欢的东西，城市可能无人问津；甲民族认为美的东西，乙民族可能认为是丑的。所以，营销要“入乡随俗”。

（资料来源：中国广播网《乡村大课堂》）

（一）农产品营销的概念与意义

随着我国农产品产量的不断增加，农产品难卖的问题逐渐显现出来。近些年全国不少地方出现了因农产品销售困难而伤农的事件。这些问题的频繁出现严重影响了我国农民的生产积极性，也说明如今农产品营销在农村经济发展中的重要性。因此，帮助和引导农民开展农产品营销活动是目前农业经营活动中的一项重要内容，其中首先应该让农民了解农产品营销的内涵、特点和意义。

1. 农产品营销的概念与内涵

在农业生产经营过程中，尽管一些农民已经意识到了营销对农民增收的作用，但由于缺乏对农产品营销本质和规律的了解，开展营销活动总感觉举步维艰。要想摆脱这一困境，有必要把握农产品营销的概念和内涵。

（1）农产品营销的概念

农产品营销是指农产品生产者与经营者个人或组织，在农产品从农户到消费者的流通过程中，实现个人和社会需求目标的各种农产品创造和农产品交易的一系列活动。它要求农产品生产经营者不仅要研究人们的现实要求，还要研究人们对农产品的潜在需求，在满足市场需求的过程中实现自身的利益目标。

（2）农产品营销的内涵

农产品营销的内涵可以从三个方面来理解：一是农产品营销的主体是农产品生产和经营的个人或组织；二是农产品营销活动贯穿于农产品生产和流通、交易的全过程；三是农产品营销概念体现了一定的社会价值或社会属性，其最终目标是满足社会和人们的需求和欲望。

2. 农产品营销的特点

农产品的生产者和经营者要想认识农产品营销的内在规律，使营销活动富有成效，必须准确把握农产品营销的特点，做到有的放矢。一般来讲，农产品营销体现出以下特点：

一是农产品营销包括农产品的生产、加工和销售全过程，其风险性较高，对自然条件依赖性较大，过程中存在着许多不可控因素，由此导致农产品生产经营活动面临极高的自然风险，而且投入产出比小、投资回报期长、回报率低。

二是营销的农产品具有生物性、自然性等属性，供给的季节性强，短期总供给缺乏弹性，而需求的量大，并具有连续性、多样性和小弹性的特点。

三是大宗主要农产品的营销具有相对稳定性和政府宏观政策调控的特殊性。

3. 农产品营销的意义

通过开展农产品营销活动，农产品的生产经营者可以分析研究用户的消费习惯、消费心理、消费潜力、消费心态等多方面的特点，并借助科学的做法，把农产品销售延伸至农产品的生产、加工包装、运输仓储、销售渠道等各个环节，通过多样化渠道，建立各种人性化的营销模式，在使产品品质和食品安全得到充分保障的同时，以快捷、高效、增收来促进农产品流通和农民致富，最终实现个人和社会价值的双赢。

（二）农产品定价策略

1. 影响农产品定价的主要因素

按照西方经济学的观点，成本是价格的基础，因为没有任何经营者愿意长期以低于平均成本的价格销售产品，因而企业正确地核算出包括机会成本在内的完全成本，是科学定价的前提和关键。价格形成及变化除了价值这个基础因素外，现实中企业价格的制定和实现还受到多方面因素的制约和影响，农产品也是如此，除季节因素外，定价的影响因素主要包括：

（1）市场需求及其变化

商品的需求量与价格反方向变化，价格越高，需求量越低；反之，价格越低，需求量越高。这就是所谓的需求规律。我们常说的“薄利多销”就体现了这一道理。如果某一时期商品的需求旺盛，适当地提价可以获得较多的利润；反之，适宜采取降价措施。企业在制定商品价格时，市场需求状况往往是主要参考因素。

（2）市场竞争状况

企业定价的“自由度”首先取决于市场竞争格局，商品经济中的市场竞争是供给方争夺市场的竞争。对于不同的市场类型，企业定价的“自由度”有所不同。垄断愈强的企业定价“自由度”

愈高；反之，竞争愈强其“自由度”就愈低。在完全垄断市场、寡头垄断市场、垄断竞争市场和完全竞争市场这四种不同的市场类型中，企业不得不越来越多地考虑同类商品的价格。

（3）政府的干预程度

除了竞争因素之外，各国政府干预企业价格制定也直接影响这些企业的价格决策。在现代经济社会中，世界各国和地区政府对价格的干预甚至控制是普遍存在的，只是程度有所不同，如规定企业的定价权限、作价原则、利润水平、价格浮动等。当然，随着市场经济的日渐成熟，政府对价格的干预会越来越少。

（4）商品的特点

一是商品的种类。生活必需品的价格降低可以吸引消费者的眼球，而品牌奢侈品如果价位太低反而无人问津，因为高价位才能标榜成功人士的身份和地位，对于这些消费者来说，心理需求才是最重要的，所以奢侈品的需求规律是“买贵不买贱，买涨不买跌”。二是标准化程度。标准化程度高的产品容易产生路径依赖。比如当大多数人习惯用Windows操作系统的时候，别的操作系统就很难挤进市场，标准化程度低的产品如服装，就不存在这样的问题。三是需求弹性。需求弹性大于1的商品，减价可以增加销售收入；对于弹性等于1的商品，降不降价对收入没有影响；而对于弹性小于1的商品，降价反而会减少销售收入，多数农产品即是如此。四是生命周期阶段。一般来说，商品处于生命周期的不同阶段，其定价策略也有不同。信息产品在初销期一般采用高价策略，后期反而把价格降下来。因为信息产品研发成本高而盗版很容易，这样定价才能及时地收回投资。有的产品则相反，在销售初期采用低价，等站稳市场以后则把价位提高以收回投资并赚到利润。五是时尚性。时尚性商品在其时尚期一般定价比较高，而流行过后则定价较低。六是商品的易腐、易毁和季节性。这类商品因其特殊的自然属性或时令特点，一般在快过季的时候都采用特价、打折、“买一赠一”等方式以求快速售完，以避免或减少损失。

（5）企业自身的状况

一是企业的规模与实力。规模大实力雄厚的企业可以成为领导企业，其定价的自由度就大；而规模小实力弱的企业作为追随企业，其定价的自由度就小。二是企业的销售渠道。销售渠道健全畅通的企业，其定价就会比较稳定；而初建销售渠道的企业，一般要考虑向销售商让利，以尽快地建立稳定的合作关系。三是企业的信息沟通。企业的信息沟通处于“健康态”的企业，调整定价会比较容易实施，因而定价会灵活一些；反之，则一般不轻易调价。四是企业营销人员的素质和能力。如果企业营销人员的素质和能力强，则销售就比较容易，这个时候价格稍高一些也可以把产品推销出去；反之，则要考虑低价策略。

2. 农产品定价的目标

和其他商品一样，农产品的价格也不是漫无边际地随意波动的。定价目标就是人们进行商品定价时要达到的主要目的，它是确定定价策略和定价方法的依据。农产品的定价目标主要包括：

（1）以维持生存为目标

在激烈的市场竞争中，如果农户将维持生存作为自己的主要目标，那么人们就会选择降低产品价格，即价格只要能弥补可变成本和部分固定成本。

（2）以利润最大化为目标

许多经营者都喜欢制定高价格来快速取得市场利润，但这应该是你推出新产品的时候，而且这个价格应该让消费者感到物有所值。

（3）以销售增长率最大化为目标

一般情况下，销售额越大，单位成本就越低，经营者的利润也就越高。这样的农户一般可以采取低价格来吸引对价格敏感的顾客。

（4）以产品高质量来提高产品价格

现实中农产品经营者可以通过名、优、特、新产品的生产来获得高价格和高的赢利。

（5）以市场份额为目标

在竞争性市场上，农户和生产经营者用保持和增加市场份额作为定价目标，有利于参与竞争。

（6）以适应竞争为目标

大多数经营者对于竞争者的价格都十分敏感，在定价之前，做认真的比较，并主要以对市场有决定影响的竞争者的价格作为定价基础。

（7）以稳定价格为目标

在市场竞争和供求关系比较正常的情况下，为了避免不必要的价格竞争，保持生产的稳定，以求稳固地占领市场，经营者常常以保持价格稳定为目标。

3. 农产品定价的方法

通过上述影响农产品定价因素的分析，我们可以看到，市场需求的大小，市场竞争的状况以及生产成本的多少都会影响到农产品的定价，因此定价的方法可以分为成本导向定价法、竞争导向定价法和需求导向定价法。

（1）成本导向定价法

一是完全成本加成法。大多数商品都采用成本加成的定价方法，就是用平均成本再加上平均利润得到产品的单价。这种定价方法的好处是公平合理，简单易行。当然，这里的成本应该是考虑了税收和机会成本的完全成本。二是边际成本定价法。通过简单的计算可以知道，企业利润最大化的必要条件是边际收益等于边际成本，充分条件是边际收益的变化率小于边际成本的变化率。所以，从理论上讲，把商品的售价定为边际成本可以获得最大利润。边际成本指的是增加（或减少）一个单位产品的生产所增加（或减少）的总成本。三是盈亏平衡定价法。盈亏平衡定价法能够保证回收成本，因而也是一个被广泛采用的定价方法。其定价公式为：保本定价＝固定成本/损益平衡销售量＋平均可变成本，而损益平衡销售量＝固定成本/（单位产品价格－平均可变成本）。

（2）竞争导向定价法

竞争导向定价法是企业根据市场竞争的格局和势态，明确自己的位置而采取的定价方法。市场按照竞争程度的不同，由低到高依次分为垄断市场、寡头垄断市场、垄断竞争市场和完全竞争市场四种类型。在不同的市场，企业的定价方法也是不一样的。在垄断市场，市场里面只有一个厂商，厂商即行业，所以企业完全没有竞争对手，可以把价格定得很高;在寡头垄断市场，市场里面只有几个实力雄厚的厂商，这时价格战和合谋抬价的现象都是有的，企业定价必须考虑对手的反应；在垄断竞争市场，市场上有为数众多的厂商参与竞争，价格选择的余地就比较小；而在完全竞争市场，厂商的数量无限多，产品无差异，每个企业都只是价格的接受者而不是制定者。

（3）需求导向定价法

需求导向定价法是以消费者的需求和好恶为依据，消费者愿意花多少钱就定多高的价，这种定价方法能够最大限度地占用消费者剩余。第一，理解价值定价法。新商品在销售初期，消费者对其缺乏了解，应该通过媒体广泛地宣传引导，让消费者认识到商品的效用和价值。在消费者理解了商品的价值以后就可以以消费者认为“值得”的价位定价。第二，区分需求定价法。区分需求定价法也称为差别定价法或价格歧视，价格歧视按照歧视程度的高低分为一级价格歧视、二级价格歧视和三级价格歧视。一级价格歧视是对单件商品，消费者愿意付多少就收多少，因而可以占有全部的消费者剩余，如服装的销售。二级价格歧视是对消费者进行数量折扣，量大价低，这样有利于商品的快速销售，如 1 斤白菜 2 元，而 1 吨白菜每斤 1.5 元。三级价格歧视对市场进行细分，不同的市场定不同的价位，比如同样的商品销到欧洲和非洲其价位可能完全不一样。

4. 农产品定价的策略

给农产品定价时，除了要考虑影响价格的因素外，还应该考虑产品本身的特点以及价格对消费者消费心理和购买欲望的影响，这样我们可以采取如下几种定价策略：

（1）新产品价格策略

其一，撇脂价格策略。也称速取策略或高额定价策略，采用此策略的企业一开始便高价厚利，其做法很像从牛奶的表层撇取奶油，故得此名。这种策略适用于创新产品和信息产品，使用这种策略能快速收回投资，避开跟进者的模仿和复制。比如一部电影在新推出时会全球同时高价公映，后来票价就很低了。其二，渐取价格策略。也称渗透定价策略或低额定价策略。与撇脂定价策略刚好相反，企业在向市场推出新产品时，尽量把价格定得低一些，薄利多销，等站稳市场再把价格提高。比如可口可乐公司低价或免费把饮料提供给二战中的士兵，等士兵们都习惯了这种口味、离不开这种饮料的时候，再把价位提高。不但提高了知名度和美誉度，迅速地占领了市场，还赚得盆满钵满。其三，中间价格策略。这是介于“撇脂”与“渐取”之间的定价策略，即按照本行业的平均定价水平或者按当时的市场行情来制定价格，是一种“随大流”的策略。

（2）折扣价格策略

一是数量折扣。为了促销，很多商家采用打折、“买一赠一”、积分优惠等办法。积分优惠既能促销又能留住顾客，是一种不错的销售方式。二是季节折扣。有的商品销售有旺季和淡季之分，在旺季可以把价格定得高一些，在淡季则需要降价促销，以减少库存或快速回笼资金。如夏装在冬季会降价，冬装在夏季会降价。三是现金折扣。为了快速回笼资金，有时候可对现金支付给予一定的折扣。比如房地产开发商给一次性付清房款的买房者 1%～3%的折扣。四是业务折扣。生产商为了扩大销路和稳定销售渠道，可以给销售商一定的折扣。比如图书市场的出版商甚至半价把图书批发给经销商，经销商又以封面上的价格“明码标价”地把图书卖给购书者。

（3）心理价格策略

人在做出选择的时候并不总是“理性”的，有时也受心理因素的影响而出现一些“感性”的色彩。一是组合定价策略。同类或相关价格相差不大的商品统一定价。比如“10 元店”、“20 元店”，把一些日用品集中到一起统一定价，消费者会觉得方便和便宜。二是小数定价策略。商品的价格留有小数，精确到角或分。比如某药品的价格为10.38元，这可以给消费者感觉厂商已经精确计算过成本，童叟无欺。三是整数定价策略。一种是对奢侈品的定价，最好把无关紧要的零头去掉或者取为整数。比如根据完全成本加成定价得到的结果是10 015元或9 977元，最好是定为10 000元。因为10 015元不好看，而9 977元更无法体现出“五位数”的“风光感”。另一种情况是利用人们对数字的偏好心理，“吉利”定价。比如，某名表定价8 888元或9 999元。四是期望与习惯定价策略。有的商品其价格大家都非常清楚和习惯，比如食盐和牙膏的价格。这类商品，提价则无人问津，而降价则会引起质量不好或已快过期的嫌疑。五是特价品定价策略。大型商城和超市每天都有特价品销售，但并不是每种商品都特价，主要目的是吸引消费者去光顾。一般说来，消费者到了商场以后并不会只买特价品，其他需要的商品也会一同买回去，这是商家“吃小亏占大便宜”的聪明之举。

（4）相关商品价格策略

根据商品之间的关系，可以把商品分为互补品和替代品。互补品是功能上有联系互相依赖的商品，如小汽车和汽油。对于互补品来说，可以把其中一种商品的价格定得低一些以吸引顾客，而把另外的商品价格定得高一些以赚到利润。比如吉利品牌的刀架非常便宜，而刀片的价格就定得不菲，不但补回了刀架的损失，而且还赚到了可观的利润。替代品是可以互相取代或部分取代的商品，如当猪肉贵的时候，人们可能就会把目光转向鸡肉、羊肉或牛肉。替代品定价的效应会此消彼长，所以轻易不作价格调整。

（三）农产品营销渠道

农产品是关系国计民生的重要物资和日常生活用品，农产品生产出来以后通过什么样的途径传送到消费者手中，不仅决定了农产品的价格成本，也决定了消费者需求的满足程度。因此农产品能否便捷地实现营销的目标，营销渠道是重要的条件之一。

1．营销渠道的含义、功能与模式

改革开放以来，我国农产品经营迎来了不少的机遇和挑战，其中相对落后的营销渠道建设一直是制约我国农产品市场快速发展的瓶颈。要解决这一问题，我们必须先从了解营销渠道的含义、功能和模式入手。

（1）营销渠道的含义

营销渠道是能够促使产品或服务顺利地被使用或消费的一整套相互依存的组织，农产品的营销渠道包含了农产品的生产、加工、运输和销售的整个环节，营销渠道的长短和顺畅影响着农产品的传播速度和营销成本。

（2）营销渠道的功能

营销渠道的作用不仅是产品从生产者向消费者移动的途径，更是表现为渠道各成员间在产品移动过程中所承担的营销职能以及为承担这些职能而建立起的各种联系。正是这种职能的变化和渠道成员关系的变化促使了营销渠道的不断发展。

（3）营销渠道的模式

我国农产品营销渠道借鉴和吸纳了其他国家和地区的经验，又表现出较强的中国特色。目前存在的农产品营销渠道模式主要有“农户+批发商”模式；“农户+龙头企业”模式；“农户+合作社+龙头企业”模式；“农户+供应商+超市”模式等。各种模式表现出不同的销售效率、渠道结构、稳定性等特点。

2. 营销渠道中的中间商及其分类

从营销渠道的含义和功能来看，农产品的流通是否畅通便捷，主要取决于中间环节，也就是中间商的作用，因此，我们有必要分析一下农产品营销渠道中的中间商。

在市场营销学中，中间商是指在制造商与最终顾客（消费者或用户）之间参与交易业务，促使买卖行为发生和实现的组织和个人。中间商可以按照不同的标准进行分类，按照中间商是否拥有商品所有权，可将其划分为经销商和代理商；按照销售对象的不同，中间商分为批发商和零售商。

（1）批发与批发商

① 批发商的概念。批发是为转售或加工服务的大宗产品交易行为，指一切销售都是为了转卖或商业用途而进行购买的人的活动。从事批发业务的个人或企业即是批发商，批发商一头连接生产者，一头连接零售商或其他转卖者及用户。

② 批发商的作用。通过批发商的购买，生产者可以迅速、大量地售出产品，减少库存，加速资本周转；批发商可以凭借自己的实力，帮助生产者促销产品，提供市场信息。对零售商，批发商可按零售要求组合产品的花色、规格，便于配齐品种；可对厂家购进的产品进行加工、整理、分类和包装，方便零售商进货、勤进快销；利用仓储设施储存产品，保证零售商的货源，减轻其存货负担； 还可为零售商提供各种支持，帮助其开展业务。

③ 批发商的类型。按分销地域，有地方批发商、区域批发

商和全国批发商；按在流通领域的位置，分产地批发商，中转地批发商和销地批发商；按业务范围，可分专业批发商、综合批发商等。

（2）零售与零售商

① 零售商的概念。零售是直接为最终消费者服务的交易行为，是所有向最终消费者直接销售产品和服务，用于个人及非商业性用途的活动，零售商在流通领域处于最后阶段。

② 零售的特点与作用。根据服务对象的特点，零售商在业务上有小量采购、零散供应的特点。其根本作用在于使产品直接、顺利并最终进入消费者手中。

③ 零售的类型。按零售活动是否依托于店铺展开，分为店铺销售与无店铺销售；无店铺又有邮购、电子购物、自动售货等；店铺销售又分百货商店、专业商店、超级市场、方便商店、折扣商店、仓储商场等等。

3. 营销渠道的选择与管理

根据上述营销渠道相关内容的介绍，我们知道渠道的选择与管理很重要，关系到整个营销活动的成败，我们除了要关注产品、市场以及环境等影响因素外，还要坚持必要的选择原则和选择标准。

（1）营销渠道的选择

① 选择原则。一是要坚持目标差异化原则。生产者在利用营销渠道进行销售时，必然会遇到与中间商目标不一致的问题，比如说中间商不能有效地配合生产商的整体营销战略。因此，生产者有必要对这种客观存在的差异进行评价，要准确把握这种分歧是否会影响到企业的长远利益。如果中间商是在积极合作的前提下追求自身利益的最大化，这是可以接受的，如果与生产商的

目标相差悬殊，甚至抵触，就需要及时进行调整。二是要坚持利益性原则。利益性原则就是从成本与收益的角度对不同的分销渠道进行整体评价。首先需要推算营销渠道的成本水平。例如，针对是采用本公司的销售人员还是采用销售代理商的问题。企业的选择是：销售量达到某一企业确定的标准时，可以采用销售代理商，因为销售代理商已建立了健全的网络，容易与客户接触，单位产品均摊的分销费用低。如果销售量无法达到企业规定的某一标准时，就要考虑是否组建自己的销售队伍。因为，大规模的销售足以为企业带来良好的利润回报。三是要坚持弹性原则。企业营销渠道的选择应具有弹性。生产商一旦与中间商签订了有关销售代理的协议后，相互之间就会受到一定的制约，从而影响企业在情况发生一定变化时调整营销渠道策略。因此，生产商在确定分销渠道策略时，应尽量留有余地，这样可以在必要的时候对其进行调整。

② 选择标准。一是渠道选择要量体裁衣。企业在选择分销渠道模式时，为了争取在市场中处于优势地位，要注意结合企业自身的多方位优势，将分销渠道模式的设计与企业的产品策略、价格策略、促销策略结合起来，增强营销策略的组合优势。在渠道选择中，仅仅考虑加快速度、降低费用是不够的，还要考虑渠道的产品配送能力，考虑产品能不能及时准确地销售出去，考虑市场占有率是否足以覆盖目标市场等。如果不站在企业的这些实际角度进行选择，一味强调降低分销成本，可能导致销售量下降、市场覆盖率不足的后果。二是逆向思考渠道设计的可行性。消费者是企业、渠道、终端整个通路的最后一个环节。渠道作为整个环节中间链接的纽带，可行性是渠道设计的重要原则之一。畅通的分销渠道是以消费者需求为导向，将产品尽快、尽好、尽早地

通过最短的路线，以尽可能优惠的价格送达消费者方便购买的地点。畅通高效的分销渠道模式，不仅要让消费者能够在适当的地点、时间以合理的价格买到满意的商品，而且还能够提高企业的分销效率，争取降低分销费用，以尽可能低的分销成本，获得最大的经济效益，赢得竞争的时间和价格优势。所以，站在消费者角度的逆向思考渠道问题，将会极大限度地提升渠道设计的可执行性，推动企业产品的快速流通。三是渠道选择不可“纸上谈兵”。企业的分销渠道模式一经确定，便需花费大量的人力、物力、财力去建立和巩固，整个过程往往复杂而缓慢。因此，企业选择的渠道一定要具备可操作性，不能如同“赵括论兵法”一样，纸上谈兵，华而不实。在市场中，企业无论大小，都在期待着一个创新性的渠道模式去实现市场的快速启动或是发展。仿佛理清渠道，就会有源源不断的活水流来。实际上，不管企业采用的是直销还是分销，无论企业在设计、创新何种渠道模式，都需要与市场现实进行对接，保障渠道设计的可操作性。否则，渠道选择将成为无本之木，无源之水，很难实现市场的全面进展。四是注重渠道的可控制性。在市场中，影响分销渠道的各种因素总是在不断变化，一些原来固有的分销渠道难免会出现某些不合理的问题。在这种情况下，需要分销渠道具有一定的调整功能，以适应市场种种不可预知的变化，保持渠道的适应力和生命力。渠道调整时应综合考虑各个因素的协调，使渠道始终都在可控制的范围内保持基本的稳定状态。与此同时，企业在选择、管理分销渠道时，不能只追求自身的效益最大化而忽略其他渠道成员的利益，应合理设计各个成员间的利益关系。渠道成员之间存在着合作、冲突、竞争的关系，渠道的领导者对此要有一定的控制能力。统一、协调、有效地引导渠道成员充分合作，鼓励渠道成员之间有益的竞争，减少冲突发生的可能性，解决矛盾，确保总体目标的实现。

（2）营销渠道的管理

渠道管理是指制造商为实现公司分销的目标而对现有渠道进行管理，以确保渠道成员间，公司和渠道成员间相互协调和通力合作的一切活动，其意义在于共同谋求最大化的长远利益。渠道管理分为选择渠道成员、激励渠道、评估渠道、修改渠道、退出渠道等。具体内容包括:

① 对经销商的供货管理，保证供货及时，在此基础上帮助经销商建立并理顺销售子网，分散销售及库存压力，加快商品的流通速度。

② 加强对经销商广告、促销的支持，减少商品流通阻力；提高商品的销售力，促进销售；提高资金利用率，使之成为经销商的重要利润源。

③ 对经销商负责，在保证供应的基础上，对经销商提供产品服务支持。妥善处理销售过程中出现的产品损坏变质、顾客投诉、顾客退货等问题，切实保障经销商的利益不受无谓的损害。

④ 加强对经销商的订货处理管理，减少因订货处理环节中出现的失误而引起发货不畅。

⑤ 加强对经销商订货的结算管理，规避结算风险，保障制造商的利益。同时避免经销商利用结算便利制造市场混乱。

⑥ 其他管理工作，包括对经销商进行培训，增强经销商对公司理念、价值观的认同以及对产品知识的认识。还要负责协调制造商与经销商之间、经销商与经销商之间的关系，尤其对于一些突发事件，如价格涨落、产品竞争、产品滞销以及周边市场冲击或低价倾销等扰乱市场的问题，要以协作、协商的方式为主，

以理服人，及时帮助经销商消除顾虑，平衡心态，引导和支持经销商向有利于产品营销的方向转变。

（四）农产品促销技巧

农产品是关系到千家万户日常生活的必需品，如果产量过少，会严重影响到人们的正常生活和国家安全，如果产量过剩或销售不畅，会挫伤生产者的积极性，导致减产，同样会带来严重的后果。掌握必要的促销技巧，不仅可以促进农产品经营良性发展，也可以增加农民收入，具有很强的理论意义和现实意义。

1. 促销与促销组合

促销是企业通过人员和非人员的方式，沟通企业与消费者之间的信息，引发、刺激消费者的消费欲望和兴趣，使其产生购买行为的活动。促销对企业营销的功能主要有传递企业市场产品信息、诱导消费者对企业产品的消费需求、稳定并进一步扩大企业产品销售等等。

促销策略主要分为推式策略和拉式策略。推式策略侧重运用人员推销的方式，把产品推向市场。拉式策略主要运用非人员推销方式把顾客及消费者拉过来，使消费者对本企业的产品产生需求从而扩大企业产品销售。而促销组合就是企业根据产品的特点和营销目标，综合各种影响因素，对各种促销方式的选择、编配和运用。

企业在制定促销组合和促销策略时应考虑的因素主要有：第一，企业促销的目的。第二，企业自身产品优势。由于产品之间存在着差异性，消费者的消费及购买目的不同，企业在促销活动过程中，应根据企业不同性质的产品采取相应的促销组合和促销策略。第三，企业在促销方面的费用预算。企业要开展促销活动，就必须支付一定的费用，为了更好地控制和使用好费用，企业在从事促销活动之前应做好相应的费用预算，以确保促销活动的顺利及有效开展，从而尽量地确保达到预期的促销效果。

目前国内营销学领域内普遍认为促销策略依据促销过程中所用的手段不同可分为人员促销策略、广告促销策略、公共关系促销策略和销售推广促销策略四种，不过随着市场环境的不断变化，促销策略也会出现一些新的变化和发展，比如当今出现的绿色营销和体验营销等新方式。

2. 广告技巧

广告营销也是农产品特别是特色农产品或有机农产品营销的重要手段，广告技巧运用得好，营销的影响力更大，效果更好。

广告营销是指企业通过广告对农产品展开宣传推广，促成消费者的直接购买，扩大产品的销售，提高农产品的知名度、美誉度和影响力的活动。随着经济全球化和市场经济的迅速发展，在企业营销战略中广告营销活动发挥着越来越重要的作用，成为企业营销组合中的一个重要组成部分。

（1）广告促销的特点

① 投入小、效果快的典型营销方式，可以应用到多方位平台，借助传统媒体、网络媒体来进行口碑宣传，创意充分专注用户心里。

② 用创意带来吸引力，用创意吸引用户眼球，并维持较持久的注意力，提高企业的网络竞争力和销售能力。

③ 表现手段丰富多彩、网络广告营销可以采用文字介绍、声音、影像、图像、颜色、音乐等于一体的丰富表现手段。

④ 定向与分类明确，网络广告营销不仅可以面对所有Internet用户，而且可以根据受众用户确定广告目标市场，就可以把适当的信息在适当的时间发送给适当的人，实现广告的定向。

（2）广告促销的策略

① 价值提升可看作品牌延伸。一种好的产品应该获得支持，而不是受到阻碍。可是如果市场的动态发展已创造出一种需求或欲望，那么延伸出一种品牌，可以视为增加原品牌的价值——如不含糖、不含钠、低胆固醇、不用人工添加剂，丢弃后可生物分解、可回收再利用等。

② 适当的品牌延伸。如果品牌延伸被作为一种对付竞争者的方法，这种参与竞争者的做法，风险性很高，而且代价昂贵。企业要通过市场调查来确定，这种品牌延伸是否真的符合市场需求。

③ 分清主要与次要目标。通常主要目标是创造销售业绩或利润。品牌经营的目标是控制整个市场?还是为了配合某些局部需要?不要让核心产品和它的延伸产品在目标上相互竞争，它们的目标应该要优势互补。

④ 增加产品的附加值。不管是核心产品或延伸产品，要给人们一个购买你产品的理由，你应该要强调产品的优点和特点，增加其价值，消除现有或潜在的不稳定因素，并创造一种接受的气氛。

⑤ 不求最好只求更好。如果你有创新的企划力和想象力，市场是会有所回报的，因你的创新势必会吸引大众的注意。抢先进入市场可以获得前驱者的地位，也让你赢得很可能成为市场领先者的优势，不过，如果你成不了第一名，也要比别人好。

3. 销售推广技巧

销售推广也叫销售促进，是用以增进消费者购买和交易效益的促销活动，诸如陈列、展览会、展示会等不规则的、非周期性发生的销售努力，是刺激消费者或中间商迅速大量购买某一特定商品的促销手段，包含了各种短期的促销工具。

（1）销售促进的功能

① 有助于有效地增加销售量。例如有些企业采取买几送几的方法，以小红帽、钥匙扣、挂历、玩具等不断更新的赠品吸引顾客，增加购买量。

② 有助于形成竞争攻势，增强竞争力。例如，格兰仕微波炉为抢占国内市场，抵挡韩国 LG 微波炉的进攻，采用降价与买一送一双管齐下的手法，从而形成了自身的竞争力，提高了市场份额。

③ 有利于产品快速进入新市场，例如高露洁牙膏、奥妙洗衣粉，在开拓福州市场时采用上门赠送样品的方式，吸引消费者试用，从而快速打开了福州市场。

（2）销售促进的创新技巧

① 学习型促销。重点是从消费者出发，发现消费者的潜在需求。发掘产品的独特功能并将其同消费者需求结合起来。通过培训的方式传达给消费者，以达到顾客价值和企业销量都提升的“双赢”结果。

② 差异化销售促进。就是通过目标市场的细分，考虑消费者的不同需求情况，争取在最大限度的满足消费者的个性化需求，为消费者提供最有针对性和实用性的促销信息，以此给顾客带来更多的价值。

③ 事件型销售促进。给消费者传递的不仅仅是产品功能和质量这种显性的价值，更包含了形象价值这种隐性的价值，此外事件型销售促进也在很大程度上满足了顾客猎奇心理，为顾客提供了具有趣味性和新鲜感的新闻，也能够增加顾客的价值。

④ 关系型销售促进。通过建立发展企业同消费者，企业同供应商、竞争者的关系，利用关系网络，为消费者提供更高的价值，提高顾客的忠诚度。这是关系型销售促进核心所在。

4. 人员推销技巧

人员推销是现代农产品促销的一种重要形式，人员推销在农产品销售中占有重要的地位。推销员是市场营销工作的第一线战士，直接和消费者接触，通过微笑和带有亲和力的工作形象，可以实现三个目标：第一，售出产品；第二，满足消费者的需求；第三，带回消费者对产品评价的信息反馈。要想做好人员推销工作，首先要明确推销能起到什么作用，其次还需要具体掌握必要的推销技巧。

（1）人员推销的任务和作用

开展一项推销工作要明确的任务和作用有以下几项：

① 带全产品资料，使消费者建立最初的信任。推销人员在拜访消费者时，一定要将产品的有关资料或样品展示给消费者，使消费者对产品的品质、用途和使用方法等，有比较全面的了解。产品的品牌、质量、等级及联系电话等对消费者要和盘托出，消除消费者排斥心理，建立信任，使消费者产生购买欲望。

② 巧用推销术，促成交易。推销人员在与消费者面对面的交谈中，除了传递信息之外，还可以促进双方的了解，通过直接洽谈购销业务，运用推销艺术和技巧，向消费者宣传介绍产品，排除消费者疑虑，说服消费者购买产品，促成交易，使消费者的购买欲望变成购买行动。

③ 市场调查，反馈信息。推销人员活跃在市场和消费者中间，他们对市场的动向和消费者的反映比较了解，可及时把消费

者对产品的品种、质量、特色、等级、价格、交货时间等意见和要求以及使用后的感受等反馈信息汇报给公司，实现双方的双向信息沟通。

④ 提供优质服务，促进销售。推销人员在走访消费者推销产品的过程中，同时要向消费者提供各种服务。提供咨询意见，解决消费者在使用该产品过程中出现的问题，使消费者满意，赢得消费者重复购买和代为宣传的机会。

⑤ 市场预测。推销人员不仅要承担产品推销的任务，同时要兼做市场调查工作，并对市场需求的发展变化做出预测，为下一步销售产品提供科学的依据。

（2）人员推销的技巧

推销人员的推销技巧，主要表现为有效的推销过程。

① 寻找用户

推销过程的第一步是识别潜在的用户群，寻找进一步接触的线索，参与能引起人们注意的公共关系活动，走访各种企业和单位办公室，寻找潜在市场和消费者。

② 案头准备

推销人员应通过各种渠道尽可能广泛搜集潜在用户的信息，如市场需要什么，有哪些人参与购买决策，采购人员的个性特征和购买风格。确定访问目标和访问方法，是电话沟通还是网上联系。考虑最好的访问时机，制定详细的推销策略及方案。

③ 走近消费者

接触和面对是推销过程的前奏。成功的推销，首先应让用户接受你、认可你、信赖你。推销人员应对用户彬彬有礼，谈话内容应明白准确，双方关系有一个良好的开端是成功的一半，为顺利转入和展开销售打开局面。

④ 产品介绍

推销人员推销介绍应始终强调用户利益，陈述清楚产品特点和功能及使用方法。推销人员应事先准备好产品介绍词，配合示范介绍，使购买者亲眼看见或亲手操作该产品，能更好地记住产品的特点和功能，推动达成交易。

⑤ 促成购买

导致购买行为是推销介绍产品的最终目的。推销人员应树立信心，学会几种达成交易的技巧、激活用户购买欲望，并使用户的购买想法变成购买行为。

⑥ 售后服务

这是确保用户满意，获得重复购买，建立长期合作关系的必要环节。成交后应立即着手准备好有关履约的交货时间，购买条款和其他等具体工作。推销人员在接到订单后，要制定售后工作访问日程表，以确保有关安装、指导、技术培训和维修等售后服务工作得到妥善安排。

综上所述，人员推销策略是营销策略中最重要的策略，正确地运用，会使公司充满生机和活力，实现经济效益和社会效益同步增长。

5. 公共关系技巧

公共关系是一个运用各种传播手段，在组织与社会公众之间建立相互了解和信赖的关系，并通过双向的信息交流，在社会公众中树立起良好的形象和声誉，以取得理解支持和合作，从而有利于促进组织营销目标的实现。在农产品的营销中，销售对象不仅仅是个人消费者，销售人员常常也会面对各种公共关系，因此正确掌握营销中的公共关系技巧也是做好农产品营销工作的重要途径。

（1）营销公共关系的作用

营销公关为众多的市场营销人员和公关人员开拓了一个广阔的领域，在这个领域中，英明的计划、智慧的主张以及吸引公众注意力的能力，都可以得到淋漓尽致的发挥，形成一种既独特而又强大的竞争力。一般来说，营销公关有助于完成以下任务。

① 参与新产品的开发。通过审慎的营销公关，可以在一种产品、一个企业或一种观念上制造某种神秘感。例如，“傻女娃娃”玩具就是在精心制订的公关计划实施以后而风靡市场的，尽管广告和其他推销活动尚未开始进行，这种玩具就取得了令人惊奇的成功。

② 协助老产品的重新定位。通过市场调研发现老产品的新用途和新市场，对老产品进行重新定位。万宝路香烟本是一种长期销路不好的女士用烟，后来企业对其再定位，营造了一个精心构思的“万宝路世界”，终于以英俊粗犷的西部牛仔形象占领了世界卷烟市场。

③ 建立对某类产品的兴趣。国内外企业赞助文化、娱乐和体育活动，给公众留下深刻印象。如日本卡西欧公司赞助播映电视连续剧“铁臂阿童木”，同时又在报纸和电视中反复推销公司和产品形象，它有效地将广告宣传和公关技巧、艺术享受巧妙地结合起来，引起人们对卡西欧产品的兴趣，进而产生购买行为。

④ 维护已出现问题的产品。产品出现问题，一定要找出原因，从消极不利的情况中，注意发掘出蕴含的有利因素并不失时机地进行令人信服的宣传，反而会化祸为福达到积极的效果。1988 年美国某航空公司的一架飞机发生事故，除一位空姐遇难外，其余人都平安无事。为此，波音公司借机大肆宣传，事故是

由于飞机超龄飞行，大大超过安全系数所致，如此残旧的飞机都能使乘客无一伤亡，正好证明了波音飞机的质量是非常可靠的。结果，公司的形象不仅没有受到丝毫损害，反而订货猛增。

⑤ 分析调研市场需求。市场的需求才是生产该产品的目的，营销公关关系的目的也是取决市场消费者的需求，那么如何去更好地了解消费者的需求，就是下面所说的市场分析调研，比如瑞典的宜家，日本的平和堂，沃尔玛等大型超市哪个不是经过了长达数年的数据分析完成的经典，如果没有这些数据分析，那么营销专家跟传销者的一些想法有什么本质的区别呢，其实品牌营销是公共关系的核心，因为品牌的根是来源于消费者。

（2）营销公共关系技巧

营销公共关系的战略目标中，最重要的是增加认知度、提供广泛而准确的信息、培养对企业有利的利害关系者、培养对企业有利的消费倾向倡导者，最终对消费者购买商品提供有利氛围。一般来说，公共关系的营销技巧有如下几种：

① 在产品广告实施前构造市场氛围。在信息时代的今天，企业家们都知道新产品的新闻发布会能够有效提供新产品信息，并且深知关于新产品的新闻应在新产品广告发布之前进行才有效果，因为从媒体的角度，广告一旦被消费者所接触，则该产品信息就不会成新闻了。

这一特性在汽车产业中的表现尤为突出。例如，艾克卡（Lee Iacocca）从“Mustang”汽车首次获得巨大成功开始，到不久前克莱斯勒（chryaler）汽车公司的LH型轿车广泛激起市场兴趣，充分显示营销公共关系战略的显著作用。其具体战术是：针对“H-I型轿车”、“克莱斯勒 Corcorde”、“Dodge Intrepid”和“Eagle Vision”等汽车种类，为了在广告开始之前制造市场氛围，克莱斯勒公司的 Mustang 部门与公共关系部门展开了更高层的新闻计划——让艾克卡在英国航空公司的“Concorde”客机旁与克莱斯勒汽车公司的“Concorde”新车合影，并在纽约和洛杉矶发行的全国性新闻媒体上报道，而且让克莱斯勒汽车公司盛情招待了试驾新车的著名人士。这项计划的实施，制造了良好的市场氛围和有利的口传效果，使得该款新车在新闻发布阶段就签订了大量的购买合同。

② 利用广告制造新闻。著名的广告代理公司 BBDO 的总裁杜森伯里（Phil Dusenbery）曾主张过．如果通过营销公共关系战术得到自然类型的宣传机会，那么你就会得到自身所不具有的巨大宣传预算，即广告使非广告性的内容更具有价值。而且杜森伯里每次对其广告主提议新的广告候选人时，都会对公共关系管理者提出忠告：摸索并运用比实际的媒体费用带来更大市场效果的战术。杜森伯里为广告主百事可乐（Pepsi Cola）以杰克逊、麦当娜等名人模特作电视广告宣传，创造了数百万美元的投资宣传效果。

③ 为顾客提供新的超值服务计划。美国专门从事火鸡料理的 Butterball 从 12 年前开始就一直以“Butterball Turkey Talkline”商标为手段，对公共关系营销活动给予关注并为顾客提供新的超值服务计划——顾客通过电话从 Butterball 公司的“家庭料理顾问”服务部得到怎么准备和使用料理的信息，这种“Talkline”免费电话主要是靠宣传活动推广流传的。经过 Butterball 公司的公共关系代理公司诶德曼国际公关公司（Edelmen Public Relations Worldwide）的努力，在新闻和播放媒体展开营销公共关系活动，三天之内预订了 25 000 罐火鸡料理。可见，在没有创新型的新产品或价格下降等惊人新闻时，营销公共关系战术可以在事前及事后的营销计划中为顾客提供新的超值服务计划来实现。因此，如果营销公共关系战术能够开发并提供以前没有的顾客超值服务

计划，实施营销公共关系可以得到让顾客满意和增加销售的“双赢”效果。

④ 构筑产品与顾客之间的有效通道。美国食品行业盛名的琵尔斯贝丽（Pillsbery）公司为了进行料理材料产品公共关系活动，早在1949年就首次举行了“Bake-off”料理演讲大会，此后“琵尔斯贝丽Bake-off”成了美国关于食品的代表性事件和活动，每年通过印刷及播放媒体等广泛的宣传活动公布有关申请参加的事宜，对过去曾参与相关活动的顾客都会寄去或送去信函，在数万名的申请参与者中，挑选100名地区优胜者在料理演讲大会上参加演讲。由于众多媒体的跟踪报道和广泛支持，最终的胜利者在其料理方法中所使用的琵尔斯贝丽产品，在其广告打出之后的数年内一直呈现出销量递增的趋势。

⑤ 控制消费倾向倡导者意见。以生产“惊奇面包”闻名于世的大陆面包公司，为了改变白面包对身体有害的观念，实行了以美国国内营养专家为对象的特别考察计划——公司展开了以打破面包是发胖食品这一偏见为目的研究，得出了面包有助于减轻体重的重要结论。该公司在Cohn & Wolfe公共关系公司的支持下，招待了参加在华盛顿的美国营养专家协会定期聚会的40多位营养学专家，并举行了倡导食用白面包的“白面包节”活动来激起消费者对白面包的兴趣和好感。这项活动成为全国电视和新闻的头版头条，并且得出了“白面包好”的公众观念。由于这一观念是由对美国人的“减肥文化”有重要影响的营养专家们所赞同的，使得公司的销售额快速稳步增长。美国大陆面包公司不把公共关系目标的意图暴露出来，而是通过诱导和控制消费倾向倡导者或有影响力人士的意见，来实现企业产品被广大公众所接受乃至喜爱的营销公共关系战略目标。

⑥ 借用公益团体的社会影响力。当麦当劳把其食品的塑料包装改换成一次性的环保纸包装时，公司总裁里斯（Ed Resi）说："因为消费者对塑料包装感觉不好，所以我们决定更换为环保纸包装。"由于总裁里斯是在与研究固体垃圾问题的公益团体。自然保护基金组织"的代表们一起时发表的这一声明，因而使得定声明更受关注，并且该声明被刊登在全国性大报的主要版面，还通过全国及各方的各种新闻媒体流传开来。由于与主导大众舆论的公益团体巧妙结合，麦当劳产品得到了环保组织的广泛支持，而且还在消费者心里树立起了"环境保护产业先导者"的社会形象。这一营销公共关系战术的成功，就是在于企业借用了公益团体的认知率高和说服力强的特点，通过长期同公益团体协力合作，得到公众舆论的赞同，从而获得利益关系者的好感，最终达到增加销售额和利润的目的。

由此我们可以得到营销公共关系的效果例证：

第一，Gooodyear Tire & Rubber company 在最初广告之前，通过发布新产品信息及有关宣传，就已售出了 150000 套新产品。

第二，Taurus 和 Sable 汽车在上市之前，通过营销公共关系活动，在实施产品广告之前，品牌认知率已达到了 50%，并成交汽车 146 000 辆。

第三，美国的葡萄酒协会在"60 分钟（sixty Minutes）电视节目的协助下，宣传"喝 2 盅红葡萄酒可以减少心脏病的发病率 50%"，使红葡萄酒在几天之内销量增长 44%。

第四，海德大西洋公司（Hyde Athletic Indusaies）通过"消费者报告"杂志（Consumer Report）倡导"物以稀为贵"的消费观念，使其在旅游鞋市场上将销售额在短期内提高了两倍。

第五，麦当劳的新产品"Mclean Del me Sandwich"上市时，利用媒体开展了两周的营销公共关系活动，其销售量就达到了正常广告四周所能达到的销售目标。

第六，20 世纪 90 年代初，在美国盛行的洋白菜头娃娃（Cabbage Patch Kids）不是通过广告来促销产品，而完全是借助媒体新闻和全国性杂志开展营销公共关系活动，使其产品畅销全国。

【典型案例】

通贤柚的整合营销方案

四川省安岳县通贤管委会辖区 6 个乡镇从 20 世纪以来便大力发展通贤柚，经过多年的发展，通贤柚种植面积达 4 万余亩，且该产品被评为中华名柚，因柚属纯果酸味，与纯甜味福建官溪蜜柚竞争，处于劣势，一直未打开市场的大门在 2004 年 10 月价格仅 0.2～0.3 元/500 克。而同期官溪蜜柚价格达 0.9 元/500 克，柚子销售难成为政府和果农的大事，关系到辛辛苦苦培养起来的产业的成败，他们提出了整合营销的方案：

（1）邀请重庆诚信干果有限公司，重庆盘溪市场负责人参加，举办了近 1 000 人的整合营销的动员会，引导农民认识组织营销，实现未支付一分钱，两天时间集中柚子 2 500 吨，共计 15 大卡车。

（2）运柚子到重庆，为增加农民对组织营销和进入大市场的信心，于 2004 年 11 月 4 日早上举办了隆重的柚子启运仪式，15 个大卡车和大巴车（柚农）在警车开道下前往重庆盘溪市场。

（3）宣传大打绿色通道牌，利用了 2004 年 10 月 1 日川渝开通的绿色通道，在各卡车上，打出绿色通道为重庆人民送绿色食品的条幅，并将绿色通道作为媒体炒作的油头。

（4）举办隆重的欢迎仪式，于 2004 年 11 月 4 日下午，在盘溪市场举办了“热烈欢迎中华名柚——通贤柚进入重庆市场”的盛大欢迎仪式，引导各大媒体炒作。

（5）借助重庆诚信干果公司分销网络营销，由农民自己销售，价格达到了官溪蜜柚的价格，销售完后扣除运费、市场费、人员工资后计算平均价格返还农民，让农产品价格提高了一倍。

（资料来源：http://shop.bytravel.cn/produce2/901A8D2467DA.html）

九、农业产业化经营

【引导性案例】

农业产业化助推农民增收

贵港市覃塘区石卡镇鹤心村桑蚕种养专业合作社日前挂牌成立，大岭乡境内的3个养殖项目近日已竣工，标志着覃塘区组建农民专业合作社、推进农业产业化进程又迈出可喜的一步。

该区围绕“力争三年实现本区农民人均纯收入赶超全国平均水平”的工作目标，以培育农民专业合作社、发展农业产业化经营为主要措施，加快农村经济发展，提高农民收入，收到较好效果。2014年1～7月份，该区农民人均现金收入3 508元，比上年同期增长12.2%。目前，农业产业化已经成为该区农民增收的“助推器”。

落户石卡镇江南村、总投资2.5亿元的佳佳食品有限公司，以“公司+基地+养殖专业户”的经营模式养殖法国朗德鹅，生产肥鹅肝，到2010年项目全部投产后将帮助农民增加纯收入660万元，安排农民就业500多人。公司负责人吴仲庆说：“目前已成功养育种鹅3万多羽和商品鹅2万多羽，发动150多户农民种植300多亩‘台湾草’，公司以每公斤0.24元的价格收购，仅种草一项就使当地农民年增收140多万元。”

在覃塘镇六务村的木瓜种植基地，新长天木瓜经济合作社社长张祖增高兴地说：“木瓜合作社种植面积达3 000亩，预计每亩实现纯收入4 000元，社员户比其他农户每亩多增收500多元。”

在该区像佳佳食品有限公司和新长天木瓜经济合作社这样具有一定规模的农业龙头企业达150家，涉及莲藕、胡萝卜、甘蔗、木薯、木瓜、香葱、蘑菇等主要产业，吸纳农村劳动力1.8万人，带动4万多户农民致富。

该区大力发展粮食、甘蔗、蘑菇、桑蚕、蔬菜、水产畜牧、速生丰产林等产业，建成7大农业产业化生产基地。通过兴办农民专业合作社，以“龙头企业+专业合作社+农户”或“公司+基地+农户”、“基地+经纪人+农户”的模式，拓宽农产品加工、销售渠道，增加农民收入。目前该区有农民专业合作社 57 家，入社社员 1.1 万人，注册资金 2 000 万元，社员人均增收 600 元。专业合作社还吸纳 5 302 名返乡农民工就业。

该区重点扶持一批农业产业化龙头企业，“一村一品”或“一村多品”的格局初步形成。佳佳、巨东、扬翔等农业龙头企业的进驻，使该区农业产业化程度不断提高，提高了农民抵御市场风险的能力，促进了农业的稳定发展，农民持续增收。

目前，龙马、双牧等现代化畜牧养殖企业共租赁当地 5 200 亩土地办公司、办实业。巨东、百菇园等4家农业龙头加工企业，为区内1万多户种养农户提供供、产、销全程服务。2014年9月初，落户大岭乡境内、总投资1.9亿元的扬翔狮子站商品猪场、郭祥种猪场、龙马母猪区工程竣工投入使用，将有效带动当地农村养殖业大发展，大幅增加农民收入。

（资料来源：广西科技信息网）

（一）农业产业化经营的概念与内涵

农业产业化是以市场为导向，以家庭承包经营为基础，依靠龙头企业和其他各类经济组织的带动，将农产品生产、加工、销售各个环节有机结合起来的经营组织形式和运行机制，是农村改革不断深化的产物，是专业化和社会化分工的结果，是小生产与大市场对接的内在要求。在当前我国社会主义市场经济条件下，要实现农业的可持续发展，保证农产品的有效供给和农民增收，必须推进农业的产业化经营。因此，我们首先应当了解什么叫农业产业化经营，其预期目标是什么。

1. 农业产业化经营的概念

农业产业化经营，通俗地讲是用管理现代工业的办法来组织现代农业的生产和经营。它以国内外市场为导向，以提高经济效益为中心，以科技进步为支撑，围绕支柱产业和主导产品，优化组合各种生产要素，对农业和农村经济实行区域化布局、专业化生产、一体化经营、社会化服务、企业化管理，形成以市场牵龙头、龙头带基地、基地连农户，集种养加、供产销、内外贸、农科教为一体的经济管理体制和运行机制。

农业产业化经营的目标：一是使农民真正得利，这是实行农业产业化经营的核心。实行产加销一体化，目的是使农民不仅获得生产环节的利益，而且能分享加工、流通环节的利润，从而使农民富裕起来。这是推进农业产业经营的宗旨。二是土地产出率和农产品商品率得到大幅度提高经营的目的。三是农业科技贡献率有较大幅度的提高。四是农产品的生产与市场流通得到有效结合。五是以龙头企业来内联千家万户，外联两个市场为引导，带动、辐射农业产业化的发展。六是有一批主导产品、一批龙头企业、一批服务组织、一批商品基地。

2. 农业产业化经营的主体

经营组织是农业产业化经营的主体，是农业产业化顺利发展的根本保证。农业产业化的经营组织有多种类型，但最常见的主要是龙头企业、专业合作经济组织和专业市场这三种。

（1）龙头企业

这种类型是以农副产品加工或流通企业为龙头，通过合同契约、股份合作制等多种利益联结机制，带动农户从事专业生产，将生产、加工、销售有机结合，实行一体化经营。该类型一般以“公司+农户”为基本形式，这也是当前最常见的组织模式。

龙头企业带动型的特点是，龙头企业通过与农产品生产基地和农户结成紧密的一体化经营体系，实现风险共担和利益共享。一般来说，龙头企业要与生产基地和农户签订产销合同，规定各签约方的责权利。比如，龙头企业要对农户的产品设立最低保护价并保证优先收购；农户要按合同规定定时定量向龙头企业交售合格产品，由企业加工成制成品出售；龙头企业要实行利润返还，农户从中分享农产品的加工增值和销售利润。

（2）专业合作经济组织

这种类型是以合作社、专业技术协会和农产品行业协会等中介组织为龙头，通过其内部交易或产加销一体化经营，带动农户从事专业化生产。以中介组织为依托的农业产业化经营，可以实现跨区域联合，有利于扩大经营规模，增强市场谈判能力。中介组织带动型以“合作社+农户”和“协会+农户”为主要形式。

合作社是农民为了改善生产生活条件，谋取共同的经济、社会利益，通过资金、劳力、技术或生产资料入股的方式，在平等互助的基础上，自愿联合建立起来的一种合作经济组织。专业协会是由企业、村委会或专业大户等牵头成立的为农户提供生资、技术、信息和运销服务的组织。相比较而言，合作社这种中介组织较之协会在与农民的利益联结方式上更为紧密。因为合作社实行“民办、民管、民受益”，具有明显的群众性、专业性、互利性和自助性。这种组织利用其合作制原则，对外追求利润最大化，对内不以营利为目的，实行盈余返还，开展多种多样的服务。农民是合作社的主体和主人，合作社与农户结成“风险共担，利益共享”的经济共同体。

（3）专业市场

这种类型是以专业市场或专业化批发交易中心为依托，一头联结生产基地和农户，一头联结消费者，通过为买卖、运销各方提供交易服务，从而带动区域性专业化生产，达到扩大生产规模、节约交易成本和提高经济效益的目的。专业市场为农民提供了一个进行农产品交易的平台，直接带动农民进入市场。这种类型以“专业市场+农户”为其最常见的形式。“专业市场+农户”这种模式以市场为枢纽，引导农户按照市场供求状况提供相应数量的农产品，避免盲目生产可能带来的损失。

【典型案例】

山东禹王集团实施大豆“强国富民计划”纪实

黑龙江宾县领导曾专程到山东省禹城市，邀请禹王集团总裁刘锡潜到宾县办大豆蛋白加工厂，希望以禹王公司为龙头，带动当地 60 万农民种植高蛋白“非转基因”大豆，提高农民收入。到宾县办厂只是作为亚洲最大的大豆食品加工企业和大豆蛋白原料加工企业——禹王集团拉长大豆加工产业链的一小步。带动高蛋白“非转基因”大豆种植业和大豆蛋白产业的崛起，实现大豆“强国富民梦”，才是禹王的最终追求。

我国是世界排名第四的大豆生产国。2003年全国大豆种植面积达1.35亿亩，比上年增加3.9%，产量1 700万吨。但是，这些产量远远不能满足国内加工企业的需求，我国企业每年花费大量外汇进口大豆。因此我国提出了“大豆振兴计划”，政府采取强有力的措施扶持农民种植“非转基因”高油大豆，并迅速见效。

从事大豆加工的禹王集团从多年的探索中发现，发展高蛋白“非转基因”大豆产业不仅是提高农民收入的有效途径，又是国外无法与我们竞争的独特优势所在。1999年，禹王公司在山东和黑龙江部分地区建立了高蛋白“非转基因”大豆种植基地，采取“公司+基地+农户”的产业化经营模式，以高出普通大豆20%的价格收购，带动农民种植高蛋白“非转基因”大豆。第二年，禹王在山东禹城和黑龙江绥化、海伦等地扩大种植面积，基本上满足了公司的需求。2001年，日本、东南亚、欧洲等海外客商闻风而至，以高出普通大豆30%的价格采购高蛋白“非转基因”大豆，致使大豆供不应求。刘锡潜介绍，公司目前年加工食用高蛋白大豆30万吨，每吨以高出普通大豆500元的价格收购，仅此一项农民净增收入1.5亿元，节约土地1 800多万亩。

随着生活水平的提高，人们对仿肉素食的消费需求逐年增长，大豆蛋白正是生产仿肉素食的最佳原料。于是，禹王集团提出，用大豆蛋白替代动物蛋白的超前思路。1亩土地用于种草喂牛，从牛肉中仅得3.6千克蛋白，而种大豆可得49千克。禹王年加工大豆30万吨，产植物蛋白6.6万吨，需要耕地135万亩，若生产同样数量的牛肉蛋白需要耕地1 999万亩，可节省标准耕地1 852万亩。

刘锡潜说，公司投资1 000万元建立了禹光生物中心，建立全国最好的大豆加工实验室。并将以大豆深加工为主线，进一步拉长产业链，在完成总投资1.9亿元“年加工大豆20万吨低变性脱脂豆粕及深加工系列产品项目”的基础上，继续投入4.9亿元，开发大豆组织蛋白、浓缩蛋白、分离蛋白和素食产品，成为全国优秀的大豆深加工龙头企业。

1990年前，我国大豆分离蛋白完全依赖进口。到1996年，仍然有80%依靠进口。究其原因，主要是其加工原料低温豆粕不合格。

1998年下半年，经过艰苦攻关，禹王成功生产出合格的低温豆粕，其保油性、吸水性、分散性和凝胶性都达到国际领先水平，并且使每吨蛋白成本降低2 200元。这样，不仅解决了长期困扰中国企业的原料难题，一大批蛋白厂家死而复生，而且企业产品质量迅速提高，生产成本大幅度下降。

2000年，我国蛋白实现了自给自足，国内的双汇、金锣、金冠等一大批蛋白厂纷纷使用禹王的低温豆粕。2001年，中国就成为大豆蛋白净出口国，产品进入欧洲、日本、东南亚、澳洲等地。

2003年，禹王公司食用大豆加工能力达到30万吨/年，市场占有率扩大到80%。

在禹王的努力下，目前，我国不仅不用花费大量的外汇进口大豆蛋白，而且成为大豆蛋白净出口国，带动了我国整个蛋白行业的革命性变革。

（资料来源：www.cnoa360.com）

3. 农业产业化经营的构成单元

农业产业化经营可以有不同的模式，这些模式也在不断地发展变化，但其构成单元基本上都包括以下几个部分：

（1）主导产业

主导产业是龙头企业加工所需原料或销售的农产品的专业

化、规模化生产的产业，是农业产业化经营的支柱。主导产业一般具有一定特色和优势。主导产业是否符合市场需求，是否具有优势，决定着农业产业化经营的成败。主导产业一般应具备以下几个特点：一是立足本地资源优势；二是区域化布局、专业化生产；三是按龙头企业对农产品的数量、质量要求进行生产；四是具有自己的产业特色；五是农产品科技含量较高。主导产业一般有以下几种类型：

① 种植型。依托本地资源优势，发展以某种农作物或经济作物为主的种植业。

② 养殖型。依托本地资源优势，发展以某种畜禽或水生动植物为主的养殖业。

③ 自然资源型。依托本地资源优势，开发和利用以某种植物、矿物为主的产业。

（2）农产品商品生产基地

这是农业产业化经营的基础。农产品生产基地是根据市场需求和龙头企业要求，发展主导产业，生产所需原料的基地。农民是农产品生产基地发展生产的主体。农产品基地的规模和技术装备水平，直接关系到原料生产的数量、质量，决定农业产业化经营的效益。农产品生产基地一般应具备以下几个特点：一是按照主导产业安排农产品生产；二是生产目的是提供商品；三是能成批量地生产某种农产品；四是具有一定的技术装备水平；五是有较高的商品率。农产品生产基地一般有以下几种类型：

① 粮食和经济作物的生产基地。其组织生产龙头企业需要的某种粮食或经济作物等产品。

② 畜产品生产基地。其组织生产龙头企业需要的某种畜产品。

③ 水产品生产基地。其组织生产龙头企业需要的某种水产品。

（3）农业社会化服务体系

农业社会化服务体系是以公共服务机构为依托、合作经济组织为基础、龙头企业为骨干、其他社会力量为补充，公益性服务和经营性服务相结合、专项服务和综合服务相协调的为农业生产提供产前、产中、产后全过程综合配套服务的体系。

在农业产业化经营过程中，现代农业社会化服务体系主要由农业科技服务体系、农业生产服务体系、农业基础设施服务体系、农村经营管理服务体系、农村商品流通服务体系、农村金融服务体系、农村信息服务体系、农产品质量安全服务体系等组成。

建设覆盖全程、综合配套、便捷高效的社会化服务体系，是发展现代农业的必然要求。一方面，服务社会化是农业现代化的重要标志，构建新型农业社会化服务体系本身就是现代农业建设的题中应有之义；另一方面，农业社会化服务体系也是实现农业现代化的重要支撑。通过提供社会化服务，可以有效地把各种现代生产要素注入家庭经营之中，不断提高农业的物质技术装备水平，可以在家庭经营的基础上发展规模经营、集约经营，不断推进农业生产专业化、商品化和社会化。

4. 农业产业化经营的作用

实施农业产业化经营是当前在农村进行新一轮农业结构调整，大幅度增加农民收入，实现农村经济新发展的重大战略举措。农业产业化经营，是实现农民增收的重要渠道。改革开放以来的几十年，是农民收入增长较快的时期，但近几年农民收入增长缓慢，城乡收入差距进一步拉大。农民增收缓慢的内在原因是：农产品产量与农村劳动力“两个充裕”并存；农业劳动生产率和农产品加工转化率“两个过低”并存。发展农业产业化经营，可以促进农业和农村经济结构战略性调整向广度和深度进军，有效拉长农业产业链条，增加农业附加值，使农业的整体效益得到显著提高；可以促进小城镇的发展，创造更多的就业岗位，转移农村富余劳力，增加农民的非农业收入；可以通过农业产业化经营组织与农民建立利益联结机制，使参与产业化经营的农民不但从种、养业中获利，还可分享加工、销售环节的平均利润，进一步增加农民收入。

（二）农业产业化经营的运行机制

农业产业化从根本上讲是整个社会经济由传统方式转向现代方式的一个重要组成部分，是农业经济在制度变革中由弱质走向高效的过程，其整体运行机制实质上就是不断提高效率的制度变迁机制。深入了解农业产业化经营运行机制的构成，准确把握运行机制的特点具有重要的现实意义。

在农业产业化经营系统的运行机制中居于核心地位的是利益分配机制。利益分配在农业产业化经营系统中处于核心地位。合理分配共同的交易利益是产业化经营多元参与主体实现联合与合作的基石。因此，我们在介绍产业化经营中“风险共担，利益共享”这一普遍原则之后，进一步阐明农业产业化经营的利益分配原则，接着揭示不同情况下的分配方式，最后介绍营运约束机制和保障机制。

1. “风险共担，利益共享”原则

农业产业化经营是多元主体在共同利益上的联合，其本质是共同的经济利益一体化，基本原则是“风险共担，利益共享”。

首先，要搞清楚实施农业产业化经营所追求的目标。广义地说，实施农业产业化经营所追求的目的是：一是提高农业的比较效益，增强农业的自我发展能力；二是平衡市场供需，抑制市场波动；三是实现平均利润、达到对农户的利润返还和农业劳动与非农业劳动收益大体均等。狭义地说，在农业产业化经营系统内部产业链条的各个环节和各经营主体都要获得平均利润。不仅龙头企业要获得更高的经济效益，同时，它所带动的农户也能更多地增加收入，逐步达成平均利润率。

其次，要根据“风险共担，利益共享”的基本原则，在龙头企业和各参与主体之间建立互利互惠的利益关系。这里“共担”和“共享”密不可分，如一块铜板的两面或义务与权益的天平。承担风险是多元参与主体共同的义务，也是利益共享的前提。“利益共享”，即合理分享加工运销增值的交易利益，是多元参与主体应有的正当权益。有“共担”，才有“共享”。同样，有了“共享”的预期才乐意承担“共担”，两者相辅成，互为因果。农业产业化经营系统的龙头企业具有多层面的优势，在贯彻“共担”与“共享”原则，建立有效的运行机制，合理分配营运利润方面负有“中心”责任，但是不能也无权垄断利益分配，这要靠组织、制度、机制来保证。在“共担”与“共享”原则之中，龙头企业与农户的利益结合是核心问题。当龙头企业利用自身的资金、技术、信息、规模和管理优势，实现了全系统资源的优化配置，所产生的产业化经营的生产率，明显高于单个农户经营的边际生产率时，农户便会积极地参与农业产业化经营。换句话说，单个农户经营的边际生产率低于农业产业化经营的边际生产率时，农户就会无选择地进入农业产业化经营系统。

再次，龙头企业和农户要共同坚持“共担”与“共享”原则。

假定由于龙头企业决策失误或经营不善，出现产业化经营边际生产率下降，或者由于市场供求等因素使市场价格高于产业化经营产销合同价格时，如果龙头企业不能按市场价格收购农户的签约产品，那么农户就会在市场上出售其产品，以获取较大的利润。这不能责怪农户“贪图近利”，倒是对龙头企业提出很高的严格要求。不论农户还是龙头企业，一切都要从长计议，不要短期行为，并且用营运约束机制和保障机制来防止短期行为发生，共同坚持“共担”与“共享”原则。

最后“风险共担，利益共享”原则要由一系列约束机制和保障机制来维系。从内部结构上看，利益是共同体的核心，围绕这个核心是五大保证要素，它们是：一是组织保证；二是制度保证；三是非市场安排；四是分配机制；五是营运约束机制。

2. 利益分配机制

从经济学观点来说，各参与主体对农业产业化经营系统的投入（劳动、资金、产品、知识、技术）和它们在其中的产权得到承认，得到可以接受的回报和收益，是激励其积极性和创造性的动力源泉，因而是农业产业化经营发展的基础。由于农业产业化经营的本质所决定，一般实行系统内“非市场安排”与市场机制相结合的利益调节机制，基本分配原则是各个环节获得平均利润。利益机制通过分配方式来实现，以目前情况看，农业产业化经营中有如下分配方式：一是实行按股分红，红利均等；二是按合同规定的保证价格或市场保护价格交售产品的利润，农户大约可以获得15%～20%的利润率；三是超额利润返还让利，即龙头企业按照各参与主体交售产品的比例，将一部分利润返还给签约基地和农户，让利于农；四是企业与农户有租赁关系的，以租金形式付给租让其承包地的农户；五是龙头企业多实行工资制，企业按职工工种、技术水平和完成任务等指标付给工资，对成绩突出的还发奖金；六是有的地方由专业大户承包土地经营者，按专业承包合同规定的方式实现种植业大户的收益。

根据农业部产业化办公室的调查，在产业化经营组织中，大约有三种“利益联结”方式，最终将使各环节多元主体获得平均利润。平均利润是农业产业化经营追求的目标，也是衡量其利益分配合理性的基本标准。这个目标和标准在不同情况下的实现形式或办法是不尽相同的。

（1）龙头企业与农户的利益关系

龙头企业与参与农户之间有两类利益关系：一是利益共同体关系，二是合同约束下的“对立统一”的利益关系。在利益共同体关系中，以获得大致相同平均利益为基准，在各参与主体之间进行利益分配。其前提是，龙头企业与参与农户存在产权关系。在紧密性强或独资企业实行纵向一体化系统中，利益分配带有利润均分的特点，比较效益偏低的环节（如初级产品生产者），可以获得达到产业平均利润的补偿。合同约束下的“对立统一”的利益关系，包含两层意思：其一，无论龙头企业还是农户，他们在合同约束下进行产业化经营，都是相对独立的市场功能主体，各自都有相对独立的利益，在共同交易中都追求利益最大化。为此，龙头企业有减少对农户支付的意愿，农户则力争获得较多的利益。其二，龙头企业为了以较低的交易成本和稳定的价格，获得有品质保证的原料货源；农户为了使其初级产品以稳定的价格及时出售，同时从龙头企业得到优惠的服务，从而达成联合，共同发展。从总体上看，两者的利益又是一致的。至于两者的利益达到多大的一致性，取决于农户与龙头企业的交涉能力，其中既受市场供求状况的影响，又要看农户对龙头企业的依赖程度。非常重要的是，龙头企业同参与农户要建立相互忠诚、相互信用的崭新的合作伙伴关系，守法履约，这是处理好相互利益关系的基础。

（2）合作经济内部的利益机制

与农户和公司企业的关系不同，农户在合作社中既是农民共营企业的生产者，又是合作经济的共有人，提供和接受服务属于农民联合自助性质，因此利益分配机制自然有鲜明特点。社员一方面按合作合同将其产品交售给合作社，另一方面又按惠顾原则从中得到利润返还。这种利益分配均按合作社章程和合作合同规定进行。合作社的利益分配机制比较规范，完全透明，体现了著名的合作制原则。

（3）以商品合同为纽带的利益分配机制

在产业化经营系统中，一般由工商企业或合作经济组织同农户签订的合同有两种，即销售合同和生产合同，通过合同确保价格和利润。

① 合同保证价格。这是一种产业化经营组织内部的非市场价格。一般按“预测成本+最低利润”或前三年应季市场平均价确定保证价格。相对于起伏不定的市场价格而言，合同保证价格相对稳定，与市场价格的偏差也不会很大，从长远来看，对提供初级产品的生产环节可以起到保护性利益分配的作用。运用合同保证价格，农户实际上已把部分市场风险转嫁龙头企业一边，而龙头企业从长远的利益出发，必须帮助农户分担风险，才能长期获得确保数量、品质和价格稳定的原料货源。况且这种价格并非是完全的市场保护价（相对于波动起伏的市场价，这是相对稳定的合同价格），龙头企业是完全可以接受的。

② 市场保护价格。从理论上讲，市场保护价格是从事加工、销售的龙头企业与农户按一定标准核定的具有保护性的合同价格，因为在合同中明确规定，当市价高于保护价时，按市价收购产品（或采用其他办法返还利润），当市价低于保护价时，按保护价收购。这样，市场保护价就成为最低基准收购价格，其定价基础应当是“完全成本+合理利润”。显然，它对初级产品生产者的保护程度是很强的。但在实践中，这种利益分配并不多见，因为龙头企业为此承担的风险过大，而且不像合同保证价格较平稳适中，可在一定程度上分散市场波动造成的风险。

③ 按交易额返还利润。这是合作社经济的利益分配机制。在具体操作中，可以是龙头企业或中介组织按照参与主体交售产品的数额，将一部分利润返还给签约基地或农户。要做到农业产业化经营主体利益的一致和统一，在农户一方，以合作社形式整体进入市场，实行按交易额返还利润的分配机制是最便捷的途径。这是普遍适用的发展方向。

（4）以要素契约为纽带的利益分配机制

除了可以利用产品合同来作为联结龙头企业和农户之间的纽带和利益调节机制，从而实现外部交易关系内部化和增进比较利益、节约交易费用以外，还可以通过在龙头企业与农户之间建立一种以生产要素的产权关系作为联结纽带和利益分配的调节机制。即通过将包括资金、土地、水面、技术、劳动力等在内的生产要素以不同方式进行产业组合，并按各种要素贡献进行利益分配的机制。

以要素进行分配的优点，在于将利益与要素贡献相联系，由利益主体各方共负经营好坏的责任，所得多寡随经营好坏而定，这样，参与农业产业化经营各方在利益上被捆在一起，联结的紧密性得到加强。在农业产业化经营中常见的有以下四种方式：

① 租赁机制。当企业（或开发集团）与农户有土地或水面等的租赁关系时，按所签订的租赁契约，在租期内由企业向租让生产资料的农户支付租金（有的以口粮等实物形式，有的以现金形式）。山东禹城市就是在盐碱荒地的区域开发中，运用租赁制将荒地、荒滩统一由“禹西综合开发实业总公司”租赁，变更土地使用权之后，再由总公司把租赁的土地统一发包给进区参加开发的承包者或原农户进行综合治理。租赁或“返租倒包”这两种方式都是产业化经营中特殊的租赁合作关系，维系龙头企业与农户关系的纽带是租赁契约和关于租让土地后农民的就业安排协议。

② 补偿贸易机制。即由出资方，如大型涉农企业集团或各类龙头企业，向生产基地或农户提供生产建设资金，由基地企业或农户提供土地、鱼池、劳动力及设备等，投产后大部分农副产品按当地市场价或协议价值直接供应出资方（即由出资方买断），并以产品货款抵付其投入资金。在投入资金全部抵付完毕时，联合协议即行终止。这种利益分配机制，相当于出资方以预付金的方式提前订货，确保一定数量和质量产品的来源，而对于提供产品一方，则可借助出资方提供的投资，将其与其他生产要素相结合，形成了自己有相当规模的生产基地和相应的主导产业，开辟新的发展空间。这样一种新产业链的形成，由于对双方都有利，特别是在资金和市场两种资源要素受到外在环境约束时，利用补偿贸易的利益分配机制来形成产业，变得很易被接受。但这种机制的缺陷是对资金的依附性较大。

③ 股份合作制。股份合作是以资产、劳动、技术等要素共同为纽带的利益分配机制，它较好地体现了按要素进行分配的原

则，所以易于调动各方面的积极因素，组合凝聚成生产力。在开发性农业产业化经营中，这种利益机制较为常见。此外，在多品种或单品种上的多边联合中，这种按要素股份分配机制也适用。比方，在多品种双边联合中，双方按同比例投入股额（包括资金、原材料、设备等），在生产经营获利后，再按同等股份，或按不同的固定比例分配利润，如各按50%入股的，可按各占50%分配利润，也可按 4∶6 比例分配利润，以照顾其中的一方，例如，原料提供单位，或主要经营单位。单一品种的多边联合，则以投入股金的不同比例来分配利润，如四方合营，各投入股金为 1∶2∶3∶4，在分配利润时，也按1∶2∶3∶4 比例进行分配利润。

④ 内部价加二次分配。这是主要用于农业综合企业的一种利益分配机制。在本身自成系统的农业综合企业经营中，先以内部价格（有的为成本价）的形式，与投入原料或提供初级产品的单位进行第一次结算；然后，在加工、销售后，再将所获的净利润（即扣除第一次已结算利润）分成，也就是将一定比例的利润，按投入原料或投入产品数返还给联合企业中的各方。提供原料或初级产品生产者所得的内部价格，一般在一段时期里是固定的；所得的利润分成是随整个产业链经营好坏而变化的。但其中的二次利润分配可起到调整产、加、销或农、工、贸三个环节利润水平的杠杆作用，以形成各环节间的平均利润率。

3. 营运约束机制

农业产业化经营系统的正常营运，多元参与主体互利互惠关系，靠营运约束机制来实现。从各地的经验看，对于农业产业化经营至关重要的是参与各方从一开始就界定产权，使联合体真正成为产权明晰、自主经营、自负盈亏、自立发展的经济主体，在此基础上组织营运。从龙头企业与农户的联结关系和要素组织方式来看，农业产业化经营采用的方式有如下几种：

（1）市场约束机制

农业产业化经营初始试办时期，尤其是松散的联合经营，龙头企业凭靠自己的信誉和传统的产销关系，通过产销合同或者通过市场与农户和原料产地进行交易，价格随行就市。这种运行方式多适于产业化经营组织与系统以外的市场主体进行交易，而在系统内部当保护价低于市场价时也采用市场机制。严格地说，这只能算作农业产业化经营的初级形式。

（2）合同（契约）约束机制

合同（契约）约束机制是农业产业化经营普遍采用的运行方式。龙头企业与基地（村）和农户签订具有法律效力的产销合同、资金扶持合同和科技成果引进开发合同等，明确规定各方的责权利，以合同关系为纽带，进入市场，参与竞争，谋求发展。合同一经签订，应当保持其连续性和稳定性。基地、农户接受龙头企业的指导，搞好农产品的生产，按合同规定向龙头企业交售其产品；龙头企业为基地、农户提供服务，按照让利原则保护性地收购农户的签约产品。签约双方必须履约，违约必究。

据反映，在产业化经营合同（契约）关系中，龙头企业常居主动地位，农户则往往较为被动。因此，要特别注意防止一些龙头企业以自己的主导地位进行强买强卖，与农户争利，甚至侵农民权益，一经发现，及时查处。另外，农户违约现象也有发生，签约产品谁出价高就卖给谁，有的农户甚至把龙头企业提供的雏鸡转卖给他人。对此，要教育农民树立全新的市场观念和产业一体化观念，增强履约意识。维系龙头企业与农户契约关系的核心是合同（市场）保护价格。产业化合同都明文规定，龙头企业保证按最低保护价收购签约产品；保护价的内涵是“完全成本+合理利润”；以10%~20%不等；因产品而异。当市场价高于合同价时就随行就市；市场价低于合同价就按最低保护价收购。实行合同（市场）保护价，就要建立风险基金，由龙头企业及其他参与者主体共同承担风险，使签约企业和农户的利益得到切实保证。

（3）股份合作约束机制

在产业化经营系统中，企业与企业之间、企业与农户之间实行股份合作制，互相参股；有的农户和其他单位以土地、资金、技术、劳动力向企业参股，形成新的资产关系。龙头企业运用股份合作吸收农户投资入股，使企业与农户以股份为纽带，结成“互利互惠，配套联动”的经济共同体。这样，龙头企业演化成为股份合作制法人实体，而入股农户则成为企业的股东和企业“车间”型经营单位，相互依存，共兴共荣。入股农户不仅可以凭股分红而且还能从龙头企业以低于市场价购到生产资料。

（4）租赁约束机制

一些地方实行的“返租倒包”是其中的一种租赁方式。龙头企业将已经分包给农户的土地返租回来，作为企业的生产基地再倒包给农户经营。例如，山东五莲县于里乡蔬菜加工厂以每公顷3 750 元的年租金，租用农户 33.3 hm^2 耕地，再倒包给农民，生产的蔬菜全部由企业收购。又如，云南昆明阳光现代农业综合开发建设有限责任公司，按每公顷年付 6 000 元租金，租用农民的800 hm^2 土地，租期 70 年，统一规则，统一使用，实行一体化经营，租让土地的农民可优先在开发区就业，挣得工资。这两种方式都是农业产业化经营中特殊的租赁合作关系，维系“龙头”企业与农户关系的纽带是返租契约和关于租让土地的农民就业安排协议。

（5）专业承包约束机制

有的地方将其一体化经营分为两大部分：一部分是农产品加工和运销，实行公司制经营，向国内外市场出售其制成品；另一部分是种植业初级产品生产，在坚持家庭承包经营体制的前提下实行专业承包经营，以所属公司为甲方，专业承包大户为乙方，签订专业承包合同，规定甲乙双方在种植业生产中的责权利。甲方为乙方提供各种服务，包括机械化服务，乙方实行科学种田，保证完成生产任务。在此种情况下，专业承包合同便成为约束签约公司和承包大户，在种植业生产方面的行为机制。

4. 保障机制

农业产业化经营的目标和机制需要与之相配套的制度来保障，制度是由组织制定和执行的。“风险共担，利益共享”的利益共同体是实现产业化经营目标的一整套保障体系。

（1）组织保障

是否建具有稳定的组织，是判断某个经营实体是否实施农业产业化经营的一个重要标准，组织也是制定与执行各种制度的承担者和重要保证者。首先，农业产业化经营组织载体具有合格的龙头企业极为重要，因为它是制度的拟订者和主要执行者。其次，农村合作经济组织，如专业合作社、专业协会及其他联合自助组织，同样重要。一般地说，农民组织化程度越高，制度效率和经营效率就越高，经营交易成本也就越低。不难理解，如果没有农民适度而有效的组织化，龙头企业很难直接与众多而分散的农户打交道，制度也难以履行。相反，农民有了组织，龙头企业与农户打交道容易得多，共同制定的制度就较容易得到共同遵循和检查监督。

（2）制度保障

农业产业化经营系统要建有许多制度，例如合同产销制度、保护价格制度、风险基金制度等。

① 合同产销制度。合同产销制度是现代市场经济中普遍采用的一种产销制度，是龙头企业联结参与者农户的重要手段。合同产销制度的实质是按预定销售额进行生产，从这个意义上说，产销合同就是市场。实行合同产销制度可以减少生产上的盲目性，因为合同规定了农户向龙头企业交售产品的数量、质量、规格、交货时间和地点，龙头企业按合同规定收购农户的签约产品、应当提供的服务和应当支付的价格，还规定了履约约束和违法罚则。以制度保证合同信誉的兑现，是合同产销制度的生命线。

② 保护价格制度。保护价格是产销合同的重要内容。如前所述，保护价格的基准应当是完全成本+平均利润，以保证抵偿生产者成本和赚得盈利。这是普遍的经济学要求。有了这样一种制度，签约农户生产者利益就有了保证，龙头所需原料就有了来源。保护价格制度与市场价格变动是什么关系，直接影响着龙头企业和签约农户的行为。

保护价格在合同有效期间是稳定不变的，而市场价格则是随着供求关系的变化而波动的。当市场价格低于产业化经营系统的保护价格时，无论农户还是龙头企业都不会紧张，也无须作出反应。当市场价格高于产业化经营系统保护价格时，农户和龙头企业都会敏感地做出行为反应：农户极有可能将签约产品投入市场出售，龙头企业要么按照市场价格收购农户签约产品，即遵循市场机制配置资源的基础作用行事，要么面临农户行为的挑战。这就是为什么农业产业化经营系统的产销合同都有如下制度性规定："当市场价格高于合同保护价格时，龙头企业就得按市场价格收购农户的签约产品"，这样就有了制度保证。

③ 风险基金制度。这种制度也是"非市场安排"，对防范自然风险和市场风险起着制度保障作用。

（3）非市场安排

农业产业化经营系统内"非市场安排"是龙头企业与参与农户之间的特殊利益关系，也是一种特殊的资源配置方式。其内容包括：一是资金支持；二是无偿或低偿服务；三是低价供应或赊销生产资料；四是保护价格；五是风险基金制度，等等。这种特殊安排是保证农业产业化经营系统再生产过程连续有效运行，保持系统内各利益主体权益关系稳定的重要手段，从而是保证市场供需和价格稳定的重要手段，具有重要的宏观意义。

① 资金扶持。龙头企业对参与者农户的资金扶持不是固定的，因发展需要而定。一般农户资金微薄，又不易贷到款。为适应市场需求，必须进行某种资源开发、产品开发、品牌开发和技术开发，但是农户因缺乏资金而不能启动，这时就需要龙头企业对参与开发的农户给予资金扶持，与无息贷款相类似。这是龙头企业对系统整体发展的垫付资金，并不是对农户的恩赐。

② 低偿供应或赊销。生产资料农户为产业化经营系统进行初级产品生产，需要某种或几种生产资料，但资金不足或没有现款支付怎么办？龙头企业往往以低价供应农户所需生产资料，或者将生产资料赊销给农户，待农户交售产品进行结算时再扣除。这种安排可以避免市场机制引致行为的盲目性，保证产业化经营系统内资源配置及时到位和营运效率的稳定提升，这是产业化经营的一大优点。

③ 风险基金制度。商品性农业面临两大风险，自然风险和

市场风险。风险的直接影响是农业生产率波动，进而引起供求关系波动，影响产业化经营效率和效益的稳定增长。为防范这两种风险，将风险损失控制在最低程度，对风险损失能有所补偿，农业产业化经营系统必须建立风险基金制度。农业产业化经营风险基金采取多种方式建立。一是龙头企业自建，将其自有资金的一定比例划拨为防范风险专用资金，每年从税后利润归其自己的部分扣拨某个比例，充实风险基金。二是龙头企业与农户共建，每年分配前从共同经营利润中扣出一个小的比例，作为风险基金，逐年充实。三是政府与龙头企业共建，政府每年从其财政中拨出一定额度，龙头企业从其利润中划拨一定额度，形成风险基金。四是政府自建，农业共用。

例如，广州市政府每年由市财政拿出2 000万元，3年共6 000万元，建立市农业保险风险准备金，由市农业保险领导小组负责制定风险准备金管理使用办法。风险准备金实行专户专储，利息收入扣除领导小组及其办公室必要的开支外，滚入风险准备金。当风险准备金赔付后降至6 000万元以下时，由市财政在下一年度给予补足。各区、县参照市的做法，设立相应的农业保险风险准备金。该市根据保险商品化的要求，参照番禺市黄埔区的做法，以风险准备金为股份与中保财产公司合股成立农业保险股份合作社。农业保险股份合作社实行独立核算、自主经营，在行政上受本级领导小组领导与管理，业务上接受人行、保险公司指导与监督。由有关人员组成的农业保险理赔小组负责解决农业保险赔偿的疑难问题，裁决赔偿的争议案件。

（三）农业产业化经营的模式和利益联结方式

农业产业化组织模式是农业产业化经营实现的载体，也是经营效率的一个重要起源。不同的组织模式以各自具有的组织原则形成彼此的利益联结方式，在农业产业化经营中，发挥着不同的作用，要想提高农业产业化经营的效率，了解不同组织模式的特点及其利益联结关系是必要的。

1. 主要组织形式

农业产业化经营的运作需要通过一定的组织模式来实现。目前我国的农业产业化经营还处于初级发展阶段，经营的组织模式还在不断发展和完善之中，其中主要的模式有以下几种："公司（企业）＋农户"；"合作社＋农户"；"市场＋加工企业＋基地（农户）"；"公司＋基地＋农户"等。

（1）"公司（企业）＋农户"

"公司（企业）＋农户"模式的农业产业化经营组织是以一个技术先进、资金雄厚的公司为龙头，以分散的农户生产为基地，利用合同形式把农户生产与公司加工、销售联结起来。龙头企业直接与市场相连接，也就是说农户通过龙头企业与市场相关联。公司和农户在市场上按照农产品供求关系的变化进行购销活动。公司想买多少、何时买、何地买以及用什么价格买进都受市场的影响和约束，同样，农户想要突出自己的产品也要受市场的选择。受市场波动的影响，农产品在公司与农户之间很难获得稳定的供求关系，价格低了对农民不利，价格高了又对公司不利。公司与农户的财产各自独立所有，互不参与管理与干涉其使用。公司是为了获取稳定的原料市场，降低购进成本，对农户来说，在实行农业产业化后农户仍只是卖原料，只不过是原料的销路相对稳定，农户仍得不到较大的收益。从形式上看，公司与农户双方只是一种外在的结合，经济关系实质上是一种纯粹的市场买卖关系，龙头公司与农户并不是同一利益主体。这种模式，真正的市场主体不是农户，而是龙头企业。

（2）“合作社＋农户”

公司和农户双方以资金、技术、土地和劳动入股，利润按股分红。按照自愿参加、民主管理、资本报酬适度，主要盈余返还社员、加强对社员教育等原则建立起来的合作经济组织形式。从公司和农户在农产品的生产、加工和销售各个环节的关系看，是横向一体化的联合，是松散型的。合作社一般是在不改变家庭经营制的基础上，农户自愿入股形成的农户的财产产权不变，合作的财产属合作社成员集体所有，合作经营，成员按一人一票或一股一票的原则参与合作社管理。

合作社是农民创办的，与农民是真正的利益共同体。对外（市场）合作社是盈利性经济实体，对内（农户）是非盈利性服务组织，合作社盈利是在合作社成员间进行分配。合作社与农户间的利益是一致的、农产品价格高、农户利益就大，合作社返还给农户的利润也大；农产品价格低、农户利益小、合作社返给农户的利润就小。由于合作社对内服务、对外盈利的特征，使农户与合作社的利益一致。农业产业风险由农户个体抵御转变为由合作社集体力量共同抵御。

（3）“市场＋加工企业＋基地”

在推动农业产业化进程中，一些加工企业成为龙头，从多方面带动产加销一体化经营，使初级农产品进行深加工，达到增值目的；协调产销脱节的矛盾；推广新技术、提高农产品利用率；促进农业生产区域化、规模化、专业化发展。形成以龙头企业为中心，一方面与农户（生产基地）紧密相连，一方面与国内外市场密切相接。一体化龙头企业（公司）直接承担全部加工、销售、科技服务和部分产品经营。发挥整体化优势，集团公司在开拓市场方面以统一品牌的多样化产品，实施统一销售，在龙头的带动下，基本上形成区域化布局、专业化生产、一体化经营、社会化服务、企业化管理的产业化经营格局，在空间布局上形成“市场＋加工企业＋基地（农户）模式，采取分散生产、集中加工、统一销售的产加销一体化经营策略。

（4）“公司＋基地＋农户”

野力集团是全国500家大型民营企业之一。在进入农业领域之前，集团已发展到相当规模。集团下辖 20 家企业，资产逾 4 亿元，常年生产包括葡萄酒在内的20余个饮料品种。其采用“公司（企业）＋基地＋农户”的形式，也称“野力模式”进行葡萄的种植、加工和销售的一体化经营。进入农业领域是野力公司所做出的一项战略性选择。这样做一方面使野力集团在葡萄酒行业的激烈竞争中站稳脚跟，使自己的生产线向纵向延伸，给公司广阔的发展空间，提高了企业的盈利能力。

农业产业化经营组织模式多种多样，正确选择主要取决于农业生产力的发展水平。不同的农业生产力发展水平，应该选择不同的产业化经营组织模式。根据我国目前实际情况，对经济不发达地区农业产业化经营组织应选择合作社模式为宜。对于经济发达地区，由于农业生产力相对较强，龙头企业实力较大，选择野力模式为宜。

在加快农业产业化进程，为促使农业产业化向纵深发展，选择经营组织模式时，应该重点解决以下几个问题：

第一，要培育具有市场开拓能力，能进行农产品深度加工，为农民提供服务和带动农户发展商品生产的龙头企业。要引导龙头企业同农民形成合理的利益关系，让农民得到实惠。同时，要注意兴办多元化龙头企业，利用原有的企业优势，尽可能多方争取资金，特别是利用外资，以龙头企业的牵动能力来扩大产业化的规模和提高经济效益。

第二，要充分利用现有的农产品加工、销售企业，不要盲目上新项目，重复建设。选择农业产业化项目，要根据市场需求，利用本地自然资源优势，因地制宜，慎重选择。

第三，要加大政府对农业产业化这一系统工程的扶持力度。政府应把扶持重点放在资金、政策和服务上。资金方面，主要是加强财政资金和信贷资金扶持，同时，要发挥资金的导向性作用；政策方面，要制订出台一系列有利于农业产业化实施的政策，同时改革与产业化不相适应的体制，切忌用行政手段强硬干预；服务方面，主要是为农民及农民相关的企业提供各种信息、道路、市场等建设和管理，清除规模经营的各种障碍。

第四，要培育和开拓市场，抓好科技投入。市场体系建设对于产业化发展十分重要。一方面要培养农民的市场参与意识，积极引导农民进入市场；另一方面，要建立和培养一批高素质的专业营销队伍和经纪人队伍，做好市场中介工作。同时，必须积极引进和推广优良品种和先进实用技术，开发高产优质高效农业，发挥各类专业技术协会作用，加速科技转化为现实生产力的进程。

2. 利益联结方式

农业产业化经营利益联结机制是在产业化经营组织制度安排下，以各种类型的组织载体为依托，通过产业化系统内“非市场安排”与系统外市场调节相结合，使各参与者主体对系统的投入（劳动、资金、产品、知识、技术）和他们在其中的资产产权得到承认，获得可以接受的回报和效益的一种经济利益关系。实质是农业产业化经营系统中各利益主体在各个环节上实现利益平衡的手段和工具。

利益驱动是农业产业化经营的动力源泉，通过农业产业化利益联结，使农产品的生产、加工、销售诸环节结成利益共同体，使农民通过产业化链条上的各个组成部门多层次获利，从而促进主导产业的膨胀，增加了农民的致富门路，有效地解决了长期存在的农民增产不增收的现象。虽然把千家万户组织到一个统一的经营方向和统一的经营目标上来，但是并不能解决农民直面市场的问题，农民必须依赖于经济组织，而各利益主体活动不同、地位和作用不同、能力不同，也就容易形成不合理的利益分配。由于农户处于出卖原料的地位，作为价格的被动接受者，一般难以得到正常利润，农民获益的高低不仅取决于总利润的高低，也取决于龙头或其他经济组织有意识的让利程度。如果农民付出多，获利却少，利益分配就容易形成一方侵吞另一方应获利润的格局，尤其在农业产业化起步之初，这种情况更容易出现。

因此，利益分配机制能否保证“风险共担、利益共享”，能否实现企业与农户的“双赢”就成为考察利益联结机制是否适应产业化发展的原则标准之一。

农业产业化经营组织，是不同利益主体的联合。有的联结形式十分松散，只是一般的购销关系；有的联结形式则十分紧密，一般各主体之间都实行“利益共享、风险共担”。

农业产业化的利益联结机制，按照利益联结的紧密程度，可划分为合同方式、合作方式、股份合作方式和其他方式等几种类型。

（1）合同方式

也称合同契约制联结形式，指的是农业产业化经营组织内部各利益主体，通过合同关系，确定收购数量和收购价。这种方式的缺点是，在市场不景气、产品销售不畅时，农户的利益往往得不到保障；而当产品需求旺盛、供不应求时，公司的原料往往又无法保证。这种松散的联合很不稳定，容易受短期利益影响，制约了产业化经营组织的健康、可持续发展。

（2）合作方式

它是指农户通过组建合作社或者协会组织，以团体的形式参与农业产业化经营，从而达到提高自身谈判地位和增强市场影响力的目的。

合作社一般按照社员交易额的大小进行利润分配，社员既参与生产经营，又参与民主管理；协会一般是代表会员，与政府或其他市场主体进行谈判，并为会员提供信息、培训、营销等项服务。

（3）股份合作方式

它是指将资本联合与劳动联合统一起来，农民既参加劳动，又集资入股，实行按劳分配和按股分红相结合的方式。

政府鼓励龙头企业通过开展定向投入、定向服务、定向收购等方式，为农户提供种养技术、市场信息、生产资料和产品销售等多种服务；鼓励龙头企业大力发展订单农业，规范合同内容，明确权利责任，提高订单履约率；鼓励龙头企业设立风险资金，采取保护价收购、利润返还等多种形式，与农户建立紧密、合理的利益联结机制。同时，政府也鼓励农民以土地承包经营权、资金、技术、劳动力等生产要素入股，实行多种形式的联合与合作，与龙头企业结成利益共享、风险共担的利益共同体。

十、农产品国际贸易

【引导性案例】

美国与日本关于限制农产品进口措施的纠纷

1997年4月7日，美国以日本对农产品进口的某些措施剥夺或损害了美国的利益，构成了贸易技术壁垒为由，向DSB提出，要求与日本进行磋商。

由于双方磋商未果，因此1997年10月3日，美国请求成立专家组，1997年11月18日，DSB决定成立专家组。专家组的职权范围是："根据美国在编号为WT/DS76/2的文件中涉及之协议的有关规定，审查由美国在文件中向DSB提出的事项，做出决定以协助 DSB 提出建议或作出这些协议规定的裁决。"专家组由Kari Bergholm（任组长）、Germain Denis和Eirikun Einarsson三人组成。欧共体、巴西和匈牙利保留第三方的权利。

由于本纠纷案涉及了较多的技术问题，因此1998年7月3日，专家组通知DSB它无法按规定的时间完成报告，1998年10月6日，专家组正式提交了报告，该报告认为日本限制进口的措施有违WTO协议要求。因对专家组报告的内容不满，故而日本于11月24日提出上诉。随后DSB组成了由Christopher Beeby（主持上诉庭的委员）、Julio Lacarte-Muro和Mitsuo Matsushita组成的上诉庭。

1999年1月19日，上诉庭审理本案，并于2月22日作出了报告，基本维持了专家组的报告。同年3月19日，DSB通过了上诉庭报告和经修改后的专家组报告。

此后，日本于1999年6月15日通知DSB日美双方已就该纠纷案解决方案的执行期达成共识，该执行期为9个月零12天，自1999年3月19日至1999年12月31日。同年12月31日，日本根据专家组的报告取消了所有品种测试要求。2000年1月14日，日本通知DSB它正与美国磋商新的检疫方法，以寻求令双方均感满意的方案。

本纠纷案主要涉及的是日本对部分农产品的进口实行限制的问题。根据日本1950年植物保护法第7条的规定，日本农业部发布法令，禁止进口某些国家或途经这些国家的农产品。1950年6月30日，日本农业部发布植物保护法实施条例，禁止从某些国家进口8种可能带有苹果蠹蛾的农产品，美国也在禁止进口的国家之列，同时，该实施条例规定，如果某出口国采取相应的植物卫生措施，能证明经过处理后的水果能达到禁令保护的相同水平，进口禁令也可以取消。

美国在其提交的材料中指出"日本对可能带有苹果蠹蛾的任何各类农产品实行禁止进口的措施，直到对每一品种分别测试其蒸熏或蒸熏加冷冻综合处理的效果得到确认后解除"。该措施明显有违WTO协议的要求。

日本指出，根据WTO相关协议的要求，成员方有权在特定的情况下采取临时植物检疫措施，因此日本对进口苹果的检疫措施是正当的。

（资料来源：http://www.docin.com/p-60119676.html）

（一）农产品国际贸易概述

改革开放前，我国农产品进出口贸易很少，一方面我们自产的农产品不能自足；另一方面我国的外汇短缺，也不可能大量进口农产品。然而几十年以后的今天，中国经济快速发展，农产品国际贸易已经在对外贸易中占有了重要地位，在此形势下，我们必须要与时俱进，了解我国农产品国际贸易的现状，熟悉国际贸易的相关政策，把握国际贸易的流程，从而促进我国农业的健康发展。

1．经济全球化与国际贸易

经济全球化是当今世界经济发展的主流，经济全球化必然会促进国际贸易的发展，当然也会带来更多的贸易摩擦，无论是发达国家还是发展中国家，要想很好地利用全球化带来的机会发展自己，就必须充分认识经济全球化的特征和规律。

（1）经济全球化的内涵

经济全球化，是指商品和生产要素超越国界流动，国际贸易、跨国投资和国际金融的迅速发展，高新技术的广泛传播，跨国公司作用显赫，从而导致各国经济活动高度相关，世界经济整体化和一体化空前突出的经济现象与过程。一方面在世界范围内各国、各地区的经济相互交织、相互影响、相互融合成统一整体，即形成“全球统一市场”；另一方面在世界范围内建立了规范经济行为的全球规则，并以此为基础建立了经济运行的全球机制。

在这个过程中，市场经济一统天下，生产要素在全球范围内自由流动和优化配置。经济全球化是世界经济发展的必然趋势。发达国家凭借自身的实力和优势，在全球化过程中居于主导地位，获得了全球化带来的种种好处，因此不遗余力地推动全球化的发展。对于广大的发展中国家而言，经济全球化既带来了难得的机遇，也带来了严峻的挑战，客观而论，如果发展中国家对全球化采取消极逃避的态度，这是不足取的；相反，发展中国家应该积极投身全球化浪潮中，抓住机遇，趋利避害，在充分享受全球化好处的同时，又将其负面影响降到最低，利用后发优势赶超发达国家。

（2）经济全球化对国际贸易的影响

经济全球化对世界各国的经济贸易发展产生了重大的影响。其中主要为以下几个方面。

① 经济全球化使得各国经济相互依存与互动加强。经济全球化使得世界各国经济形成“你中有我、我中有你”的局面，相互依存进一步加强。随着世界经济全球化的深入发展，发达国家之间货物、服务、资金、技术和市场高度融合，而且发达国家与发展中国家之间的上述关系也在加强。

② 经济全球化促进了理念创新。在经济全球化下一国对外经济交往合作中，不能只考虑货物贸易，还要把货物贸易与直接投资、金融、服务、技术综合考虑。因为，货物贸易与投资相辅相成，互相促进，已成为各国经济发展的两个支点。将大国际贸易概念与本国经济的调整优化、改革开放密切地结合起来。“贸易立国”、“贸易为本”的传统信条已让位于“经济接轨”和“市场融合”。变被动接受经济全球化为主动参与经济全球化。越来越多的国家认识到经济全球化是科技革命作用的结果，是大势所趋，纷纷主动改革本国经济体制，发展开放性经济，推行贸易、投资和金融自由化，为跨国公司创造投资条件，并积极参与多边贸易体制和活动。

③ 经济全球化使国家主权受到冲击，相互协调成为时代主旋律。面对经济全球化的新形势，传统的国家主权内容发生了一定程度的改变。原本是一国独有的权利，日益成为国际社会共同

拥有的权力。各国的经济活动越来越多地遵循国际条约、协定、规范和惯例来运作；跨国公司在各国经济生活中地位的提高，使国家对产业政策的干预作用在减弱。

④ 经济全球化有利于发展中国家的整体改革。经济全球化对发展中国家构成了严峻的挑战。一是经济全球化有利于发达国家构筑以其为中心的国际经贸基础。在此情况下，发展中国家的主权将会受到更大的削弱。二是发达国家与发展中国家不平衡在加剧。经济全球化为以发达国家为主的国际资本开拓了寻求更高利润的地域和空间，在发达和发展中国家经济实力相差甚大的背景下，经济全球化，使发达国家与发展中国家收入差距在拉大。三是发展中国家内部不平衡发展也在加剧。四是发展的不平衡趋势如不设法解决或抑制，将对投资构成潜在的威胁，刺激泡沫经济的发展，为金融危机埋下隐患，这对发展中国家的改革带来巨大的压力。经济全球化使得经济传递和同步性加强，如何接受经济的正传递，抑制副传递，成为发展中国家急需解决的重大难题。

（3）经济全球化下的贸易保护

在经济全球化的今天，自由贸易显得愈发重要，也越来越表现出一定程度上为一个国家国民经济的发展带来利益，但是对外贸易这把双刃剑在带来利益的同时也在冲击着国内的产业，这点对于世界上的发展中国家来说尤其重要。因此，尽管当今世界的主流是倡导自由贸易，但是不少国家都在一定程度上实行着贸易保护政策。各国的贸易保护措施出现了新的变化，即由公开转向隐蔽，由固定转向灵活，由单个国家自我保护转向区域集团集体保护，由通过贸易政策保护转向寻求国内产业政策保护等，使得像关税、配额、进口许可证等传统贸易保护手段越来越难以发挥作用，非关税壁垒开始成为各国实施贸易保护的主要工具。诸如对反倾销条款的使用、有秩序的销售安排、安全、卫生防疫、技术标准等较之传统的贸易保护手段更加多变和隐蔽，从而更能起到限制进口的作用。

2. 农产品国际贸易的概念

农产品国际贸易是指农产品跨越独立的行政管理界限的流动，它可以发生在主权国之间，也可以发生在主权国和不受其管辖的地区之间（如中国大陆和香港地区），还可以发生在两个分属于不同主权国的地区之间。农产品国际贸易主要由进口和出口两个部分组成，也称农产品进出口贸易。

在经济全球化和激烈竞争的国际市场条件下，各国都设法在具有比较优势的领域发展竞争优势，培育具有核心竞争力的产业和产品，以提升本国产品的国际市场份额。农业作为一国国民经济的基础，在一国的经济和社会生活中发挥着其他产业所不可替代的作用，农产品贸易也就成为大多数国家国际贸易中最重要的组成部分，并最终决定和影响着一国的整体竞争优势。由于各国资源、要素丰缺的不同，各国农业发展状况极不平衡。正是由于农产品对人类的不可缺少性和不可代替性，以及各国产出的不平衡使得国际农产品贸易非常活跃，并在国际货物贸易中占据举足轻重的地位。同时，农产品的这种关乎国计民生的战略意义也使得各国长期以来一直对本国的农产品生产和贸易实施各种各样政策保护和高度关注。

3. 农产品国际贸易的特殊性

与工业品相比，农产品在贸易上具有不同的特性。首先，农产品生产受自然条件的影响，具有明显的季节性、地区性和分散性；其次，大多数农产品是人们日常必需品，供求都缺乏弹性；再次，农产品大多是有机体，体大、量多、水分多，具有笨重性和鲜活易腐性，并且质量不均匀，因此，在收购、包装、运输、保管、销售方面要求较高，需要特定的贸易设施，成本高，风险大。由农产品的这些贸易特性所决定，在国际市场上，大多数农产品的贸易表现出下述重要特征。

（1）贸易商品集中

这一特点是指多数欠发达国家农产品出口的品种是有限的。例如，巴西主要依靠咖啡出口；加纳的主要出口物资是可可；孟加拉和印度主要出口黄麻；斯里兰卡和肯尼亚主要出口茶叶；橡胶是马来西亚主要的几种输出物资之一；阿根廷和泰国主要依靠粮食出口。换句话说，欠发达国家的贸易主要依靠出口少数几种主要农产品。

（2）贸易地区集中或市场集中

贸易地区集中或市场集中是指大部分主要输出物资通常在几个工业化国家的市场上出售。茶叶、咖啡、黄麻、可可和橡胶在欧洲、北美、澳大利亚及日本出售是这方面的实例。贸易地区集中说明欠发达国家的经济命运与几个工业化国家的国内形势和经济活动的起落有关。假设印度和斯里兰卡主要向英国市场出售茶叶，现在，如果各种原因，英国出现了严重的经济衰退，那么，印度和斯里兰卡的茶叶市场也将受到不利的影响。

（3）价格波动幅度大引起出口收入波动

农产品或初级产品贸易波动的幅度是非常高的，至少高于在世界市场上进行贸易的制造业产品的价格波动幅度。巴西咖啡价格的统计数字表明，在纽约贸易市场上，各月价格的波动是很大的。欠发达国家出口的其他农产品也表现出类似的波动情况，因而欠发达国家的出口收入（即出口价格×出口数量）在某种确定性条件下也是波动的。在国际市场上，欠发达国家通常是价格的接受者，而不是价格的制定者。因此，他们不能提高价格，除非他们能够像对石油那样对初级产品的供给实行垄断控制。

（4）农产品国际贸易的时间性很强

和其他商品不同，由于农产品的生物学特性及其对人体的直接作用，因而人们对农产品，尤其是食品的需求时间是十分严格的。一个国家或地区，如因气候不正常或社会因素而必须从国际市场上购买产品并运到本国的时间应越短越好，否则就会影响社会经济的正常运转和人民生命的维持。另外，农产品的保存和保鲜，对时间要求的严格程度远胜于其他商品：一是人们对农产品需求的时间，基本上不受其他因素所影响。不论供给时间的长短，人们每日所消费的食品数量基本上是不变的。二是农产品的易腐性，要求农产品运输时间尽量缩短。这就对农产品国际贸易中的运输手段，提出比运送其他商品更严格的要求。

（5）农产品国际贸易更有利于发达国家而不是发展中国家

除了许多不公平的贸易往来外，一般来说，发达国家出口的农产品大多为粮食和肉类，特别是美国和欧盟。而粮食的需求弹性在农产品中是最不充分的，且其需求量最大的是人口众多的发展中国家。反之，发展中国家出口的农产品大多为经济或热带作物，其需求弹性要比粮食充分得多。至于其互相替代性也远大于粮食。事实上，近年来欧美国家对茶叶的需求量相对于咖啡，其增长幅度更大。有些原料性的农产品，由于科学技术的进步，其可替代性越来越大，因此，市场价格就不可避免趋跌，这对于出口这类农产品的发展中国家显然是不利的。特别是自世贸组织成立以后，虽然农产品的关税有了大幅度的下降，但是非关税技术性壁垒却显著提高。要么发展中国家所生产的农产品难以满足发达国家安全卫生质量要求而被拒之门外，要么为了满足发达国家安全卫生质量的要求要大幅度地增加生产成本，这样价格竞争力和利润率会大幅度下降。

（二）农产品国际贸易的要求与条件

由于农业在一个国家中属于弱势产业，同时又是战略性产业，而农产品又具有上述特性，这就决定了国际贸易中农产品往往会受到特殊的政策影响，其中主要是政策性补贴和贸易保护措施。

1. 进口国的农业贸易关税和配额

一个国家为了保护本国农业生产的可持续发展，保护农民的生产积极性，抵御进口农产品对本国市场的冲击，往往会设定一定水平的进口关税或进口配额，来增加进口农产品的成本，减小其市场竞争力，或者减少其进口数量。

（1）我国农产品的进口关税

目前，在农产品市场准入方面，中国兑水果、肉类及食品加工等的进口采取关税保护；对棉、粮、糖、油等重要农产品的进口采取以非关税措施为主来进行保护，包括配额限量登记等；对小麦、糖、玉米、稻谷和大米、羊毛等农产品实行关税配额管理，配额内关税税率一般在1%～3%范围内，配额外的约束税率一般在65%。

2013年，中国继续对小麦、玉米、羊毛、糖、稻谷、大米、棉花七种农产品的进口实施关税配额管理，平均税率保持在

13.6%。其中，种植产品进口关税水平约为15.3%，进口关税范围比较广，在0～65%；畜牧产品进口关税水平相对种植产品较低，为12.9%，进口关税范围在0～38%；水产品进口关税水平为9.7%，进口关税在0～17.5%；林产品进口关税水平为10.9%，进口关税在0～23%。

（2）我国农产品的进口配额

中国目前实行的农产品贸易非关税措施主要包括：重要农产品进口关税配额、农业生物技术安全管理法规、农产品进口许可证、食品卫生检疫、法定动植物检验检疫等。

中国实行进口关税配额的农产品主要有：小麦、大米、玉米、豆油、棉花、棕榈油、食糖、菜籽油、羊毛以及毛条。中国进口关税配额为全球关税配额，由国家发改委统一管理，各种贸易方式如一般贸易、加工贸易、援助与捐赠、保税仓库等进口的农产品均需纳入进口关税配额中。

2. 进口国的农业贸易补贴及其他

有时进口农产品有价格优势，本国农产品要参与竞争就得降价销售，这样可能到招致亏损，国家为了保护生产者的积极性，会给予一定的政策补贴或其他优惠待遇。

2008年，多哈回合的“模式草案”将农业国内支持政策的内容规定为“黄箱”、“绿箱”、“蓝箱”、微量允许、综合支持总量、国内支持总量等内容。

（1）农业补贴“黄箱”政策

中国是以直接补贴方式来增加农业生产者的支付，主要包括：种粮农民直接补贴政策、农资综合补贴政策、良种补贴政策、农机购置补贴政策、产粮（油）大县奖励政策、生猪大县奖励政策、畜牧良种补贴政策、渔业柴油补贴政策。2012年中国政府粮食直接补贴151亿元，农资综合补贴1 078亿元，农机补贴200亿元，良种补贴220亿元，农机购置补贴200亿元，畜牧良种补贴11.9亿元，渔业柴油补贴171.65亿元。中国的农业补贴微量允许为农业总产值8.5%，低于一般发展中国家10%的水平，高于发达国家5%的水平。中国黄箱补贴支出仅占3.3%，还有5.2%的直接补贴空间。中国“黄箱”政策具有明显的短期产出导向，从长期来看增收效应趋向于零。

（2）农业补贴“绿箱”政策

中国“绿箱”农业补贴以间接补贴为主，具体有：一是农产品流通补贴。超市从农民专业合作社购进农产品可以抵扣13%的增值进项税；从2010年12月1日起，对于整车运输鲜活农产品的车辆在所有要收费的公路上免收通行费；自2012年1月1日起，免收蔬菜流通环节的增值税等。二是农业生态维护补贴。从2011年起，中国政府在全国8个主要的草原牧区和新疆生产建设兵团安排136亿元草原生态建设补助；增加水生生物增殖放流资金，在2011年2.21亿元基础上逐年提高。三是农业技术推广补贴。自2009年起实施“基层农技推广体系改革与建设示范县项目”，在全国800个县开展了农技推广项目经费补贴试点，至2011年底政府累计安排资金23.7亿元。四是农业技术人才培养补贴。通过专项经费，分2011—2015年和2016—2020年两批，每批重点扶持150位农业科研杰出人才，每人每年20万元，连续支持4～5年。对于服务于农业生产、农村社会管理人员免费提供培训，其中农业职业技能培训预算为人均600元，农业创业培训预算为人均3000元，农业专项技术培训预算人均100元。

（3）农业补贴“蓝箱”政策

“蓝箱”政策通常表现为价格支持的一种形式，包括：根据基期生产水平85%及以下的直接支付；基于固定面积及产量的支付；基于固定牲畜数量的支付；其他不与生产相关的支付。2012年，中国选择100个县、1 000个乡（镇）、10 000个村进行测土配方施肥，以在全国范围内进行测土配方施肥技术普及行动。多哈回合谈判中，各成员国允许保留“蓝箱”政策，但“蓝箱”范围增加了“不与生产相关”的支付。可以说“蓝箱”政策改革不会给中国农业的国内支持策略带来直接冲击，中国应该提出递减的封顶标准，可以从5%削减到2.5%或更低，坚持对总体扭曲性支持进行总体削减。

3. 出口国农业贸易的有关政策

农业出口竞争策略主要表现为与数量相关的出口补贴措施。多哈发展议程农业谈判中将农产品国有贸易、出口信贷、粮食援助措施纳入出口竞争策略。

（1）国有贸易

国有贸易是各国实施农产品政策的方式之一，它具有与出口补贴类似的效果。加入世界贸易组织谈判时，我国承诺将一部分配额分配给非国有企业。2012年小麦进口关税配额963.6万t，国有贸易比例为90%；玉米720万t，国有贸易比例为60%；大米532万t，国有贸易比例为50%；棉花89.4万t，国有贸易比例为33%。配额均由国家发改委审批，经授权机构分配给最终用户。

（2）出口信贷

出口信贷制度包括出口信贷、出口信贷担保及出口信贷（信用）保险。通过农产品出口信贷，有利于扶持农产品出口龙头企业做大做强，促进农产品出口进而带动农产品生产基地建设；通过利润返还、合同购销使农民利益得到保障，促进农民就业保证农民增收，最终使整个系统进入一个良性互动的链条。我国出口信贷资金主要靠国家财政支持，在国家财政紧张情况下，可通过向中国人民银行发行金融债券等方式融资来满足出口信贷的资金需求。

（3）粮食援助

2005年我国从粮食受援国向捐赠国转换，继而成为世界第三大粮食援助国。2011年中国对非洲粮食援助和粮食援助现汇总额为4.432亿元，是我国完成捐赠国身份转换后最大的一笔粮食援助。中国对不发达国家粮食援助主要集中在亚洲和非洲，2011年中国粮食援助总量为25198.3公吨，其中非洲占79%，亚洲占21%。粮食援助的直接作用是减少饥饿，处理了剩余产品，间接作用则是有助于支持粮食价格，虽然国际上粮食援助规则明确了紧急粮食援助的范围，约束了非紧急粮食援助的商业替代行为，但从长远来看，粮食援助有助于开拓受援国的农产品市场。

（三）农产品国际贸易的操作流程

国际贸易流程完整地讲应该包含信息流、资金流和物流，通常我们从国际贸易实务的角度来分析流程，主要是针对物流和资金流的，这又可以分为出口流程和进口流程，对于农产品贸易也一样，要是使贸易能够顺利安全地进行，必须要了解贸易的操作流程。下面以农产品出口为例来分析贸易流程。出口货物流程主要包括：报价、订货、付款方式、备货、包装、通关手续、装船、运输保险、提单、结汇等环节。

1. 报价

在国际贸易中一般是由产品的询价、报价作为贸易的开始。其中，对于出口产品的报价主要包括：产品的质量等级、产品的规格型号、产品是否有特殊包装要求、所购产品量的多少、交货期的要求、产品的运输方式、产品的材质等内容。

2. 订货（签约）

贸易双方就报价达成意向后，买方企业正式订货并就一些相关事项与卖方企业进行协商，双方协商认可后，需要签订《购货合同》。在签订《购货合同》过程中，主要对商品名称、规格型号、数量、价格、包装、产地、装运期、付款条件、结算方式、索赔、仲裁等内容进行商谈，并将商谈后达成的协议写入《购货合同》。这标志着出口业务的正式开始。通常情况下，签订购货合同一式两份由双方盖本公司公章生效，双方各保存一份。

3. 付款方式

比较常用的国际付款方式有三种，即信用证付款方式、tt 付款方式和直接付款方式。

（1）信用证付款方式

信用证分为光票信用证和跟单信用证两类。跟单信用证是指附有指定单据的信用证，不附任何单据的信用证称光票信用证。简单地说，信用证是保证出口商收回货款的保证文件。请注意，出口货物的装运期限应在信用证的有效期限内进行，信用证交单期限必须不迟于信用证的有效日期。

国际贸易中以信用证为付款方式的居多，信用证的开证日期应当明确、清楚、完整。中国的几家国有商业银行，如中国银行、中国建设银行、中国农业银行、中国工商银行等，都能够对外开立信用证(这几家主要银行的开证手续费都是开证金额的1.5‰)。

（2）tt付款方式

tt付款方式是以外汇现金方式结算，由您的客户将款项汇至贵公司指定的外汇银行账号内，可以要求货到后一定期限内汇款。

（3）直接付款方式

它是指买卖双方直接交货付款的方式。

4. 备货

备货在整个贸易流程中，起到举足轻重的重要地位，须按照合同逐一落实。备货主要核对如下内容：一是货物品质、规格，应符合合同的要求；二是货物数量，以保证满足合同或信用证对数量的要求；三是备货时间，应根据信用证规定，结合船期安排，以利于船货衔接。

5. 包装

可以根据货物的不同，来选择包装形式（如：纸箱、木箱、编织袋等）。不同的包装形式其包装要求也有所不同。一是一般出口包装标准：根据贸易出口通用的标准进行包装。二是特殊出口包装标准：根据客户的特殊要求进行出口货物包装。三是货物的包装和唛头（运输标志）：应进行认真检查核实，使之符合信用证的规定。

6. 通关手续

通关手续极为烦琐但又极其重要，如不能顺利通关则无法完成交易。

（1）法定检验的出口商品

属于法定检验的出口商品，须办出口商品检验证书。目前我国进出口商品检验工作，主要有以下四个环节：

① 接受报验。报验是指对外贸易关系人向商检机构报请检验。

② 抽样。商检机构接受报验之后，及时派员赴货物堆存地点进行现场检抽取样品。

③ 检验。商检机构接受报验之后，认真研究申报的检验项目，确定检验内容。并仔细审核合同（信用证）对品质、规格、包装的规定，弄清检验的依据，确定检验标准、方法。（检验方法有抽样检验，仪器分析检验；物理检验；感官检验；微生物检验等）

④ 签发证书。在出口方面，凡列入〖种类表〗内的出口商品，经商检机构检验合格后，签发放行单（或在“出口货物报关单”上加盖放行章，以代替放行单）。

（2）到海关办理通关手续

须由专业持有报关证的人员持箱单、发票、报关委托书、出口结汇核销单、出口货物合同副本、出口商品检验证书等文本，去海关办理通关手续。

① 箱单是由出口商提供的出口产品装箱明细。

② 发票是由出口商提供的出口产品证明。

③ 报关委托书是没有报关条件的单位或个人委托报关代理行来报关的证明书。

④ 出口核销单由出口单位到外汇局申领，指有出口能力的单位取得出口退税的一种单据。

⑤ 商检证书是经过出入境检验检疫部门或其指定的检验机构检验合格后而得到的，是各种进出口商品检验证书、鉴定证书

和其他证明书的统称。是对外贸易有关各方履行契约义务、处理索赔争、议和仲裁、诉讼举证，具有法律依据的有效证件，同时也是海关验放、征收关税和优惠减免关税的必要证明。

7. 装船

在货物装船过程中，您可以根据货物的多少来决定装船方式，并根据《购货合同》所定的险种来进行投保。可选择：

（1）整装集装箱

集装箱（又称货柜）的种类：

① 按规格尺寸分类。目前，国际上通常使用的干货柜有：外尺寸为20英尺×8英尺×8英尺6寸，简称20尺货柜；40英尺×8英尺×8英尺6寸，简称40尺货柜；以及近年较多使用的40英尺×8英尺×9英尺6寸，简称40尺高柜，等等。

② 按制箱材料分类。有铝合金集装箱、钢板集装箱、纤维板集装箱、玻璃钢集装箱等。

③ 按用途分类。有干集装箱、冷冻集装箱、挂衣集装箱、开顶集装箱、框架集装箱、罐式集装箱等。

（2）拼装集装箱

拼装集装箱，一般按出口货物的体积或重量计算运费。

8. 运输保险

通常双方在签订《购货合同》中已事先约定运输保险的相关事项。常见的保险有海洋货物运输保险、陆空邮包运输保险等。其中，海洋运输货物保险条款所承保的险别，分为基本险别和附加险别两类：

（1）基本险别。一般有平安险、水渍险和一切险三种。平安险的责任范围包括：由于海上自然灾害引起的货物全损；货物在装卸和转船过程中的整体灭失；由于共同海损引起的牺牲、分担和救助费用；由于运输船只触礁、搁浅、沉没、碰撞、水灾、爆炸引起的货物全损和部分损失。水渍险是海洋运输保险的基本险之一。按中国人民保险公司的保险条款，其责任范围除了承担平安险所列各项风险外，还承担恶劣气候、雷电、海啸、洪水等自然灾害的风险。一切险的承报保险责任范围相当于水渍险和一般附加险的总和。

（2）附加险别。附加险别有一般附加险和特别附加险两种类型。一般附加险有偷窃、提货不着险、淡水雨淋险、抽窃短量险、渗漏险、破损破碎险、钩损险、混杂沾污险、包装破裂险、霉变险、受潮受热险、串味险等。特别附加险有战争险、罢工险等。

9. 提单

提单是出口商办理完出口通关手续、海关放行后，由外运公司签出、供进口商提货、结汇所用单据。所签提单根据信用证所提要求份数签发，一般是三份。出口商留两份，办理退税等业务，一份寄给进口商用来办理提货等手续。进行海运货物时，进口商必须持正本提单、箱单、发票来提取货物。若是空运货物，则可直接用提单、箱单、发票的传真件来提取货物。

10. 结汇

出口货物装出之后，进出口公司即应按照信用证的规定，正确缮制（箱单、发票、提单、出口产地证明、出口结汇等）单据。在信用证规定的交单有效期内，递交银行办理议付结汇手续。除采用信用证结汇外，其他付款的汇款方式一般有电汇、票汇、信汇等方式。

【典型案例及其分析】

2002年发生的欧盟对中国蜂蜜的禁运事件

中国蜂蜜的出口历史悠久，它在中国出口的所有农产品种类中占有明显的优势地位，据有关专家估计，中国的蜂蜜将有潜力成为世界级的强势产品。中国蜂蜜总的出口贸易额早在1996年就超过1亿美元，是世界蜂蜜市场的主要供给者之一，其产量和出口量均居世界首位，约占世界蜂蜜贸易量的40%~50%的国际市场份额。日本、美国和欧洲是中国对外出口蜂蜜的主要销售市场。但是自从20世纪90年代以来中国蜂蜜出口贸易频繁遭遇挑战，许多发达国家都开始对本国进口的蜂蜜产品实施卫生检疫等各项标准检测，尤其是以农药最大残留标准限量为代表的技术性贸易壁垒的设置，严重阻碍了中国蜂蜜的出口贸易。

2001年11月，中国出口欧盟的冻虾被检验出氯霉素（广谱抗生素，对革兰阳性、阴性细菌均有抑制作用，但对血液系统的具有较大毒性），于是欧盟认为中国动物饲料中含有欧盟所明令禁用的药物氯霉素，而天然蜂蜜在欧盟是属于80%的植物产品20%动物产品的范畴规定，因而受到相当严格的检查。2001年，英国、德国相继从中国出口的天然蜂蜜中检测出蜂蜜中所含有的农药氯霉素残留限量超标。于是英国、德国将其检测数据公布之后，使得中国蜂蜜对这些国家的出口和销售受到明确禁止，同时由中国制造的天然蜂蜜被撤下柜台，停止出售。

欧盟国家所设置的最高农药残留限量标准带有明显的技术性贸易壁垒色彩。许多进口国家对于氯霉素的最高残留限量标准值规定为0~10 ppb的范围之内，而欧盟则对于氯霉素的标准和要求过于苛刻，设定的氯霉素的最高残留限量标准值仅为0.1ppb，带有非常明显的技术性贸易壁垒色彩。

（资料来源：http://news.xinhuanet.com/newscenter/2002-07/08/content_473295.htm）

案例启示： 中国农产品要想跨越技术性贸易壁垒，需从两方面做出努力。一是政府方面，要建立和完善中国农产品质量标准体系；加强对农产品生产经营和对外贸易体制进行改革；加强对WTO规则的研究，充分利用WTO有关规则解决中国农产品技术性贸易壁垒争端，保护中国的利益；建立起农产品技术性贸易壁垒预警机制。二是企业方面，通过提高农业生产的科技含量来全面提高出口农产品的质量；实施农产品品种和出口市场的多元化战略；中国农产品出口企业应与政府积极配合。

参 考 文 献

[1] 杨伟民，胡定寰．怎样做好家庭农场．北京：中国农业科学技术出版社，2014．

[2] 浙江省农业教育培训中心．家庭农场创建与发展．北京：中国农业科学技术出版社，2014．

[3] 农业部农民科技教育培训中心，中央农业广播电视学校．农产品市场与农户经营．北京：中国农业出版社，2005．

[4]《农户经营与发展》编写组．农户经营与发展．重庆：西南师范大学出版社，2004．

[5] 段文霞．农户经营管理．成都：四川出版集团、四川教育出版社，2010．

[6] 马俊哲．现代农业生产经营管理培育读本．北京：中国农业大学出版社，2014．

[7] 马俊哲，张耀川．现代农户生产经营管理问答．北京：中国农业大学出版社，2006．

[8] 马俊哲．农村经济管理实务．北京：中国农业大学出版社，2013．

[9] 刘昌黎．投资多样化与现有投资定义的缺陷和不足．东北财经大学学报，2008（9）．

[10] 陈风云，任欣，徐永凡．成本会计学．北京：中国工商出版社，2013．

[11] 周敏．家庭农场的效益账．农村经营管理，2014（10）．

[12] 苏瑞杰．播种机选购及使用技巧．河北农机，2010（3）．

[13] 高中强，张承毅．农用生产资料选用常识．济南：山东人民出版社，2010．

[14] 高佩群．农用生产资料辨伪446例．北京：中国计量出版社，2000．

[15] 李晓惠，李丽辉．农田灌溉与节水措施探讨．水利科技，2014（1）．

[16] 樊红平，叶志华．农产品质量安全的概念辨析．广东农业科学，2007（7）．

[17] 范丽霞．影响农产品质量安全的因素及对策．畜牧与饲料科学，2010（11）．
[18] 许志辉，胡云娟，倪华．影响农产品质量安全的因素及对策．现代农业科技，2009（20）．
[19] 庞恒国，惠华，窦永明．保护性耕作条件下农田杂草及病虫害的综合防治技术．农村牧区机械化，2007（8）．
[20] 国务院研究室农村司．加快发展农业产业化经营．农业经济，2001（7）．
[21] 赵柯，钟浩．试论市场营销中的销售促进策略．技术与市场，2008（12）．
[22] 刘宗太．市场营销中的企业价格策略．商业研究，2000（4）．
[23] 李娜．经济全球化与国际贸易．商业评论，2013（2）．
[24] 刘键洋，等．中国农产品贸易政策的研究述评．山东科技大学学报，2013（12）．
[25] 武拉平，程杰．多哈回合“蓝箱”政策改革对中国农业国内支持的影响．中国农村经济，2008（6）．
[26] 牛若峰，夏英．农业产业化经营的组织模式与运行机制．北京：北京大学出版社，2001．